기출이 답이다

ERP 정보관리사

회계 2급

기출문제해설집 14회

SD에듀
(주)시대고시기획

INFORMATION

ERP 정보관리사 자격시험 안내

⬡ 응시자격 | 제한 없음

⬡ 시험정보

응시교시	응시과목	급 수	문항수	시험시간
1교시	회 계	1급	이론 32, 실무 25	이론 40분 실무 40분
		2급	이론 20, 실무 20	
	생 산	1급	이론 32, 실무 25	
		2급	이론 20, 실무 20	
2교시	인 사	1급	이론 33, 실무 25	
		2급	이론 20, 실무 20	
	물 류	1급	이론 32, 실무 25	
		2급	이론 20, 실무 20	

※ 같은 교시의 응시과목은 동시신청이 불가하며, 실무능력평가는 더존의 핵심ERP와 영림원의 SystemEver 중 1개를 선택하여 실시합니다.

⬡ 시험시간

응시교시	입실 완료시간	교시별 시험시간	세부 시험시간	
1교시	08:50	09:00 ~ 10:25	이 론	09:00 ~ 09:40
			실 무	09:45 ~ 10:25
2교시	10:50	11:00 ~ 12:25	이 론	11:00 ~ 11:40
			실 무	11:45 ~ 12:25

※ 정기시험기준이며 주관처의 사정에 따라 변경될 수 있습니다.

⬡ 합격기준

구 분	합격점수	과락점수
1급	이론, 실무 평균 70점 이상	이론, 실무 각 60점 미만
2급	이론, 실무 평균 60점 이상	이론, 실무 각 40점 미만

⬡ 응시료

구 분	1과목	2과목
1급	37,000원	65,000원
2급	25,000원	40,000원

※ 동일급수의 2과목 응시 시 응시료가 할인되며, 부분 과목 취소는 불가합니다.

⬡ 준비물 | 신분증, 수험표, 필기구, 일반계산기(공학 · 재무 · 윈도우 계산기 등 사용불가)

STRUCTURES
이 책의 구성과 특징

STEP 1
기출 14회분 제공

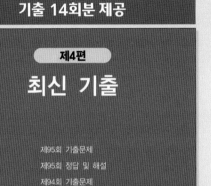

제4편

최신 기출

제95회 기출문제

제95회 정답 및 해설

제94회 기출문제

제94회 정답 및 해설

제93회 기출문제

제93회 정답 및 해설

제92회 기출문제

제92회 정답 및 해설

기존에 출제된 문제가 다시 출제되는 시험의 특성에 맞추어 기출 14회분 수록

STEP 2
문제풀이의 핵심을 한 번 더 정리

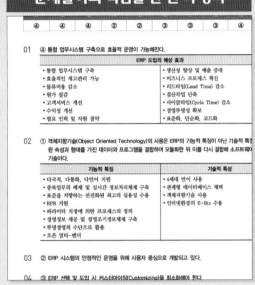

이론문제에 대한 풀이는 물론, 풀이에 필요한 핵심이론까지 한 번 더 정리하여 학습효율 극대화

STEP 3
자세하게 수록한 프로그램 입력 경로

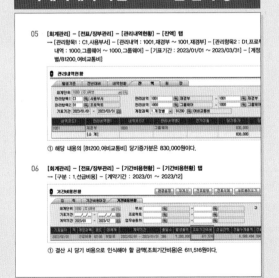

복잡한 ERP 프로그램의 입력 경로를 누구나 쉽고 정확하게 입력할 수 있도록 자세히 수록

STEP 4
프로그램 및 DB 파일 제공

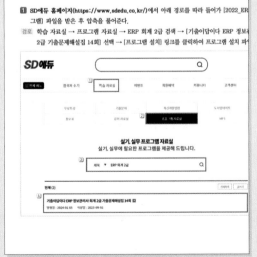

본사 사이트를 통하여 핵심ERP 설치파일과 기출 DB를 모두 제공

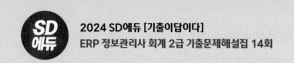
CONTENTS

이 책의 차례

iCUBE 핵심ERP 프로그램 설치

1 SD에듀 홈페이지(https://www.sdedu.co.kr/)에서 아래 경로를 따라 들어가 [2022_ERP 설치프로그램] 파일을 받은 후 압축을 풀어준다.

경로 학습 자료실 → 프로그램 자료실 → ERP 회계 2급 검색 → [기출이답이다 ERP 정보관리사 회계
　　 2급 기출문제해설집 14회] 선택 → [프로그램 설치] 링크를 클릭하여 프로그램 설치 파일 다운로드

2 압축을 풀어둔 [2022_ERP 설치프로그램] 폴더에서 [CoreCubeSetup]을 클릭한다.

3 자동설치 순서에 따라 설치를 진행한다.

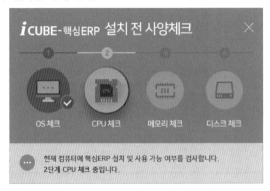

4 iCUBE 핵심ERP 사용권에 [예]를 클릭하여 동의한다.

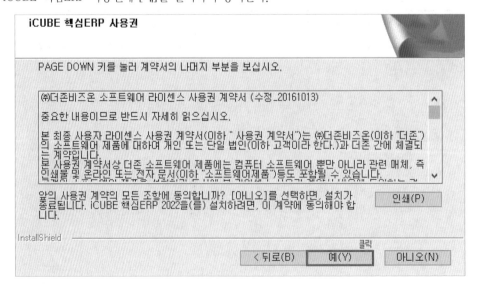

5 설치가 완료되면 [**완료**]를 클릭한다.

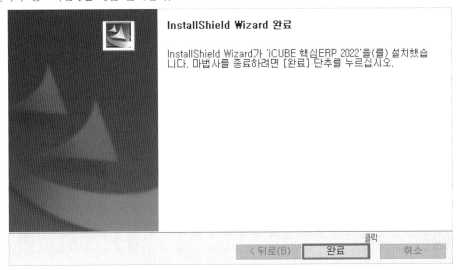

기출문제 DB 설치

제**2**장

1 SD에듀 홈페이지(https://www.sdedu.co.kr/)에서 아래 경로를 따라 들어가 [ERP 기출 DB] 파일을 받은 후 압축을 풀어준다.

경로 학습 자료실 → 프로그램 자료실 → ERP 회계 2급 검색 → [기출이답이다 ERP 정보관리사 회계 2급 기출문제해설집 14회] 선택 → [기출 DB 설치] 링크를 클릭하여 기출 DB 파일 다운로드

2 ERP 프로그램을 실행한 후 하단의 [DB Tool]을 클릭한다.

3 [DB복원]을 클릭한다.

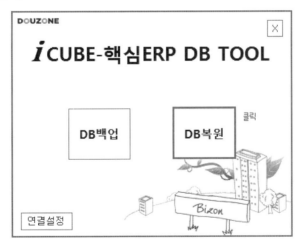

4 백업폴더 선택 팝업창에서 [**다른 백업폴더 복원**]을 선택한 후 확인을 클릭한다.

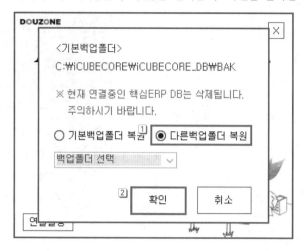

5 압축을 풀어둔 [**ERP 기출 DB**] 폴더 안의 해당 회차를 선택한 후 확인을 클릭한다.

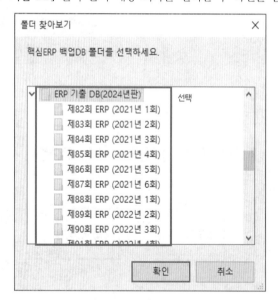

TIP **서버 연결실패 관련 팝업창 생성 시**

① DB TOOL 메인화면에서 하단에 위치한 [**연결설정**]을 클릭한다.

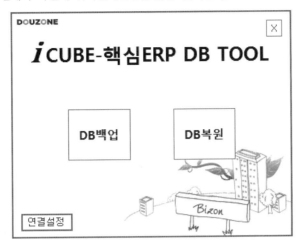

② PC 환경에 맞게 [**SQL Server 인증**] 또는 [**Windows 인증**]을 선택한 후 확인을 클릭한다.

※ 선택한 인증방식에 대한 오류 팝업이 생성된다면 다른 인증방식을 선택하여 진행한다.

③ 서버정보 저장 팝업창을 확인 후 DB 복원을 다시 진행한다.

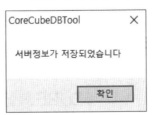

6 DB 복원이 완료되었다면 다시 프로그램을 실행한 후 [**코드도움**] 버튼을 사용하여 각 회차별 회사코드와 사원코드를 선택한 후 [**Login**]을 클릭한다.

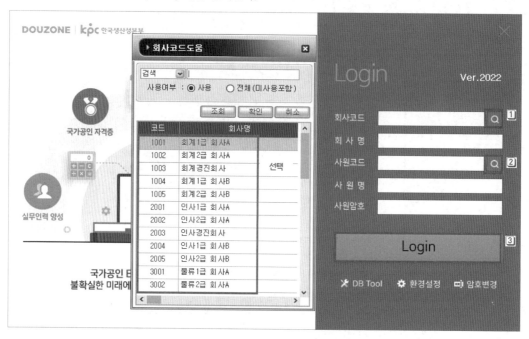

7 프로그램이 실행되면 문제에 따라 풀이를 진행한다.

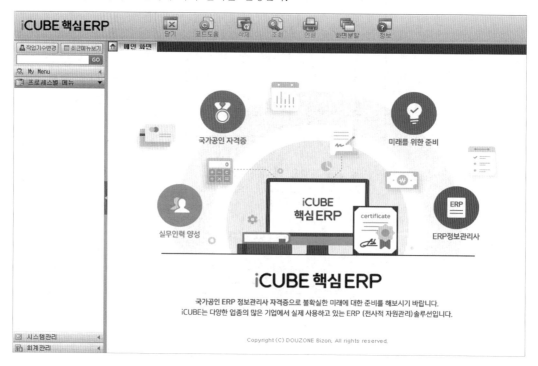

TIP **접속정보 오류 관련 팝업창 생성 시**

① 코드도움을 클릭하였는데 아래와 같은 오류 팝업창이 생성되는 경우 일단 ERP를 종료한다.

② 다운로드 받았던 [2022_ERP 설치프로그램] 폴더 내의 [UTIL] 폴더를 선택한다.

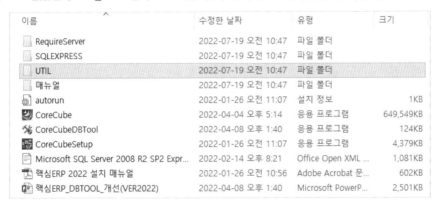

③ [UTIL] 폴더의 [CoreCheck]을 실행한다.

④ [X]아이콘을 클릭하여 모두 [O]로 변경한 후 ERP를 실행한다.

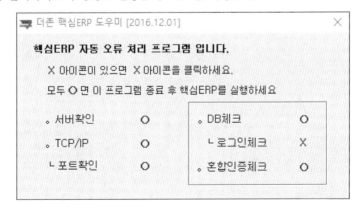

제2편

기출문제

이론문제

01 클라우드 ERP의 특징 혹은 효과에 대한 설명 중 가장 옳지 않은 것은?

① 안정적이고 효율적인 데이터관리
② IT자원관리의 효율화와 관리비용의 절감
③ 폐쇄적인 정보접근성을 통한 데이터 분석기능
④ 원격근무 환경 구현을 통한 스마트워크 환경 정착

02 [보기]에서 설명하는 설계방식으로 가장 옳은 것은?

─[보기]─
원가, 품질, 서비스, 속도와 같은 주요 성과측정치의 극적인 개선을 위해 업무프로세스를 급진적으로 재설계하는 것

① BSC(Balanced Scorecard)
② CALS(Commerce At Light Speed)
③ EIS(Executive Information System)
④ BPR(Business Process Re-Engineering)

03 ERP의 특징에 대한 설명으로 가장 옳지 않은 것은?

① Open Multi-vendor : 특정 H/W 업체에만 의존하는 open 형태를 채용, C/S형의 시스템 구축이 가능하다.
② 통합업무시스템 : 세계 유수기업이 채용하고 있는 Best Practice Business Process를 공통화, 표준화시킨다.
③ Parameter 설정에 의한 단기간의 도입과 개발이 가능 : Parameter 설정에 의해 각 기업과 부문의 특수성을 고려할 수 있다.
④ 다국적, 다통화, 다언어 : 각 나라의 법률과 대표적인 상거래 습관, 생산방식이 시스템에 입력되어 있어서 사용자는 이 가운데 선택하여 설정할 수 있다.

04 ERP 선택 및 사용 시 유의점으로 가장 옳지 않은 것은?

① 도입하려는 기업의 상황에 맞는 패키지를 선택해야 한다.

② 데이터의 신뢰도를 높이기 위해 관리를 철저히 해야 한다.

③ 지속적인 교육 및 워크숍 등의 원활한 사용을 위한 노력이 필요하다.

④ 현 시점의 기업 비즈니스 프로세스를 유지할 수 있는 패키지를 선택해야 한다.

05 자산의 측정기준에 대한 설명으로 옳지 않은 것은?

① 현행원가는 측정일 현재 동등한 자산의 원가로써 측정일에 지급할 대가와 그 날에 발생할 거래원가를 포함한다.

② 역사적 원가로 자산을 측정하는 경우에는 취득 후에 그 가치가 변동하더라도 역사적 원가를 그대로 유지한다.

③ 공정가치는 측정일에 시장참여자 사이의 정상거래에서 자산을 매도할 때 받거나 부채를 이전할 때 지급하게 될 가격이다.

④ 사용가치는 기업이 부채를 이행할 때 이전해야 하는 현금이나 그 밖의 경제적 자원의 현재가치이다.

06 재무상태표를 유동성배열법을 기준으로 작성할 때 가장 먼저 기록될 계정과목은 무엇인가?

① 상 품   ② 현 금

③ 토 지   ④ 영업권

07 시산표 작성 시 발견될 수 있는 오류로 가장 적절한 것은?

① 하나의 거래가 이중으로 분개되어 입력되었다.

② 하나의 거래에 대하여 전체의 분개가 누락되었다.

③ 하나의 거래에 대하여 차변, 대변의 금액을 다르게 분개하였다.

④ 하나의 거래에 대하여 차변, 대변 계정과목을 반대로 기입하였다.

08 ㈜생산은 컴퓨터 도소매업을 하고 있다. 판매비와관리비로만 구성된 것은 무엇인가?

① 임대료, 접대비, 수선비

② 급여, 복리후생비, 도서인쇄비

③ 세금과공과, 이자비용, 기부금

④ 기타의대손상각비, 잡손실, 재고자산감모손실

09 ㈜생산은 2022년 10월 1일 업무용 자동차에 대한 보험료 1,200,000원을 보통예금계좌에서 이체하였다(보험계약기간은 2022년 10월 1일부터 2023년 9월 30일(1년간), 지출 시 비용 계정으로 처리하며 월할계산한다). 2022년 12월 31일 결산 이후 손익계산서에 반영될 보험료는 얼마인가?

① 100,000원　　　　　　　　　　② 300,000원

③ 900,000원　　　　　　　　　　④ 1,200,000원

10 통화대용증권의 분류로 옳지 않은 것은?

① 우편환증서　　　　　　　　　　② 동점발행수표

③ 당점발행수표　　　　　　　　　④ 만기가 도래한 공사채이자표

11 [보기] 상황에 대한 분개로 옳은 것은?

┌─ [보기] ─────────────────────────────
│ 현금과부족의 원인을 조사한 결과 회계담당자가 실수하여 전화요금 50,000원 지급한 것이 누락되었음이 발견되었다.
└──────────────────────────────────────

① (차) 현금과부족　　50,000원　　(대) 통신비　　　　50,000원
② (차) 현금과부족　　50,000원　　(대) 잡이익　　　　50,000원
③ (차) 통신비　　　　50,000원　　(대) 현금과부족　　50,000원
④ (차) 잡손실　　　　50,000원　　(대) 현금과부족　　50,000원

12 [보기] 자료를 참고하여 단기매매증권처분손익을 계산하면 얼마인가?

┌─ [보기] ─────────────────────────────
│ • 단기매매증권 취득가액 : 220,000원
│ • 단기매매증권 장부가액 : 300,000원
│ • 단기매매증권 처분 현금 수취액 : 350,000원
└──────────────────────────────────────

① 단기매매증권처분이익 110,000원

② 단기매매증권처분손실 130,000원

③ 단기매매증권처분손실 80,000원

④ 단기매매증권처분이익 50,000원

13 [보기]에서 발생한 거래에 대한 회계처리로 옳은 것은?

┌─ [보기] ───┐

㈜한국은 단기보유목적으로 ㈜생산성 주식 1,000주(액면가 5,000원)를 8,000,000원에 현금으로 매입하고 수수료 100,000원을 당좌수표 발행하여 지급했다.

└──┘

①	(차)	단기매매증권	8,100,000원	(대)	현 금		8,000,000원
					당좌예금		100,000원
②	(차)	단기매매증권	8,000,000원	(대)	현 금		8,000,000원
		수수료비용	100,000원		당좌예금		100,000원
③	(차)	단기매매증권	8,100,000원	(대)	당좌예금		8,100,000원
④	(차)	단기매매증권	8,000,000원	(대)	현 금		8,100,000원
		수수료비용	100,000원				

14 [보기]는 ㈜한국의 2022년 12월 31일 수정 전 합계잔액시산표 일부 내용이다. 이를 참고로 12월 31일 결산수정분개로 매출채권 잔액의 3%를 대손 추정할 경우 차변 계정과목과 금액으로 옳은 것은?

┌─ [보기] ───┐

가. 받을어음 잔액 : 4,000,000원
나. 받을어음의 대손충당금 잔액 : 70,000원
다. 외상매출금 잔액 : 3,500,000원
라. 외상매출금의 대손충당금 잔액 : 90,000원

└──┘

① 대손충당금 65,000원
② 대손상각비 15,000원
③ 대손상각비 65,000원
④ 대손충당금환입 50,000원

15 [물리적 형체는 없지만 식별가능하고 기업이 통제하고 있으며 미래 경제적 효익이 있는 비화폐성자산]에 해당하는 계정과목으로 옳은 것은?

① 상표권   ② 선급금
③ 재고자산   ④ 단기대여금

16 [보기]에서 유형자산(상품 운반용 차량)의 취득원가를 계산하면 얼마인가?

┌─[보기]───
│ • 3월 5일 : 상품 운반용 차량 1대를 30,000,000원에 구입하고, 취득세 500,000원, 매입수수료
│   450,000원, 보험료 1,200,000원(1년) 대금은 수표발행하여 지급하였다.
└──

① 30,000,000원   ② 30,500,000원

③ 30,950,000원   ④ 32,150,000원

17 기말 결산 시에 임대료 선수분을 계상하지 않은 상태에서 당기순이익 100,000원이었다. [보기] 자료와 같이 임대료 선수분을 계상 후 당기순이익 변동에 대한 설명으로 옳은 것은?

┌─[보기]───
│ • 6월 1일 : 임대료 1년분 12,000원을 현금으로 받다.
│ • 12월 31일 : 결산 기말에 임대료 선수분 5,000원을 계상하지 않았다.
└──

① 당기순이익이 5,000원 감소한다.

② 당기순이익이 5,000원 증가한다.

③ 당기순이익이 7,000원 감소한다.

④ 당기순이익이 7,000원 증가한다.

18 자본조정에 해당하지 않는 것은?

① 감자차손   ② 주식할인발행차금

③ 자기주식처분손실   ④ 매도가능증권평가손익

19 수익과 비용에 대한 설명으로 가장 옳지 않은 것은?

① 수익은 실현주의에 따라 인식한다.

② 비용은 수익·비용 대응의 원칙에 따라 인식한다.

③ 수익은 기업의 통상적인 경영활동에서 발생하는 경제적 효익의 총유출을 의미한다.

④ 비용은 기업의 주된 영업활동에서 발생한 비용과 일시적 또는 우연적인 거래로부터 발생하는 손실로 분류된다.

20 매입채무에 해당하는 것은?

① 미수금   ② 가수금

③ 외상매입금   ④ 외상매출금

실무문제

로그인 정보

회사코드	1005	사원코드	ERP13A02
회사명	회계2급 회사B	사원명	김은찬

01 당사가 ERP에서 사용하고 있는 다국어 재무제표 언어는 무엇인가?

① 영 어   ② 일본어
③ 중국어   ④ 스페인어

02 [차변]에 보기의 판매비와관리비 계정을 전표입력 시 증빙을 필수로 입력해야 하는 계정은?

① 81500.수도광열비   ② 82500.교육훈련비
③ 82600.도서인쇄비   ④ 82900.사무용품비

03 다음 중 [ERP13A04.신서율] 사원의 전표입력 메뉴 조회권한은 무엇인가?

① 회 사   ② 사업장
③ 부 서   ④ 사 원

04 ㈜큐브는 선급비용에 대해서 기간비용을 관리하고 있다. ㈜큐브의 2022년 12월 말 결산 시 당기 비용으로 인식해야 할 금액은 얼마인가?

① 611,516원   ② 5,976,968원
③ 6,588,484원   ④ 7,200,000원

05 ㈜큐브는 2022년 1년간의 [지출증빙서류검토표]를 작성하려고 한다. 각 증빙별 합계금액으로 옳지 않은 것은?

① 계산서 : 250,000원
② 현금영수증 : 500,000원
③ 세금계산서 : 529,230,000원
④ 신용카드(법인) : 3,500,000원

06 ㈜큐브는 2022년 2월 자금수지계획 작성을 완료하였다. 2022년 2월 28일 수입 예정인 금액은 얼마인가?

① 10,000,000원

② 30,000,000원

③ 40,000,000원

④ 70,000,000원

07 다음 [보기]의 신규 취득한 고정자산을 등록하고 해당 자산의 2022년 감가상각비를 조회하면 얼마인가?

---[보기]---

- 회계단위 : ㈜큐브
- 자산유형 : 비품
- 자산코드 : 21200001
- 자산명 : 에어컨
- 취득일 : 2022년 4월 1일
- 취득금액 : 4,000,000원
- 상각방법 : 정액법
- 내용연수 : 5년
- 경비구분 : 800번

① 200,000원

② 250,000원

③ 450,000원

④ 600,000원

08 ㈜큐브의 2022년 하반기에 발생한 전표 중 전표상태가 [미결]인 전표는 몇 건인가?

① 1건

② 2건

③ 3건

④ 4건

09 ㈜큐브의 업무용승용차 [12A 8087.쏘렌토] 차량에 대하여 운행기록부를 작성하였다. 2022년 1월 한 달 동안 해당 차량의 업무사용비율은 얼마인가?

① 70%

② 80%

③ 85%

④ 90%

10 ㈜큐브는 2022년 10월 2일 우리소프트㈜ 거래처에 상품매출 후 받을어음(자가202202200003)을 받았다. 해당 어음의 만기일은 언제인가?

① 2022년 12월 2일

② 2022년 12월 16일

③ 2022년 12월 31일

④ 2023년 1월 2일

11 ㈜큐브는 채권회수가 되지 않은 기간이 6개월을 초과한 거래처를 파악하고자 한다. 선입선출법에 따라 외상매출금 잔액을 확인할 경우 2022년 6월 30일 현재 6개월을 초과하여 회수가 되지 않은 외상매출금이 존재하는 거래처는 어디인가?

① ㈜성호기업   ② ㈜주안실업
③ ㈜한동테크   ④ ㈜형광공업

12 ㈜큐브의 2022년 12월 말 결산 시 소모품의 기말재고액은 7,000,000원이다. 장부의 금액을 확인한 후 이와 관련된 기말 결산수정분개로 옳은 것은?(단, 소모품은 취득 시 자산처리하였다)

①	(차) 소모품	3,000,000원	(대) 소모품비	3,000,000원
②	(차) 소모품비	3,000,000원	(대) 소모품	3,000,000원
③	(차) 소모품	7,000,000원	(대) 소모품비	7,000,000원
④	(차) 소모품비	7,000,000원	(대) 소모품	7,000,000원

13 당사는 예산을 사용부서별로 관리하고 있다. 2022년 7월 한 달 동안 [1001.재경부]에서 사용한 예산 중 손익계산서에 표시되는 여비교통비 계정의 집행율은 얼마인가?(단, 집행방식은 승인집행으로 조회)

① 76%   ② 81%
③ 84%   ④ 88%

14 ㈜큐브의 2022년 상반기 중 외상매출금 회수금액이 가장 큰 달은 언제인가?

① 1월   ② 2월
③ 3월   ④ 4월

15 ㈜큐브의 부가가치세 신고유형에 대한 설명으로 옳은 것은?

① 각 사업장별로 신고 및 납부한다.
② 사업자단위 과세자로 신고 및 납부를 주사업장에서 모두 한다.
③ 총괄납부 사업자로 주사업장에서 모두 총괄하여 신고 및 납부한다.
④ 총괄납부 사업자로 신고는 각 사업장별로 하고 납부는 주사업장에서 총괄하여 납부한다.

16 ㈜큐브의 부가세 신고 시 해당하는 주업종코드는 무엇인가?

① 142101. 광업
② 322001. 제조업
③ 513320. 도매 및 소매업
④ 722000. 정보통신업

17 ㈜큐브의 2022년 1기 부가가치세 확정신고 시 부가세신고서에 작성되어야 하는 계산서 발급금액은 얼마인가?

① 20,000,000원
② 40,000,000원
③ 50,250,000원
④ 56,560,000원

18 ㈜큐브의 2022년 1기 부가가치세 확정신고기간에 발생한 매출거래 중 대금을 현금으로 받아 현금영수증을 발행해준 거래처는 어디인가?

① ㈜나라상사
② ㈜성호기업
③ ㈜주안실업
④ ㈜한동테크

19 ㈜큐브의 2022년 1기 부가가치세 예정신고기간에 매입한 자산 중 차량운반구의 세액은 얼마인가?

① 2,500,000원
② 3,000,000원
③ 3,500,000원
④ 3,600,000원

20 ㈜큐브의 2022년 1기 부가가치세 예정신고 시 수출실적명세서에 작성될 수출재화의 외화금액은 얼마인가?

① 10,000달러
② 12,000달러
③ 20,000달러
④ 41,000달러

ERP 회계 2급 2022년 3차 시험

↪ 정답 및 해설 p.125

이론문제

01 [보기]의 괄호 안에 들어갈 용어는 무엇인가?

> **[보기]**
>
> ERP 도입의 성공 여부는 (   )을(를) 통한 업무개선이 중요하며 이것은 원가, 품질, 서비스, 속도와 같은 주요 성과측정치의 극적인 개선을 위해 업무프로세스를 급진적으로 재설계하는 것이라고 정의할 수 있다.

① MRP
② BPR
③ CRP
④ MIS

02 ERP 구축절차로 옳은 것은?

① 분석 → 설계 → 구현 → 구축
② 설계 → 분석 → 구축 → 구현
③ 설계 → 구현 → 분석 → 구축
④ 분석 → 설계 → 구축 → 구현

03 클라우드 서비스 기반 ERP와 관련된 설명으로 가장 옳지 않은 것은?

① PaaS에는 데이터베이스 클라우드 서비스와 스토리지 클라우드 서비스가 있다.
② ERP 소프트웨어 개발을 위한 플랫폼을 클라우드 서비스로 제공받는 것을 PaaS라고 한다.
③ ERP 구축에 필요한 IT인프라 자원을 클라우드 서비스로 빌려 쓰는 형태를 IaaS라고 한다.
④ 기업의 핵심 애플리케이션인 ERP, CRM 솔루션 등의 소프트웨어를 클라우드 서비스를 통해 제공받는 것을 SaaS라고 한다.

04 시간의 흐름에 따라 비즈니스 프로세스를 점증적으로 개선해 가는 방법론은 무엇인가?

① ERD(Entity Relationship Diagram)
② BPI(Business Process Improvement)
③ MRP(Material Requirement Program)
④ BPR(Business Process Re-Engineering)

05 투자활동으로 인한 현금흐름에 해당하는 것은?

① 자기주식 처분
② 차입금의 상환
③ 공장건물의 처분
④ 제품의 현금매출

06 재무제표의 종류에 해당되지 않는 것은?

① 자본변동표
② 재무상태표
③ 현금흐름표
④ 이익잉여금처분계산서

07 회계의 순환과정에 대한 설명으로 가장 옳은 것은?

① 기업의 경영실적이 호황기, 불황기로 반복되는 과정을 말한다.
② 결산은 [시산표 작성 → 재무제표 작성 → 총계정원장 기록] 순으로 진행된다.
③ 정보이용자와 경영자 사이의 정보전달이 지속 반복되는 과정을 말한다.
④ 회계에 있어서 측정, 요약 및 보고가 매 회계기간 반복되는 과정을 말한다.

08 계정과목의 기록방법으로 옳지 않은 것은?

① 가수금 : 감소 시 차변에 기록
② 선급금 : 증가 시 차변에 기록
③ 임차보증금 : 감소 시 차변에 기록
④ 기타의대손상각비 : 증가 시 차변에 기록

09 [보기] 거래 내용에서 발생하지 않은 계정과목은 무엇인가?

[보기]
- 3월 2일 : 상품 3,000,000원을 구입하기로 계약하고 계약금으로 300,000원을 수표발행하여 지급하다.
- 3월 3일 : ㈜한국에서 사용 중이던 컴퓨터 1대를 400,000원에 매각하고 대금은 10일 후 보통예금계좌로 받기로 했다.
- 3월 4일 : ㈜한국 영업부 직원의 부산출장비 개산액 500,000원을 현금으로 지급하다.

① 미수금　　　　　　　　　　　② 선수금
③ 당좌예금　　　　　　　　　　④ 가지급금

10 [보기]의 내용을 보고 12월 31일 결산수정분개 이후 손익계산서에 기록될 소모품비는 얼마인가?

[보기]
- 2022년 9월 1일 : 사무용품 1,000,000원을 현금으로 구입하다(사무용품을 구입시점에 소모품비 계정으로 처리함).
- 2022년 12월 31일 : 결산 시까지 소모품사용액은 900,000원이다.

① 100,000원　　　　　　　　　② 900,000원
③ 1,000,000원　　　　　　　　④ 1,900,000원

11 차기 회계연도로 이월되는(차기이월 마감) 계정과목은 무엇인가?

① 영업권　　　　　　　　　　　② 연구비
③ 접대비　　　　　　　　　　　④ 경상개발비

12 [보기]에서 현금및현금성자산을 계산하면 총 얼마인가?

> [보기]
> - 현금 : 9,000,000원
> - 송금환 : 100,000원
> - 당좌예금 : 4,000,000원
> - 우표 : 60,000원
> - 수입인지 : 150,000원
> - 받을어음 : 850,000원

① 9,000,000원   ② 9,100,000원

③ 13,100,000원   ④ 13,310,000원

13 [보기] 자료를 참고하여 영업외비용인 [기타의대손상각비]를 1%로 계산하면 얼마인가?

> [보기]
> - 외상매출금 : 10,000,000원
> - 단기대여금 : 1,000,000원
> - 가수금 : 1,000,000원
> - 선급금 : 3,000,000원
> - 장기차입금 : 4,550,000원

① 30,000원   ② 40,000원

③ 50,000원   ④ 100,000원

14 재고자산에 속하지 않는 것은?

① 수탁자가 보관 중인 적송품
② 선적지인도조건으로 판매한 미착상품
③ 저당권이 실행되기 전인 저당상품
④ 매입자가 매입의사표시를 하기 전인 시송품

15 유형자산의 자본적지출로 분류되지 않는 것은?

① 건물 내 피난시설 설치
② 건물 내 냉난방장치 설치
③ 운반용 자동차 타이어 교체
④ 기계장치 능률향상을 위한 개량

16 유형자산 취득원가에 포함되는 항목으로 옳지 않은 것은?

① 하역비

② 취득세

③ 재산세

④ 시운전비

17 자본조정항목은 자본에서 가산되거나 차감하는 형식으로 표시된다. 다음 중 성격이 다른 것은?

① 감자차손

② 자기주식

③ 주식매수선택권

④ 주식할인발행차금

18 회사의 기초자본금은 1억원(액면가 5,000원, 발행주식수 20,000주)이다. 신규 사업 진출을 위해 회사는 주당 10,000원(액면가 5,000원)에 1,000주를 증자하였다. 이때 기말자본금은 얼마인가?

① 100,000,000원

② 105,000,000원

③ 110,000,000원

④ 115,000,000원

19 기말에 비용 50,000원이 미지급된 거래를 누락시켰을 때 나타날 수 있는 결과로 옳은 것은?

① 50,000원만큼의 순이익 과대계상

② 50,000원만큼의 현금 계정 과소평가

③ 50,000원만큼의 비용 계정 과대계상

④ 50,000원만큼의 미지급비용 계정 과대평가

20 손익계산서에서 판매비와관리비로 분류하는 계정과목은 무엇인가?

① 기부금

② 연구비

③ 기타의대손상각비

④ 상품 매입 시 발생한 운송비

실무문제

로그인 정보

회사코드	1002	사원코드	ERP13A02
회사명	회계2급 회사A	사원명	김은찬

01 다음 중 [ERP13A05.김종민] 사원의 거래처원장 메뉴 조회권한은 무엇인가?

① 회 사
② 사업장
③ 부 서
④ 사 원

02 다음 중 [00050.유신상사㈜] 거래처의 거래처구분은 무엇인가?

① 일 반
② 무 역
③ 주 민
④ 기 타

03 당사의 회계 관련 [시스템환경설정]으로 옳지 않은 것은?

① 처분자산은 월할상각 방식으로 상각한다.
② 거래처등록 시 거래처코드가 5자리로 자동 부여된다.
③ 전표입력 메뉴에서 전표복사 기능을 사용할 수 있다.
④ 자산등록 시 코드는 자동부여하지 않고 사용자가 직접 입력한다.

04 ㈜유명 본점은 공장을 프로젝트로 관리하여 손익계산서를 산출한다. 2022년 상반기 중 복리후생비(판매관리비)가 가장 많이 발생한 공장은 어디인가?

① 서울공장
② 광주공장
③ 부산공장
④ 대전공장

05 ㈜유명 본점의 2022년 11월 1일 현재 현금 계정의 가용자금 금액으로 옳은 것은?

① 99,440,000원
② 108,740,000원
③ 108,770,000원
④ 178,756,000원

06 ㈜유명 본점의 자산 중 [202001.본사건물]에 2022년 9월 14일 발생한 자산변동사항은 무엇인가?

① 부분양도   ② 부분폐기

③ 사업장이동   ④ 자본적지출

07 ㈜유명 본점은 매월 고정적으로 지출되는 자금을 관리하고 있다. 다음 보기 중 2022년 5월에 고정적으로 지출되는 자금과목이 아닌 것은 무엇인가?

① 2210. 인건비   ② 2310. 일반경비

③ 2510. 임차료   ④ 5110. 차입금상환

08 다음 거래처는 모두 거래처분류가 [2000.서울]로 등록되어 있다. 거래처분류가 [2000.서울]인 거래처 중 ㈜유명 본점의 2022년 6월 30일 기준 외상매출금의 잔액보다 받을어음의 잔액이 큰 거래처는 어디인가?

① 00001.㈜성호기업   ② 00002.㈜주안실업

③ 00003.㈜한동테크   ④ 00004.㈜형광공업

09 ㈜유명 본점의 2022년 12월 말 결산 시 소모품의 기말재고액은 7,000,000원이다. 장부의 금액을 확인한 후 이와 관련된 기말 결산수정분개로 옳은 것은?(단, 소모품은 취득 시 자산처리하였다)

①	(차) 소모품	3,500,000원	(대) 소모품비	3,500,000원
②	(차) 소모품비	3,500,000원	(대) 소모품	3,500,000원
③	(차) 소모품	6,000,000원	(대) 소모품비	6,000,000원
④	(차) 소모품비	6,000,000원	(대) 소모품	6,000,000원

10 2022년 6월 25일부터 2022년 6월 30일까지 6일 동안 ㈜유명 본점에서 판매관리비로 지출된 금액 중 현금으로 지출한 금액이 가장 큰 계정과목은 무엇인가?

① 81100. 복리후생비   ② 81200. 여비교통비

③ 81400. 통신비   ④ 82200. 차량유지비

11 당사는 예산을 사용부서별로 관리하고 있다. 2022년 2월 한 달 동안 [1001.재경부]에서 사용한 예산 중 손익계산서에 표시되는 사무용품비 계정의 집행율은 얼마인가?(단, 집행방식은 승인집행으로 조회)

① 23%　　　　　　　　　　② 39%
③ 52%　　　　　　　　　　④ 97%

12 ㈜유명 본점은 업무용승용차를 사원별로 관리하고 있다. 다음 중 [ERP13A06.박혜수] 사원이 관리하고 있는 업무용승용차의 차량번호는?

① 12가 0102　　　　　　　② 14가 0717
③ 15가 2664　　　　　　　④ 17가 8087

13 ㈜유명 본점의 2022년 하반기 중 외상매출금 회수금액이 가장 큰 달은 언제인가?

① 7월　　　　　　　　　　② 8월
③ 10월　　　　　　　　　　④ 11월

14 당사는 업무용승용차를 [L1.업무용승용차] 관리항목으로 사용하여 관리하고 있다. ㈜유명 본점의 2022년 상반기 중 [82200.차량유지비] 계정의 지출금액이 가장 큰 차량의 차량번호는?

① 12가 0102　　　　　　　② 14가 0717
③ 15가 2664　　　　　　　④ 17가 8087

15 ㈜유명 본점은 부동산임대업도 하고 있어 부가가치세 신고 시 간주임대료를 포함하여 신고하려고 한다. 2022년 1기 부가가치세 확정신고 시 다음 [부동산임대내역]의 자료를 입력한 후 보증금이자(간주임대료)를 계산하면 얼마인가?(단, 보증금이자(간주임대료) 계산 시 이자율은 1.2%로 계산하며 소수점 이하는 절사한다)

[부동산임대내역]
- 동 : 3017064000.대전광역시 서구 둔산2동
- 상호(성명) : 우리소프트㈜
- 임대기간 : 2022/04/01 ~ 2023/03/31
- 월세 : 2,000,000원
- 층 / 호수 : 지상 2층 / 201호
- 면적 / 용도 : 140㎡ / 사무실
- 보증금 : 60,000,000원
- 관리비 : 100,000원

① 179,506원　　　　　　② 198,355원
③ 224,383원　　　　　　④ 720,000원

16 ㈜유명 본점의 부가가치세 신고 시 관할세무서는 어디인가?

① 광 주　　　　　　　　　　② 대 전
③ 마 포　　　　　　　　　　④ 서 초

17 ㈜유명 본점의 2022년 2기 부가가치세 예정신고기간에 매입한 자산 중 차량운반구의 세액은 얼마인가?

① 2,500,000원　　　　　　　② 3,000,000원
③ 3,500,000원　　　　　　　④ 3,600,000원

18 ㈜유명 본점의 2022년 1기 부가가치세 예정신고기간에 발생한 매입거래 중 [비영업용소형승용차 구입 및 유지] 사유로 불공제되는 매입세액은 얼마인가?

① 1,500,000원　　　　　　　② 2,000,000원
③ 2,500,000원　　　　　　　④ 3,000,000원

19 ㈜유명 본점의 2022년 1기 부가가치세 확정신고 시 [매입처별 세금계산서합계표]에 반영될 세무구분은 몇 개인가?

① 1개　　　　　　　　　　　② 2개
③ 3개　　　　　　　　　　　④ 4개

20 ㈜유명 본점의 2022년 1기 부가가치세 확정신고 시 매입에 대한 예정신고누락분 2건이 동일한 세무구분으로 발생하였다. 해당 거래의 세무구분은 무엇인가?

① 21.과세매입　　　　　　　② 22.영세매입
③ 23.면세매입　　　　　　　④ 24.매입불공제

ERP 회계 2급 2022년 2차 시험

▷ 정답 및 해설 p.139

이론문제

01 ERP 도입 시 구축절차에 대한 설명으로 가장 옳은 것은?

① 설계단계에서는 AS-IS를 파악한다.
② 구현단계에서는 시험가동 및 시스템평가를 진행한다.
③ 구축단계에서는 패키지를 설치하고 커스터마이징을 진행한다.
④ 분석단계에서는 패키지 기능과 To-BE 프로세스와의 차이를 분석한다.

02 ERP의 특징에 관한 설명 중 가장 적절하지 않은 것은?

① Open Multi-vendor : 특정 H/W 업체에만 의존하는 open 형태를 채용, C/S형의 시스템 구축이 가능하다.
② 통합업무시스템 : 세계 유수기업이 채용하고 있는 Best Practice Business Process를 공통화·표준화시킨다.
③ Parameter 설정에 의한 단기간의 도입과 개발이 가능 : Parameter 설정에 의해 각 기업과 부문의 특수성을 고려할 수 있다.
④ 다국적, 다통화, 다언어 : 각 나라의 법률과 대표적인 상거래 습관, 생산방식이 시스템에 입력되어 있어서 사용자는 이 가운데 선택하여 설정할 수 있다.

03 ERP에 대한 설명으로 가장 옳지 않은 것은?

① 기업 내부의 정보인프라 구축이다.
② BPR을 위해서 도입하는 것은 적절치 않다.
③ ERP는 '전사적 자원관리시스템'이라고 불린다.
④ 회사의 업무프로세스가 하나로 통합된 시스템이다.

04 ERP 도입의 예상효과로 옳지 않은 것은?

① 투명한 경영
② 고객서비스 개선
③ 결산작업의 증가
④ 재고물류비용 감소

05 다음 중 일반기업회계기준에서 규정하고 있는 재무제표의 종류로 옳지 않은 것은?

① 주 석
② 주 기
③ 현금흐름표
④ 자본변동표

06 재무제표 구성요소에 대한 설명으로 옳지 않은 것은?

① 자본은 기업의 자산에서 모든 부채를 합계한 후의 잔여지분이다.
② 수익은 자산의 증가 또는 부채의 감소로서 자본의 증가를 가져온다.
③ 부채는 과거사건의 결과로 기업이 경제적 자원을 이전해야 하는 현재의무이다.
④ 자산은 과거사건의 결과로 기업이 통제하는 현재의 경제적 자원이다. 이때 경제적 자원은 경제적 효익을 창출할 잠재력을 지닌 권리이다.

07 [보기]는 일반기업회계기준에 대한 내용이다. 빈칸에 공통으로 들어갈 용어는 무엇인가?

┌─ [보기] ─────────────────────────────────┐
• 매출액 − 매출원가 = 매출총이익
• 매출총이익 − 판매비및일반관리비 = (   )
• (   ) + 영업외수익 − 영업외비용 = 법인세차감전순이익
• 법인세차감전순이익 − 법인세비용 = 당기순이익
└──┘

① 영업이익
② 매출원가
③ 영업외수익
④ 법인세비용차감전순이익

08 회계상의 거래로 인식할 수 있는 것은?

① 현금을 분실하다.
② 상품을 주문하다.
③ 사무실 차입 계약하다.
④ 현금을 차입하기로 약속하다.

09 [보기]의 회계처리로 옳은 것은?

---[보기]---

컴퓨터 판매업을 하는 한국기업에서 판매용 컴퓨터(10대, @1,000,000원) 10,000,000원은 외상으로 구입하고, 영업부 직원사무용 컴퓨터(1대, @2,500,000원) 2,500,000원은 수표발행하여 지급했다.

① (차) 상 품   12,500,000원   (대) 외상매입금   12,500,000원
② (차) 상 품   10,000,000원   (대) 당좌예금   12,500,000원
      비 품   2,500,000원
③ (차) 비 품   12,500,000원   (대) 외상매입금   10,000,000원
                                          당좌예금   2,500,000원
④ (차) 상 품   10,000,000원   (대) 외상매입금   10,000,000원
      비 품   2,500,000원   당좌예금   2,500,000원

10 [보기] 자료를 참고하여 결산시점 회계처리 시 차변 계정과목과 금액으로 적절한 것은?

---[보기]---

• 기초 퇴직급여충당부채 : 15,000,000원
• 회계기간 중 지급된 퇴직급여 : 10,000,000원
• 당기 말 결산시점 회사의 전 임직원이 일시에 퇴직할 경우 지급해야 할 퇴직금추계액 : 8,000,000원

① 퇴직급여 3,000,000원
② 퇴직급여 5,000,000원
③ 퇴직급여충당부채 10,000,000원
④ 퇴직급여충당부채 4,000,000원

11 [보기]에 대한 결산수정분개로 적절하지 않은 것은?

┌─[보기]───┐
- 기말 현재 보험료 미경과분 : 100,000원
- 기말 현재 임대료 선수분 : 200,000원
- 건물에 대한 감가상각비 : 30,000원 계상
- 기말 현재 이자 미수분 : 300,000원
└──┘

① (차) 보험료   100,000원   (대) 미지급비용   100,000원
② (차) 임대료   200,000원   (대) 선수수익   200,000원
③ (차) 감가상각비   30,000원   (대) 감가상각누계액   30,000원
④ (차) 미수수익   300,000원   (대) 이자수익   300,000원

12 [보기] 자료에 의한 거래가 순서대로 반영될 경우 기말 재무상태표상 단기차입금 금액은 얼마인가?

┌─[보기]───┐
- 기초 당좌예금 잔액 : 9,000,000원
- 기중 상품매출 당좌예금계좌 입금액 : 5,000,000원
- 기중 상품매입 당좌예금계좌 출금액 : 13,500,000원
- 기중 당좌수표 발행액 : 5,000,000원
- 당좌차월 계약한도 범위액 : 5,000,000원
└──┘

① 500,000원   ② 13,500,000원
③ 4,500,000원   ④ 5,000,000원

13 회사에서 소유하고 있는 약속어음 3,500,000원을 은행에서 할인받고, 할인료를 차감한 실수금을 당좌예금계좌에 입금하였다. 매출채권처분손실을 계산하면 얼마인가?(단, 할인일수는 90일, 할인율은 연 10%, 1년은 360일로 가정한다)

① 75,200원   ② 79,000원
③ 87,500원   ④ 92,000원

14 [보기]의 자료를 사용하여 당 회계기간의 상품매출액을 추정하면 얼마인가?

┌─[보기]───┐
│ • 기초의 외상매출금 잔액 : 50,000원   │
│ • 기말의 외상매출금 잔액 : 60,000원   │
│ • 외상매출금 회수액 : 300,000원   │
│ • 현금매출액 : 150,000원   │
└───┘

① 430,000원   ② 460,000원
③ 490,000원   ④ 510,000원

15 다음 중 재고자산의 수량결정방법에 해당하는 것은?

① 총평균법   ② 계속기록법
③ 후입선출법   ④ 선입선출법

16 영업용 트럭을 어음을 발행하여 외상으로 구입한 경우 대변에 기재해야 하는 계정과목은?

① 미수금   ② 선수금
③ 미지급금   ④ 외상매입금

17 무형자산인 영업권을 상각하는 분개로서 옳은 것은?

① (차) 감가상각비	×××	(대) 감가상각누계액	×××
② (차) 무형자산상각비	×××	(대) 영업권	×××
③ (차) 감가상각비	×××	(대) 영업권	×××
④ (차) 무형자산상각비	×××	(대) 감가상각누계액	×××

18 ㈜적선기업은 2022년 1월 1일 연리 12%, 만기가 5년인 액면금액 100,000원인 사채를 96,000원에 할인발행하고, 사채발행비용 2,000원을 지급하였다. 사채할인발행차금을 정액법으로 상각할 경우 2022년 12월 31일에 상각해야 할 금액은 얼마인가?

① 1,200원

② 1,400원

③ 1,600원

④ 1,800원

19 [보기]의 자료를 근거로 회계처리를 할 경우, 감자차익은 얼마인가?

┌─ [보기] ─────────────────────────────────────┐

• 감자주식 수 : 400주

• 주당 액면가액 : 5,000원

• 주식구입 현금지급액 : 700,000원

└──┘

① 700,000원

② 900,000원

③ 1,000,000원

④ 1,300,000원

20 당기순손익에 영향을 미치는 계정과목에 해당하지 않는 것은?

① 재해손실

② 자산수증이익

③ 채무면제이익

④ 매도가능증권평가손익

실무문제

로그인 정보

회사코드	1005	사원코드	ERP13A02
회사명	회계2급 회사B	사원명	김은찬

01 다음 중 당사의 계정과목 설정에 대한 설명으로 틀린 것은?

① [81200.여비교통비] 계정의 예산은 월별통제하고 있다.

② [11100.대손충당금] 계정은 [10800.외상매출금] 계정의 차감계정이다.

③ 전표입력 시 [10301.보통예금] 계정의 금융거래처 코드는 필수입력사항이다.

④ 접대비(판매관리비) 계정을 세분화하여 관리하기 위하여 세목을 등록하여 사용하고 있다.

02 다음 회계관리 메뉴 중 [ERP13A04.신서율] 사원이 사용할 수 없는 메뉴는?

① 전표입력   ② 전표출력

③ 거래처원장   ④ 현금출납장

03 당사의 회계 관련 [시스템환경설정]으로 옳지 않은 것은?

① 등록된 자산은 월할상각 방식으로 상각한다.

② 중국어 재무상태표를 조회 및 출력할 수 있다.

③ [전표입력] 메뉴에서 전표복사 기능을 사용할 수 있다.

④ 전표를 출력할 때 4번 양식을 기본양식으로 사용한다.

04 ㈜큐브는 선급비용에 대해서 기간비용을 관리하고 있다. ㈜큐브의 2022년 12월 말 결산 시 당기 비용으로 인식해야 할 금액은 얼마인가?

① 611,516원   ② 5,976,968원

③ 6,588,484원   ④ 7,200,000원

05 다음 중 ㈜큐브의 2022년 3월 신규 취득한 자산은 무엇인가?

① 건물 – 202003.복지1동
② 건물 – 202004.복지2동
③ 비품 – 21200004.노트북
④ 비품 – 21200005.수납장

06 ㈜큐브의 2022년 3월 31일 기준 외상매출금의 대손충당금으로 설정된 금액은 얼마인가?

① 1,500,000원
② 1,965,817원
③ 2,280,000원
④ 6,839,677원

07 ㈜큐브는 2022년 1년간의 [지출증빙서류검토표]를 작성하려고 한다. 각 증빙별 합계금액으로 옳지 않은 것은?

① 계산서 : 250,000원
② 현금영수증 : 500,000원
③ 세금계산서 : 643,730,000원
④ 신용카드(법인) : 2,750,000원

08 당사는 [82200.차량유지비] 계정에 사용부서를 [C1.사용부서] 관리항목으로 관리하고 있다. ㈜큐브의 2022년 상반기 중 [82200.차량유지비] 계정의 지출금액이 가장 큰 부서는 어디인가?

① 1001.재경부
② 2001.영업부
③ 3001.생산부
④ 4001.총무부

09 ㈜큐브는 업무용승용차를 사원별로 관리하고 있다. 다음 중 [ERP13A05.박혜수] 사원이 관리하고 있는 업무용승용차의 차량번호는?

① 12A 8087
② 12B 0927
③ 12B 0316
④ 13B 0717

10 ㈜큐브는 2022년 2월 자금수지계획 작성을 완료하였다. 2022년 2월 28일 수입 예정인 금액은 얼마인가?

① 10,000,000원
② 30,000,000원
③ 40,000,000원
④ 70,000,000원

11 2022년 ㈜큐브의 복리후생비(판매관리비) 계정의 상반기 지출액 대비 하반기 지출액의 증감율은 얼마인가?(단, 증감율 계산 시 소수점 첫째자리에서 반올림한다)

① 10%
② 17%
③ 23%
④ 33%

12 ㈜큐브의 거래처 중 2022년 1월 31일 기준 외상매출금 잔액이 가장 큰 거래처는?

① ㈜성호기업
② ㈜주안실업
③ ㈜한동테크
④ ㈜형광공업

13 ㈜큐브의 2022년 6월 30일 현재 현금 계정의 가용자금 금액으로 옳은 것은?

① 33,000,000원
② 55,666,000원
③ 132,035,000원
④ 178,756,000원

14 다음 중 예산관리 프로세스로 옳은 것은?

① 예산신청 → 예산편성 → 예산조정
② 예산신청 → 예산조정 → 예산편성
③ 예산편성 → 예산신청 → 예산조정
④ 예산편성 → 예산조정 → 예산신청

15 ㈜큐브의 부가가치세 신고유형에 대한 설명으로 옳은 것은?

① 각 사업장별로 신고 및 납부한다.

② 사업자단위 과세자로 신고 및 납부를 주사업장에서 모두 한다.

③ 총괄납부 사업자로 주사업장에서 모두 총괄하여 신고 및 납부한다.

④ 총괄납부 사업자로 신고는 각 사업장별로 하고 납부는 주사업장에서 총괄하여 납부한다.

16 ㈜큐브의 2022년 2기 부가가치세 확정신고기간에 발생한 매입거래 중 [접대비관련매입세액] 사유로 불공제되는 매입세액은 얼마인가?

① 200,000원   ② 300,000원

③ 450,000원   ④ 500,000원

17 다음 중 ㈜큐브의 2022년 1기 부가가치세 확정신고기간에 카드를 사용하여 매입한 매입세액은 얼마인가?

① 100,000원   ② 125,000원

③ 220,000원   ④ 250,000원

18 다음 거래처 중 ㈜큐브의 2022년 1기 부가가치세 예정신고기간에 고정자산매입세액이 가장 큰 거래처는?

① ㈜성호기업   ② ㈜주안실업

③ ㈜상상컴퓨터   ④ ㈜현진자동차

19 다음 중 ㈜큐브의 2022년 1기 부가가치세 확정신고기간에 면세매출이 발생한 거래처는?

① ㈜나라상사   ② ㈜성호기업

③ ㈜주안실업   ④ ㈜한동테크

20 다음 중 [건물등감가상각자산취득명세서]를 전표에서 불러올 때 해당하는 세무구분이 아닌 것은?

① 21.과세매입   ② 22.영세매입

③ 23.면세매입   ④ 24.매입불공

ERP 회계 2급 2022년 1차 시험

정답 및 해설 p.152

이론문제

01 다음 중 ERP 도입의 예상효과로 적절하지 않은 것은 무엇인가?

① 사이클 타임 감소
② 고객서비스 개선
③ 개별 업무시스템 구축
④ 최신 정보기술 도입

02 다음 중 ERP 구축절차를 바르게 나타낸 것은 무엇인가?

① 분석 → 설계 → 구현 → 구축
② 설계 → 분석 → 구축 → 구현
③ 설계 → 구현 → 분석 → 구축
④ 분석 → 설계 → 구축 → 구현

03 다음 중 ERP와 인공지능(AI), 빅데이터(BigData), 사물인터넷(IoT) 등 혁신기술과의 관계에 대한 설명으로 가장 적절하지 않은 것은 무엇인가?

① 현재 ERP는 기업 내 각 영역의 업무프로세스를 지원하고 단위별 업무처리의 강화를 추구하는 시스템으로 발전하고 있다.
② 제조업에서는 빅데이터 분석기술을 기반으로 생산자동화를 구현하고 ERP와 연계하여 생산계획의 선제적 예측과 실시간 의사결정이 가능하다.
③ 현재 ERP는 인공지능 및 빅데이터 분석기술과의 융합으로 전략경영 등의 분석도구를 추가하여 상위계층의 의사결정을 지원할 수 있는 지능형 시스템으로 발전하고 있다.
④ ERP에서 생성되고 축적된 빅데이터를 활용하여 기업의 새로운 업무개척이 가능해지고, 비즈니스 간 융합을 지원하는 시스템으로 확대가 가능하다.

04 다음 중 클라우드 ERP와 관련된 설명으로 가장 적절하지 않은 것은 무엇인가?

① 클라우드를 통해 ERP 도입에 관한 진입장벽을 높일 수 있다.
② IaaS 및 PaaS 활용한 ERP를 하이브리드 클라우드 ERP라고 한다.
③ 서비스형 소프트웨어 형태의 클라우드로 ERP를 제공하는 것을 SaaS ERP라고 한다.
④ 클라우드 ERP는 고객의 요구에 따라 필요한 기능을 선택·적용한 맞춤형 구성이 가능하다.

05 재무상태표의 기본구조에 관한 설명으로 옳지 않은 것은?

① 비유동자산은 투자자산, 유형자산, 무형자산으로 구분한다.
② 유동자산은 당좌자산과 재고자산으로 구분한다.
③ 자산과 부채는 유동성이 큰 항목부터 배열하는 것을 원칙으로 한다.
④ 자본은 자본금, 자본잉여금, 자본조정, 기타포괄손익누계액, 이익잉여금(또는 결손금)으로 구분한다.

06 의료기기를 제조·판매하고 있는 ㈜생산성의 손익계산서 계정과목 중 구매, 생산, 판매 및 관리 활동 등 영업활동을 통해 벌어들인 이익수준을 파악할 수 있는 것은?

① 매출액
② 영업이익
③ 당기순이익
④ 주당순이익

07 다음 중 현금흐름표에 관한 설명으로 가장 올바르지 않은 것은?

① 현금흐름표는 일정기간 동안 기업의 현금흐름과 일정시점의 현금보유액을 나타내는 재무제표 이다.
② 현금의 흐름은 영업활동, 재무활동, 투자활동으로 구분하여 보고한다.
③ 재무활동이란 현금의 차입 및 상환활동, 신주발행이나 배당금의 지급활동과 같이 부채 및 자본계 정에 영향을 미치는 거래다.
④ 영업활동이란 현금의 대여와 회수활동, 유가증권, 투자자산, 유형자산 및 무형자산의 취득과 처 분과 같이 영업을 준비하는 활동이다.

08 시산표를 작성한 결과 차변잔액과 대변잔액이 일치하지 않았다. 이 경우 오류를 확인하기 위해서 장부를 검토할 경우 가장 효율적인 검토순서는?

① 전표 → 보조원장 → 총계정원장 → 시산표
② 시산표 → 총계정원장 → 보조원장 → 전표
③ 전표 → 총계정원장 → 보조원장 → 시산표
④ 시산표 → 보조원장 → 총계정원장 → 시산표

09 매일 발생하는 현금의 수입과 지출을 기록하는 보조장부를 의미하는 것은 무엇입니까?

① 시산표
② 분개장
③ 임시계정
④ 현금출납장

10 거래를 분석하여 차변 부분과 대변 부분을 나누어 그 계정과목과 금액을 기입하는 작업을 무엇이라고 합니까?

① 전 기
② 거 래
③ 분 개
④ 계 정

11 다음 내용에 대한 12월 31일 결산 이후 재무상태표에 기록될 선급비용은 얼마인가?

> • 9월 1일 : 공장건물에 대한 1년 화재보험료 2,400,000원을 당좌예금계좌에서 이체하다(회계담당자는 본 거래에 대해 전액 비용처리함).
> • 12월 31일 : 결산시점에 보험료 미경과분 1,600,000원을 계상하다.

① 1,400,000원
② 1,600,000원
③ 3,000,000원
④ 4,600,000원

12 다음 중 주요장부로 분류할 수 있는 것은?

① 손익계산서
② 총계정원장
③ 자본변동표
④ 현금흐름표

13 다음 중 계약금을 현금으로 받았을 때 처리하는 계정과목은?

① 선급금

② 미수금

③ 미지급금

④ 선수금

14 다음의 외상거래 중 매출채권 계정에 계상할 수 없는 항목은?

① 공장건물의 매각액

② 전력회사의 전기 공급액

③ 백화점의 상품 판매액

④ 통신회사의 통신서비스 제공액

15 다음은 ㈜생산성의 재무정보이다. 다음 자료를 이용하여 ㈜생산성의 재고자산 기말잔액을 구하면 얼마인가?(단, 재고자산회전율은 당기 매출원가를 평균재고자산으로 나눈 금액이다)

> • 당기 매출원가 : 80,000,000원
> • 재고자산 기초잔액 : 4,000,000원
> • 당기 재고자산회전율 : 10회

① 9,000,000원

② 10,000,000원

③ 11,000,000원

④ 12,000,000원

16 유가증권의 회계처리와 관련한 아래의 설명 중 옳지 않은 것은?

① 만기보유증권은 공정가액으로 평가하며, 이때 발생하는 평가손익은 당기손익항목으로 처리한다.

② 유가증권은 취득 시 투자회사의 유가증권에 대한 보유의도, 보유능력, 매매의 빈번한 발생 여부 등에 따라 만기보유증권, 단기매매증권, 그리고 매도가능증권 등으로 분류한다.

③ 단기매매증권은 공정가액으로 평가하며, 이때 발생하는 평가손익은 당기손익항목으로 처리한다.

④ 매도가능증권은 공정가액으로 평가하며, 이때 발생하는 평가손익은 기타포괄손익누계액항목으로 처리한다.

17 다음 중 감가상각의 대상이 아닌 것은?

① 건설중인자산   ② 구축물
③ 비 품   ④ 건 물

18 다음 중 유동부채로만 묶은 것은?

① 임대보증금, 단기차입금   ② 가수금, 예수금
③ 선수금, 임차보증금   ④ 미지급비용, 사채

19 다음은 자본의 구성요소에 관한 설명이다. 가장 옳지 않은 것은?

① 자본금은 주식의 액면금액이 아닌 발행 시 총납입금액으로 계상한다.
② 자본잉여금은 자본거래로 인한 자본의 증가분으로서 주식발행초과금, 감자차익 등이 있다.
③ 이익잉여금은 손익거래에서 벌어들인 이익 중 배당 등으로 유출되지 않고 사내에 남아 있는 것이다.
④ 자본조정에는 주식할인발행차금, 감자차손 등이 있다.

20 영업활동에 사용하는 자동차에 대한 제1기분 자동차세를 현금으로 납부했다. 어느 계정에 기입하는가?

① 예수금   ② 인출금
③ 세금과공과   ④ 차량운반구

실무문제

01 당사의 회계 관련 [시스템환경설정]으로 옳지 않은 것은?

① 등록된 자산은 월할상각 방식으로 상각한다.
② 중국어 재무상태표를 조회 및 출력할 수 있다.
③ 전표의 관리항목인 사용부서별로 예산을 통제한다.
④ 전표를 출력할 때 4번 양식을 기본양식으로 사용한다.

02 차변에 보기의 판매비와관리비 계정 전표입력 시 증빙을 필수로 입력해야 하는 계정은?

① 81500.수도광열비
② 82500.교육훈련비
③ 82600.도서인쇄비
④ 82900.사무용품비

03 다음 중 사원등록에 대한 설명으로 옳지 않은 것은?

① 등록된 사원코드는 수정할 수 없다.
② 입사일은 SYSTEM 관리자만 입력이 가능하다.
③ 박혜수 사원의 입사일은 2021년 9월 14일이다.
④ 신서율 사원은 ERP 프로그램을 운영하지 않는다.

04 ㈜유명 본점의 2022년 매출액이 가장 높은 분기는 언제인가?

① 1/4분기   ② 2/4분기
③ 3/4분기   ④ 4/4분기

05 2022년 7월에 ㈜유명 본점에서 현금지출이 가장 많았던 판매관리비 계정과목은 무엇인가?

① 81100.복리후생비

② 81200.여비교통비

③ 81400.통신비

④ 82200.차량유지비

06 2022년 ㈜유명 본점의 자산 중 [202001.본사건물]에 자본적지출이 발생했다. 자본적지출이 발생한 일자는 언제인가?

① 5월 27일   ② 7월 21일

③ 9월 14일   ④ 9월 27일

07 당사는 예산을 사용부서별로 관리하고 있다. 2022년 한 해 동안 재경부에서 사용한 예산 중 [81300.접대비] 계정의 집행율은?(단, 집행방식은 승인집행으로 조회)

① 26%   ② 39%

③ 52%   ④ 97%

08 ㈜유명 본점의 2022년 상반기에 발생한 전표 중 전표상태가 [미결]인 전표는 몇 건인가?

① 2건   ② 4건

③ 6건   ④ 8건

09 ㈜유명 본점의 영업부에서 사용되는 업무용승용차 [15가 2664.QM6] 차량에 대하여 운행기록부를 작성하였다. 2022년 1월 한 달 동안 해당 차량의 업무사용비율은 얼마인가?

① 70%   ② 80%

③ 85%   ④ 90%

10 ㈜유명 본점의 2022년 3월 한 달 동안 발생한 현금출금액은 얼마인가?

① 2,495,000원
② 4,610,000원
③ 5,000,000원
④ 7,105,000원

11 2021년에서 2022년으로 이월된 ㈜유명 본점의 외상매출금 금액이 가장 큰 거래처는?

① ㈜중원
② ㈜주안실업
③ ㈜한동테크
④ ㈜형광공업

12 다음 중 예산관리 프로세스로 옳은 것은?

① 예산신청 > 예산편성 > 예산조정
② 예산신청 > 예산조정 > 예산편성
③ 예산편성 > 예산신청 > 예산조정
④ 예산편성 > 예산조정 > 예산신청

13 ㈜유명 본점의 2022년 12월 말 결산 시 소모품의 기말재고액은 4,500,000원이다. 장부의 금액을 확인한 후 이와 관련된 기말 결산수정분개로 옳은 것은?(단, 소모품은 취득 시 자산처리함)

① (차) 소모품   3,500,000원   (대) 소모품비   3,500,000원
② (차) 소모품비   3,500,000원   (대) 소모품   3,500,000원
③ (차) 소모품   6,000,000원   (대) 소모품비   6,000,000원
④ (차) 소모품비   6,000,000원   (대) 소모품   6,000,000원

14 ㈜유명 본점의 2022년 하반기 중 외상매출금 발생금액이 가장 큰 달은 언제인가?

① 9월
② 10월
③ 11월
④ 12월

15 ㈜유명 본점의 부가가치세 신고유형에 대한 설명으로 옳은 것은?

① 각 사업장별로 신고 및 납부한다.
② 사업자단위 과세자로 신고 및 납부를 주사업장에서 모두 한다.
③ 총괄납부 사업자로 주사업장에서 모두 총괄하여 신고 및 납부한다.
④ 총괄납부 사업자로 신고는 각 사업장별로 하고 납부는 주사업장에서 총괄하여 납부한다.

16 ㈜유명 본점의 2022년 1기 부가가치세 예정신고 시 신고할 고정자산매입세액은 얼마인가?

① 1,200,000원 ② 2,000,000원
③ 2,300,000원 ④ 3,000,000원

17 다음 중 ㈜유명 본점의 2022년 2기 부가가치세 예정신고기간에 영세매출이 발생한 거래처는?

① ㈜성호기업 ② ㈜주안실업
③ ㈜형광공업 ④ ㈜한동테크

18 ㈜유명 본점의 2022년 1기 부가가치세 확정신고 시 매입에 대한 예정신고누락분 2건이 동일한 세무구분으로 발생했다. 해당 거래의 세무구분은 무엇인가?

① 21.과세매입 ② 22.영세매입
③ 23.면세매입 ④ 24.매입불공제

19 ㈜유명 본점의 부가가치세 신고 시 관할세무서는 어디인가?

① 대 전 ② 마 포
③ 서 초 ④ 종 로

20 ㈜유명 본점의 2022년 1기 부가가치세 예정신고 시 [매입처별세금계산서합계표]에 반영될 세무구분은 몇 개인가?

① 1개 ② 2개
③ 3개 ④ 4개

ERP 회계 2급 2021년 6차 시험

⤷ 정답 및 해설 p.164

이론문제

01 다음 중 e-Business 지원시스템을 구성하는 단위시스템에 해당되지 않는 것은 무엇인가?

① 성과측정관리(BSC)
② EC(전자상거래) 시스템
③ 의사결정지원시스템(DSS)
④ 고객관계관리(CRM) 시스템

02 다음 중 ERP 선택 및 사용 시 유의점으로 가장 옳지 않은 것은 무엇인가?

① 도입하려는 기업의 상황에 맞는 패키지를 선택해야 한다.
② 데이터의 신뢰도를 높이기 위해 관리를 철저히 해야 한다.
③ 지속적인 교육 및 워크숍 등의 원활한 사용을 위한 노력이 필요하다.
④ 현 시점의 기업 비즈니스 프로세스를 유지할 수 있는 패키지를 선택해야 한다.

03 다음 중 ERP에 대한 설명으로 가장 적절하지 않은 것은?

① ERP는 기능 및 일 중심의 업무처리방식을 취하고 있다.
② ERP는 개방적이고, 확장적이며, 유연한 시스템구조를 가지고 있다.
③ ERP 패키지는 어느 한 시스템에 입력하면 전체적으로 자동반영되어 통합운영이 가능한 시스템이다.
④ 최신의 IT기술을 활용하여 생산, 판매, 인사, 회계 등 기업 내 모든 업무를 통합적으로 관리하도록 도와주는 전사적 자원관리시스템이다.

04 다음 중 효과적인 ERP 교육을 위한 고려사항으로 가장 적절하지 않은 것은 무엇인가?

① 다양한 교육도구를 이용하라
② 교육에 충분한 시간을 배정하라
③ 비즈니스 프로세스가 아닌 트랜잭션에 초점을 맞춰라
④ 조직차원의 변화관리활동을 잘 이해하도록 교육을 강화하라

05 다음 중에서 회계상의 거래에 해당하지 않는 것은?

① 대표이사에게 현금 40,000원을 단기대여하다.
② 생산성㈜로부터 외상매출금 중 70,000원을 현금으로 회수하다.
③ 주주에게 배당으로 현금 600,000원을 지급하다.
④ 종업원에게 월정급여 200,000원을 지급하는 조건으로 고용하여 업무에 투입하다.

06 재무상태표는 다음 중 어떤 내용을 나타내는 재무제표인가?

① 일정시점 회사의 경영성과
② 일정기간 동안 회사의 재무상태
③ 일정시점 회사의 재무상태
④ 일정기간 동안 회사의 경영성과

07 다음 중 일반기업회계기준에 의해 빈칸에 들어갈 것으로 적절한 것은?

- 매출액 − 매출원가 = 매출총이익
- 매출총이익 − 판매비및일반관리비 = 영업이익
- 영업이익 + 영업외수익 − 영업외비용 = (   )
- (   ) − 법인세비용 = 당기순이익

① 영업이익   ② 법인세비용차감전순이익
③ 매출원가   ④ 영업외수익

08 ㈜생산성의 자본은 납입자본, 이익잉여금 및 기타자본요소로 구성되어 있으며 2021년 기초와 기말의 자산과 부채의 총계는 다음과 같다.

[보기]

구 분	2021년 초	2021년 말
자산 총계	100,000원	200,000원
부채 총계	70,000원	130,000원

㈜생산성은 2021년 중 유상증자 10,000원을 실시하고 이익처분으로 현금배당 5,000원, 주식배당 8,000원을 실시했으며, 1,000원을 이익준비금(법정적립금)으로 적립하였다. 2021년에 다른 거래가 없었다고 가정할 때 ㈜생산성의 2021년 포괄손익계산서상 당기순이익은?

① 35,000원   ② 40,000원
③ 43,000원   ④ 44,000원

09 다음 재무제표 중 [일정기간 현금흐름의 변동내용을 표시하는 재무보고서로 현금흐름에 영향을 미치는 영업활동, 투자활동, 재무활동으로 구분표시된다]는 무엇에 대한 설명인가?

① 재무상태표   ② 손익계산서
③ 자본변동표   ④ 현금흐름표

10 다음 중 결산절차에 해당하지 않는 것은?

① 시산표 작성   ② 재무제표 작성
③ 수정분개   ④ 총계정원장에의 전기

11 다음 계정들의 성격으로 옳지 않은 것은?

① 임대료 계정 : 증가 시 차변에 기록
② 이자수익 계정 : 감소 시 차변에 기록
③ 선급금 계정 : 증가 시 차변에 기록
④ 미지급금 계정 : 감소 시 차변에 기록

12 다음 내용을 보고 회계처리로 옳은 것은?

> 컴퓨터 판매업을 하는 A기업에서 판매용 컴퓨터(5대, @1,000,000원) 5,000,000원과 영업부 직원 사무용 컴퓨터(1대, @1,500,000원) 1,500,000원을 구입하고 수표발행하여 지급하였다.

① (차) 상 품   6,500,000원   (대) 당좌예금   6,500,000원
② (차) 상 품   5,000,000원   (대) 당좌예금   6,500,000원
      비 품   1,500,000원
③ (차) 비 품   6,500,000원   (대) 외상매입금   6,500,000원
④ (차) 비 품   5,000,000원   (대) 외상매입금   6,500,000원
      상 품   1,500,000원

13 [보기]의 거래내용을 보고 12월 31일 결산수정분개로 대변에 기록될 내용으로 옳은 것은?

> ─[보기]─
> • 2021년 9월 1일 : 사무실 소모품 2,100,000원을 현금으로 구입하다(구입시점에 소모품비 계정으로 처리함).
> • 2021년 12월 31일 : 결산 시까지 소모품사용액은 950,000원이다.

① (차) 소모품비   950,000원   (대) 소모품   950,000원
② (차) 소모품   950,000원   (대) 소모품비   950,000원
③ (차) 소모품비   1,150,000원   (대) 소모품   1,150,000원
④ (차) 소모품   1,150,000원   (대) 소모품비   1,150,000원

14 다음 중 다음 회계연도로 이월되는(차기이월로 마감) 계정과목은?

① 기타의감가상각비   ② 대손상각비
③ 기부금   ④ 개발비

15 다음 자료 중 현금및현금성자산을 계산하면 얼마인가?

> [보기]
>
> • 현금 : 900,000원   • 송금환 : 40,000원
> • 당좌예금 : 2,000,000원   • 받을어음 : 850,000원
> • 우표 : 55,000원   • 보통예금 : 2,000,000원
> • 수입인지 : 200,000원

① 4,900,000원   ② 4,940,000원
③ 5,060,000원   ④ 5,790,000원

16 2021년 1월 1일의 매출채권 잔액은 20,000,000원이었고, 2021년 12월 31일의 매출채권 잔액은 40,000,000원이었다. 2021년 매출액이 90,000,000원일 경우 매출채권회수기간은 얼마인가? (단, 1년은 360일로 가정하며, 기초매출채권과 기말매출채권의 평균금액을 기준으로 산정한다)

① 60일   ② 90일
③ 120일   ④ 180일

17 다음 중 재고자산에 포함될 수 없는 것은?

① 제품생산에 투입되기 위하여 보관 중인 원재료
② 공장신축을 위하여 보유 중인 공장부지
③ 생산이 완료되어 창고에 보관 중인 제품
④ 판매목적으로 보유하고 있는 상품

18 유형자산 감가상각방법을 정당한 사유 없이 정액법에서 정률법으로 변경할 경우 다음 중 어느 질적 특성과 관련이 있는 변경인가?

① 적시성   ② 이해가능성
③ 목적적합성   ④ 비교가능성

19 다음 [보기] 자료에 의한 거래가 순서대로 반영될 경우 기말 재무상태표상 단기차입금 금액은 얼마인가?(단, 당좌차월 계약한도 범위액은 5,000,000원이다)

[보기]

1. 기초 당좌예금 잔액 : 4,000,000원
2. 기중 상품매출 당좌예금계좌 입금액 : 2,000,000원
3. 기중 원재료매입 당좌예금계좌 출금액 : 3,500,000원
4. 기중 당좌수표 발행액 : 5,000,000원

① 2,000,000원   ② 2,500,000원

③ 3,500,000원   ④ 5,000,000원

20 다음 [보기]를 이용하여 상품매출원가를 계산하면 얼마인가?

[보기]

• 상품매출액 : 2,000,000원   • 매출할인 : 70,000원
• 상품매입액 : 900,000원   • 매입에누리 : 80,000원
• 매입환출 : 10,000원   • 기초상품재고액 : 500,000원
• 기말상품재고액 : 240,000원

① 870,000원   ② 1,070,000원

③ 1,930,000원   ④ 2,000,000원

실무문제

로그인 정보

회사코드	1005	사원코드	ERP13A02
회사명	회계2급 회사B	사원명	김은찬

01 당사의 회계 관련 [시스템환경설정]으로 옳지 않은 것은?

① 전표입력 시 입출금전표를 입력이 가능하다.
② 등록된 자산은 월할상각 방식으로 상각한다.
③ 일본어 재무상태표를 조회 및 출력할 수 있다.
④ 전표를 출력할 때 3번 양식을 기본양식으로 사용한다.

02 다음 중 사원등록에 대한 설명으로 옳지 않은 것은?

① 등록된 사원코드는 수정할 수 없다.
② 퇴사일은 SYSTEM 관리자만 입력이 가능하다.
③ 박혜수 사원의 입사일은 2021년 9월 14일이다.
④ 신서율 사원은 ERP 프로그램을 운영하지 않는다.

03 다음 중 승인전표의 상태를 [미결]로 변경할 수 없는 사원은?

① ERP13A02. 김은찬
② ERP13A03. 김종민
③ ERP13A04. 신서율
④ ERP13A05. 박혜수

04 ㈜큐브의 고정자산 중 2021년 10월 자산변동처리가 발생한 내역은?

① 양 도
② 폐 기
③ 부서이동
④ 자본적지출

05 ㈜큐브의 2021년 3분기 중 외상매출금의 회수가 가장 많은 날은 언제인가?

① 7월 25일 ② 8월 30일
③ 9월 14일 ④ 9월 30일

06 ㈜큐브는 업무용승용차를 등록하여 관리하고 있다. 다음 업무용승용차 중 보험 여부가 [부]로 설정된 차량번호는?

① 12A 8087 ② 12B 0927
③ 12B 0316 ④ 13B 0717

07 ㈜큐브는 매월 수입 및 지출에 대해 일자별자금계획을 수립하고 있다. 2021년 매월 10일에 고정적으로 지출되는 금액은 얼마인가?

① 200,000원 ② 300,000원
③ 500,000원 ④ 3,000,000원

08 ㈜큐브는 다음 보기의 당좌자산의 잔액을 거래처별로 2020년에서 2021년으로 이월하였고, 거래처 ㈜성호기업은 보기의 당좌자산 계정에 모두 잔액이 남아 있다. ㈜성호기업 거래처와의 거래로 발생한 금액 중 ㈜큐브의 2021년으로 이월된 잔액이 가장 큰 계정은 무엇인가?

① 10800.외상매출금 ② 11000.받을어음
③ 12000.미수금 ④ 13100.선급금

09 ㈜큐브는 복리후생비(판매관리비)와 여비교통비(판매관리비)를 사용부서별로 관리하고 있다. 2021년 3월에 [1001.재경부]에서 사용한 복리후생비(판매관리비)와 여비교통비(판매관리비) 합계액은 2021년 2월에 비하여 얼마나 증가했는가?

① 500,000원 ② 790,000원
③ 980,000원 ④ 1,210,000원

10 다음의 비용 계정과목 중 ㈜큐브의 2021년 상반기에 전표입력 시 사용된 계정과목은?

① 50500.상여금
② 61300.접대비
③ 81400.통신비
④ 81600.전력비

11 ㈜큐브의 2021년 하반기에 발생한 전표 중 전표상태가 [미결]인 전표는 1건이다. 해당 전표의 결의 일자는 언제인가?

① 10월 11일
② 11월 12일
③ 11월 30일
④ 12월 21일

12 ㈜큐브는 2021년 1년간의 [지출증빙서류검토표]를 작성하려고 한다. 각 증빙별 합계금액으로 옳지 않은 것은?

① 계산서 : 250,000원
② 현금영수증 : 500,000원
③ 세금계산서 : 598,730,000원
④ 신용카드(법인) : 3,500,000원

13 ㈜큐브의 2021년 6월 말 결산 시 받을어음에 대해 2%의 대손충당금을 설정하려고 한다. 다음 중 회계처리로 옳은 것은?

① (차) 대손상각비　　1,000,000원　　(대) 대손충당금　　　　1,000,000원
② (차) 대손상각비　　3,060,000원　　(대) 대손충당금　　　　3,060,000원
③ (차) 대손충당금　　1,000,000원　　(대) 대손충당금환입　　1,000,000원
④ (차) 대손충당금　　3,060,000원　　(대) 대손충당금환입　　3,060,000원

14 ㈜큐브의 2021년 6월 말 결산 시 소모품의 기말재고액은 6,500,000원이다. 장부의 금액을 확인한 후 이와 관련된 기말 결산수정분개로 옳은 것은?(단, 소모품은 취득 시 자산처리했다)

① (차) 소모품　　　3,500,000원　　(대) 소모품비　　　3,500,000원
② (차) 소모품비　　3,500,000원　　(대) 소모품　　　　3,500,000원
③ (차) 소모품　　　6,000,000원　　(대) 소모품비　　　6,000,000원
④ (차) 소모품비　　6,000,000원　　(대) 소모품　　　　6,000,000원

15 ㈜큐브의 2021년 1기 부가가치세 확정신고 시 [매출처별계산서합계표]에 대한 설명으로 옳지 않은 것은?

① 발행한 계산서의 총 매수는 1매다.
② 종이로 발급된 계산서는 존재하지 않는다.
③ ㈜나라상사 거래처에 발행한 계산서가 존재한다.
④ 사업자등록번호가 아닌 주민등록번호로 발급된 계산서가 존재한다.

16 ㈜큐브의 2021년 1기 부가가치세 확정신고기간에 발생한 신용카드매출액 중 세금계산서가 발급된 금액은 얼마인가?

① 10,000,000원
② 20,500,000원
③ 30,000,000원
④ 40,500,000원

17 ㈜큐브의 2021년 1기 부가가치세 예정신고 시 [수출실적명세서]에 작성될 수출재화의 외화금액은 얼마인가?

① 10,000달러
② 12,000달러
③ 30,000달러
④ 50,000달러

18 ㈜큐브의 2021년 1기 부가가치세 예정신고기간의 [건물등감가상각자산취득명세서]에 작성될 기계장치의 건수는?

① 1건
② 2건
③ 3건
④ 4건

19 ㈜큐브의 부가가치세 신고 시 해당하는 주업종코드는 무엇인가?

① 142101.광업
② 322001.제조업
③ 722000.정보통신업
④ 809007.교육서비스업

20 ㈜큐브의 2021년 2기 부가가치세 예정신고기간에 발생한 매입거래 중 [비영업용소형승용차구입 및 유지] 사유로 불공제되는 매입세액은 얼마인가?

① 2,000,000원
② 2,500,000원
③ 3,000,000원
④ 4,500,000원

이론문제

01 ERP 구축절차 중 모듈조합화, 테스트 및 추가개발 또는 수정기능 확정을 하는 단계는 무엇인가?

① 구축단계 ② 구현단계
③ 분석단계 ④ 설계단계

02 ERP 도입의 예상효과로 볼 수 없는 것은 무엇인가?

① 투명한 경영 ② 고객서비스 개선
③ 결산작업의 증가 ④ 재고물류비용 감소

03 다음 중 ERP의 기술적 특징으로 볼 수 없는 것은 무엇인가?

① 4세대 프로그래밍 언어를 사용하여 개발되었다.
② 대부분의 ERP는 객체지향기술을 사용하여 설계한다.
③ 기업 내부의 데이터가 집합되므로 보안을 위해 인터넷환경하에서의 사용은 자제한다.
④ 일반적으로 관계형 데이터베이스 관리시스템(RDBMS)이라는 소프트웨어를 사용하여 모든 데이터를 관리한다.

04 다음 중 ERP를 도입할 때의 선택기준으로 적절하지 않은 것은 무엇인가?

① 경영진의 확고한 의지가 있어야 한다.
② 경험 있는 유능한 컨설턴트를 활용해야 한다.
③ 전사적으로 전 임직원의 참여를 유도해야 한다.
④ 다른 기업에서 가장 많이 사용하는 패키지를 선택하는 것이 좋다.

05 다음의 의미를 가장 잘 나타내는 것은?

> 회계정보이용자의 합리적인 의사결정에 유용한 정보를 제공

① 회계분류　　　　　　　　　② 회계목적
③ 회계연도　　　　　　　　　④ 회계단위

06 다음 재무제표 중 일정시점의 기업의 정보를 불특정 다수의 이해관계자들에게 전달하는 보고서는?

① 재무상태표　　　　　　　　② 현금흐름표
③ 손익계산서　　　　　　　　④ 자본변동표

07 일정기간 동안 기업의 경영성과에 대한 정보를 보여주는 동태적 재무제표를 무엇이라고 하는가?

① 매출채권　　　　　　　　　② 손익계산서
③ 현금흐름표　　　　　　　　④ 자본변동표

08 다음은 제조업을 영위하는 ㈜생산성의 손익계산서에 포함된 내용이다. 영업이익(또는 영업손실)은 얼마인가?

> • 매출액 : 6,000,000원　　　　• 광고선전비 : 350,000원
> • 매출원가 : 3,500,000원　　　• 임대료 : 500,000원
> • 판매운송비 : 400,000원　　　• 이자비용 : 350,000원
> • 기부금 : 350,000원　　　　　• 판매창고임차료 : 310,000원
> • 판매사원퇴직급여 : 200,000원　• 단기매매증권처분이익 : 330,000원

① 890,000원　　　　　　　　② 1,240,000원
③ 1,260,000원　　　　　　　④ 2,500,000원

09 일정기간 기업의 현금이 어떻게 조달되고 사용되었는지를 보여주는 재무제표는?

① 재무상태표   ② 현금흐름표
③ 손익계산서   ④ 자본변동표

10 [보기]의 거래를 회계처리할 경우 적절한 계정과목은?

[보기]

8월 6일 : 업무용 컴퓨터를 구입하고, 대금은 월말에 지급하기로 했다.

---

① 상 품   ② 외상매입금
③ 미지급금   ④ 선급금

11 다음 중 회계상의 거래가 아닌 것은?

① 기계의 고장수리   ② 창고 보관 중 상품 분실
③ 부동산 매매계약   ④ 비품의 감가상각

12 재무비율의 종류와 분석내용을 틀리게 연결한 것은?

① 유동비율 : 기업의 단기부채 상환능력 분석
② 자기자본비율 : 기업의 안정성 분석
③ 부채비율 : 기업의 장기적인 지급능력 분석
④ 당좌비율 : 기업자산의 효율적 운용여부 분석

13 다음 중 현금및현금성자산으로 분류할 수 없는 것은?

① 당좌예금
② 동점발행수표
③ 취득한 회계기간의 결산일로부터 3개월 이내에 만기가 도래하는 채권
④ 보통예금

14 2020년 1월 1일 기계장치를 50,000,000원에 취득했다. 2021년 12월 31일 결산 이후 손익계산서에 기록될 감가상각비는?(단, 감가상각방법은 정률법이며 잔존가액은 없다. 내용연수는 5년이며, 상각율은 0.45이다)

① 8,000,000원   ② 9,900,000원

③ 12,375,000원   ④ 22,500,000원

15 2021년 12월 31일 결산 이후 기계장치 장부가액은 얼마인가?

- 기계장치 취득원가 : 10,000,000원
- 취득시기 : 2019년 1월 1일
- 잔존가치 : 1,000,000원
- 내용연수 : 5년
- 정액법 적용

① 1,800,000원   ② 4,600,000원

③ 6,400,000원   ④ 10,000,000원

16 무형자산으로 구분할 수 없는 것은?

① 영업권   ② 개발비

③ 건설중인자산   ④ 산업재산권

17 다음 중 사채의 발행방법으로 옳지 않은 것은?

① 할인발행   ② 분할발행

③ 액면발행   ④ 할증발행

18 보통주 300주(1주당 액면금액 5,000원)를 1주당 10,000원에 발행하여 회사를 설립하였다. 이 거래를 바르게 분개한 것을 고르시오.

① (차) 현 금   1,500,000   (대) 자본금   1,500,000
② (차) 현 금   1,500,000   (대) 주식발행초과금   1,500,000
③ (차) 현 금   3,000,000   (대) 외상매입금   3,000,000
④ (차) 현 금   3,000,000   (대) 자본금   1,500,000
                                             주식발행초과금   1,500,000

19 다음 내용을 보고 도소매업을 영위하는 기업의 판매비와관리비로 분류할 수 있는 것은 몇 개인가?

> 교육훈련비, 기타의대손상각비, 선급비용, 수도광열비, 이자비용, 기부금, 접대비, 미지급비용, 복리후생비, 재해손실

① 2개   ② 3개
③ 4개   ④ 5개

20 다음 자료를 기반으로 기초상품재고액을 계산하면 얼마인가?

> • 총매출액 : 4,000,000원   • 기말상품재고액 : 600,000원
> • 매출총이익 : 1,900,000원   • 당기상품매입액 : 550,000원

① 1,750,000원   ② 1,950,000원
③ 2,050,000원   ④ 2,150,000원

실무문제

로그인 정보

회사코드	1002	사원코드	ERP13A02
회사명	회계2급 회사A	사원명	김은찬

01 [차변]에 보기의 판매비와관리비 계정을 전표입력 시 증빙을 필수로 입력해야 하는 계정은?

① 81500.수도광열비
② 82500.교육훈련비
③ 82600.도서인쇄비
④ 82900.사무용품비

02 다음 중 iCUBE를 활용하여 마스터 데이터를 입력하는 순서가 올바르게 나열된 것은?

① 회사등록 → 부문등록 → 사업장등록 → 부서등록 → 사원등록
② 회사등록 → 사업장등록 → 부문등록 → 부서등록 → 사원등록
③ 회사등록 → 사업장등록 → 부서등록 → 부문등록 → 사원등록
④ 회사등록 → 부서등록 → 사업장등록 → 부문등록 → 사원등록

03 다음 [회계관리] 메뉴 중 김종민 사원이 사용할 수 없는 메뉴는?

① 전표입력
② 전표출력
③ 거래처원장
④ 현금출납장

04 ㈜유명 본점은 7개월 이상 채권이 회수되지 않은 거래처를 파악하고자 한다. 선입선출법에 따라 외상매출금 잔액을 확인할 경우 2021년 7월 31일 현재 7개월 이상 회수가 되지 않은 채권이 존재하는 거래처는 어디인가?

① ㈜성호기업
② ㈜주안실업
③ ㈜한동테크
④ ㈜형광공업

05 ㈜유명 본점은 2021년 1년간의 [지출증빙서류검토표]를 작성하려고 한다. 각 증빙별 합계금액으로 옳지 않은 것은?

① 계산서 : 456,000원
② 세금계산서 : 126,500,000원
③ 신용카드(개인) : 1,670,000원
④ 신용카드(법인) : 2,630,000원

06 다음 [보기]의 신규 취득한 고정자산을 등록하고 해당 자산의 2021년 감가상각비를 조회하면 얼마인가?

> **[보기]**
>
> - 회계단위 : ㈜유명 본점
> - 자산코드 : 21200008
> - 취득일 : 2021년 4월 1일
> - 상각방법 : 정액법
> - 경비구분 : 800번
>
> - 자산유형 : 비 품
> - 자산명 : 에어컨
> - 취득금액 : 3,000,000원
> - 내용연수 : 5년

① 200,000원   ② 250,000원
③ 450,000원   ④ 600,000원

07 ㈜유명 본점은 전국 공장을 프로젝트별로 관리하고 있다. 2021년 상반기 판매관리비 중 복리후생비가 가장 많이 지출된 공장은 어디인가?

① 서울공장   ② 부산공장
③ 울산공장   ④ 대전공장

08 당사는 예산을 사용부서별로 관리하고 있다. 2021년 한 해 동안 재경부에서 사용한 예산 중 [82900.사무용품비] 계정의 집행율은?(단, 집행방식은 승인집행으로 조회)

① 26%   ② 39%
③ 52%   ④ 85%

09 ㈜유명 본점에서 2021년 3월 25일 ㈜한동테크에게 매출 후 수취한 어음(자가20210325-001)의 만기일자는 언제인가?

① 2021년 5월 31일   ② 2021년 6월 14일
③ 2021년 9월 27일   ④ 2022년 1월 20일

10 당사는 업무용승용차를 [L1.업무용승용차] 관리항목으로 사용하여 관리하고 있다. ㈜유명 본점의 2021년 상반기 중 [82200.차량유지비] 계정의 지출금액이 가장 큰 차량의 차량번호는?

① 12가 0102   ② 14가 0717
③ 15가 2664   ④ 17가 8087

11 2021년 상반기에 ㈜유명 본점에서 지출한 사무용품비(판매관리비) 중 현금으로 지출한 금액은 얼마인가?

① 2,500,000원　　　　　　　　　② 2,950,000원

③ 5,450,000원　　　　　　　　　④ 8,960,000원

12 ㈜유명 본점의 2021년 6월에 발생한 전표 중 전표상태가 [미결]인 전표는 몇 건인가?

① 2건　　　　　　　　　　　　　② 4건

③ 6건　　　　　　　　　　　　　④ 8건

13 ㈜유명 본점의 2021년 3월 말 결산 시 받을어음에 대해 1%의 대손충당금을 설정하려고 한다. 다음 중 회계처리로 옳은 것은?

①	(차) 대손상각비	2,758,690	(대) 대손충당금	2,758,690
②	(차) 대손상각비	3,390,000	(대) 대손충당금	3,390,000
③	(차) 대손상각비	5,710,000	(대) 대손충당금	5,710,000
④	(차) 대손상각비	8,030,000	(대) 대손충당금	8,030,000

14 ㈜유명 본점은 업무용승용차를 부서별로 관리하고 있다. 다음 중 영업부에서 관리하고 있는 업무용 승용차의 차량번호는?

① 12가 0102　　　　　　　　　　② 14가 0717

③ 15가 2664　　　　　　　　　　④ 17가 8087

15 다음 중 ㈜유명 본점의 2021년 2기 부가가치세 예정신고기간에 영세매출이 발생한 거래처는?

① ㈜성호기업　　　　　　　　　　② ㈜주안실업

③ ㈜형광공업　　　　　　　　　　④ ㈜한동테크

16 ㈜유명 본점의 2021년 1기 부가가치세 확정신고기간에 발생한 매입거래 중 [접대비관련매입세액] 사유로 불공제되는 매입세액은 얼마인가?

① 200,000원   ② 300,000원

③ 450,000원   ④ 500,000원

17 ㈜유명 본점은 부동산임대업도 하고 있어 부가가치세 신고 시 간주임대료를 포함하여 신고하려고 한다. 2021년 1기 부가가치세 확정신고 시 다음 [부동산임대내역]의 자료를 입력한 후 보증금이자(간주임대료)를 계산하면 얼마인가?(단, 보증금이자(간주임대료) 계산 시 소수점 이하는 절사한다)

> **[부동산임대내역]**
> - 동 : 3017064000.대전광역시 서구 둔산2동
> - 상호(성명) : 우리소프트㈜
> - 임대기간 : 2021/04/01 ~ 2022/03/31
> - 월세 : 2,000,000원
> ※ 이자율은 1.8%로 계산한다.
> - 층 / 호수 : 지상 5층 / 201호
> - 면적 / 용도 : 140㎡ / 사무실
> - 보증금 : 50,000,000원
> - 관리비 : 100,000원

① 223,770원   ② 224,383원

③ 300,000원   ④ 447,766원

18 다음 중 ㈜유명 본점의 2021년 1기 부가가치세 확정신고기간에 카드를 사용하여 매입한 매입세액은 얼마인가?

① 100,000원   ② 125,000원

③ 220,000원   ④ 250,000원

19 ㈜유명 본점의 부가가치세 신고 시 관할세무서는 어디인가?

① 대 전   ② 마 포

③ 서 초   ④ 종 로

20 다음 중 [건물등감가상각자산취득명세서]를 전표에서 불러올 때 해당하는 세무구분이 아닌 것은?

① 23.면세매입   ② 24.매입불공

③ 25.수입   ④ 28.현금영수증매입

이론문제

01 다음 중 ERP 도입 시 구축절차에 따른 방법에 대한 설명으로 가장 적합한 것은 무엇인가?

① 분석단계에서는 패키지 기능과 To-BE 프로세스와의 차이를 분석한다.
② 설계단계에서는 AS-IS를 파악한다.
③ 구축단계에서는 패키지를 설치하고 커스터마이징을 진행한다.
④ 구현단계에서는 시험가동 및 시스템평가를 진행한다.

02 ERP의 의미에 대한 설명 중 기업의 경영활동과 연계하여 볼 때 다음 중 가장 적절하지 않은 설명은?

① 산업별 Best Practice를 내재화하여 업무프로세스 혁신을 지원할 수 있다.
② 기업 경영활동에 대한 시스템을 통합적으로 구축함으로써 생산성을 극대화시킨다.
③ 기업 내의 모든 인적·물적 자원을 효율적으로 관리하여 기업의 경쟁력을 강화시켜 주는 역할을 한다.
④ ERP는 패키지화되어 있어서 신기술을 도입하여 적용시키는 것은 어렵다.

03 다음 중 ERP의 선택기준으로 볼 수 없는 것은 무엇인가?

① 커스터마이징의 최대화
② 자사에 맞는 패키지 선정
③ 현업 중심의 프로젝트 진행
④ TFT는 최고의 엘리트 사원으로 구성

04 다음 [보기]의 괄호 안에 들어갈 용어로 맞는 것은 무엇인가?

[보기]

ERP 도입의 성공 여부는 (   )을/를 통한 업무개선이 중요하며 이것은 원가, 품질, 서비스, 속도와 같은 주요 성과측정치의 극적인 개선을 위해 업무프로세스를 급진적으로 재설계하는 것이라고 정의할 수 있다.

① MRP
② BPR
③ CRP
④ MIS

05 다음 중 회계에 관한 설명으로 가장 옳지 않은 것은?

① 재무제표는 기업의 특성에 따른 차이점을 반영하기 위하여 동일한 업종의 회사라도 각각 다른 기준에 의하여 작성된다.
② 회계란 회사의 경영활동에 관심을 갖는 다양한 이해관계자가 합리적인 의사결정을 할 수 있도록 회사에 관한 유용한 재무적 정보를 측정하여 전달하는 과정이다.
③ 회사의 회계정보이용자란 현재의 투자자뿐만 아니라 잠재적 투자자도 포함하는 개념이다.
④ 재무회계는 주로 회사 외부의 이해관계자들에게 재무정보를 제공하는 것을 목적으로 한다.

06 다음 중 기업회계기준에서 규정한 손익계산서의 작성기준으로 보기 어려운 것은?

① 2021년 7월 1일에 선급한 향후 1년간 보험료 10,000원을 발생주의 원칙에 따라 5,000원은 비용으로 인식하고, 나머지 5,000원은 자산으로 처리했다.
② 2021년 12월 29일 납품한 물품에 대해 대금회수일인 2022년 1월 15일에 매출로 인식했다.
③ 2021년 1월 1일에 50,000원을 주고 취득한 기계장치(내용연수 5년, 잔존가치 없음, 정액법 상각)에 대해 당기 감가상각비 10,000원을 인식했다.
④ 총액주의 원칙에 따라 20×1년 12월 31일 외화예금에서 발생한 외화환산이익 10,000원과 외화차입금에서 발생한 외화환산손실 7,000원을 각각 인식했다.

07 다음 중 도매업을 영위하는 기업의 판매비와관리비로 구분할 수 없는 거래는?

① 본사 건물에 대한 감가상각비를 비용으로 계상했다.
② 직원들의 단합을 위하여 회식비를 지급했다.
③ 단기대여금에 대한 대손충당금을 설정했다.
④ 명절선물을 구입하여 거래처에 증정했다.

08 회계순환과정이란 거래를 기록하고 요약하여 재무제표를 작성하는 과정을 의미한다. 다음 보기를 회계순환과정에 따라 나열할 경우 가장 먼저 수행해야 할 과정은?

① 총계정원장에 전기
② 전표 작성(분개)
③ 시산표 작성
④ 재무제표 작성

09 다음 중 판매비와관리비로만 구성되어진 것은?

① 유형자산처분손실, 재해손실, 여비교통비, 대손상각비
② 단기매매증권처분손실, 급여, 복리후생비, 이자비용
③ 세금과공과, 광고선전비, 대손상각비, 접대비
④ 이자비용, 기부금, 단기매매증권처분손실, 기타의대손상각비

10 다음 거래를 보고 바르게 분개한 것은?

> 거래처 A의 외상매입금 2,000,000원을 지급하기 위해 거래처 B에 상품 판매대금으로 받아 보관 중인 어음 2,000,000원을 배서양도했다.

① (차) 외상매입금   2,000,000원   (대) 지급어음   2,000,000원
② (차) 외상매입금   2,000,000원   (대) 받을어음   2,000,000원
③ (차) 받을어음   2,000,000원   (대) 외상매입금   2,000,000원
④ (차) 지급어음   2,000,000원   (대) 받을어음   2,000,000원

11 12월 31일 기말 재무상태표 일부다. 기말시점의 손익계산서에 기록될 대손상각비는 얼마인가?

> • 2021년 기초 대손충당금 : 300,000원
> • 2021년 기중 대손발생액 : 280,000원
> • 2021년 기말 재무상태표상 매출채권 잔액은 15,000,000원, 대손설정액은 매출채권 잔액의 1% 인 150,000원이다.

① 20,000원
② 130,000원
③ 150,000원
④ 280,000원

12 다음 자료 중 현금및현금성자산을 계산하면 얼마인가?

> • 현금 : 1,700,000원 • 수입인지 : 200,000원
> • 우표 : 35,000원 • 당좌예금 : 3,000,000원
> • 외상매출금 : 1,100,000원 • 보통예금 : 2,000,000원
> • 받을어음 : 900,000원

① 5,000,000원 ② 6,500,000원
③ 6,700,000원 ④ 6,900,000원

13 다음은 대손충당금에 관한 설명이다. 옳지 않은 것은?

① 미수금에 대해서도 대손충당금을 설정할 수 있다.
② 회수가 불확실한 채권은 합리적이고 객관적인 기준에 따라 산출한 대손추산액을 대손충당금으로 설정한다.
③ 대손충당금은 매출채권의 차감적 평가계정이다.
④ 업무무관 대여금에 대한 대손상각비는 판매비와관리비에 속한다.

14 다음 자료를 참고하여 재고자산회전율을 계산하면 얼마인가?

> • 20×1년 평균 재고자산 : 130,000,000원
> • 20×1년 매출원가 : 260,000,000원
> ※ 1년은 360일로 가정함

① 2회 ② 0.5회
③ 150회 ④ 180회

15 다음 자료에 의한 유가증권의 취득원가는 얼마인가?

> 매도가능증권으로 분류되는 시장성 있는 주식 100주를 주당 30,000원에 구입하면서 수수료로 증권회사에 20,000원을 지급하고, 거래세로 5,000원을 지급했다.

① 3,000,000원 ② 3,005,000원
③ 3,020,000원 ④ 3,025,000원

16 다음 중 회계추정의 변경 결과 변경한 연도의 당기순이익을 증가시키는 것은?

① 매출채권에 대한 대손예상률을 높게 설정
② 정액법으로 상각하는 무형자산의 상각기간 단축
③ 정률법으로 상각하는 유형자산의 내용연수 단축
④ 정액법으로 상각하는 유형자산의 잔존가치 증가

17 ㈜생산성의 자산과 부채가 다음과 같을 경우 순자산(자본)은 얼마인가?

> • 매출채권 : 500,000원   • 차입금 : 300,000원
> • 현금 : 150,000원   • 미수금 : 100,000원
> • 매입채무 : 80,000원   • 대여금 : 200,000원

① 370,000원   ② 470,000원
③ 570,000원   ④ 670,000원

18 다음은 주당순이익(EPS)에 대한 설명이다. 가장 옳지 않은 것은?

① 당기순이익을 그 기업이 발행한 유통보통주식수로 나누어 산출한다.
② 회사가 일정기간 동안 올린 수익에 대한 주식 1주당 귀속되는 주주의 몫을 나타내는 지표다.
③ 주당순이익은 주가수익률(PER) 계산과는 관계가 없다.
④ 주당순이익이 높을수록 경영실적이 양호하다고 할 수 있다.

19 2021년 12월 31일 결산 이후 손익계산서에 표기될 보험료를 계산하면 얼마인가?

> • 회사는 9월 1일 보유 중인 자동차에 대한 보험료로 1,500,000원을 현금으로 지불했다.
> • 보험기간 : 2021년 9월 1일 ~ 2022년 8월 31일(월할계산)

① 375,000원   ② 500,000원
③ 1,125,000원   ④ 1,500,000원

20 다음 중 재무상태표에 나타나는 계정과목으로 가장 올바르지 않은 것은 무엇인가?

① 현 금   ② 매출채권
③ 매출원가   ④ 매입채무

실무문제

로그인 정보

회사코드	1005	사원코드	ERP13A02
회사명	회계2급 회사B	사원명	김은찬

01 당사의 사원등록에 대한 설명으로 옳지 않은 것은?

① 이민기 사원은 [3001.생산부] 소속이다.
② 입사일과 달리 퇴사일 입력은 시스템관리자만 입력할 수 있다.
③ [사용자권한설정] 메뉴에서 메뉴사용권한을 부여받을 수 있는 사원은 총 3명이다.
④ 김은찬 사원은 회계전표 입력 시 대차차익이 발생하지 않으면 전표상태가 '승인'으로 반영된다.

02 다음 중 당사의 계정과목 설정에 대한 설명으로 틀린 것은?

① [81200.여비교통비] 계정의 예산은 월별통제하고 있다.
② [11100.대손충당금] 계정은 [10800.외상매출금] 계정의 차감계정이다.
③ 전표입력 시 [10301.보통예금] 계정의 금융거래처 코드는 필수입력사항이다.
④ 접대비(판매관리비) 계정을 세분화하여 관리하기 위하여 세목을 등록하여 사용하고 있다.

03 다음 중 iCUBE를 활용하여 마스터 데이터를 입력하는 순서가 올바르게 나열된 것은?

① 회사등록 → 부문등록 → 사업장등록 → 부서등록 → 사원등록
② 회사등록 → 사업장등록 → 부문등록 → 부서등록 → 사원등록
③ 회사등록 → 사업장등록 → 부서등록 → 부문등록 → 사원등록
④ 회사등록 → 부서등록 → 사업장등록 → 부문등록 → 사원등록

04 당사는 업무용승용차를 [L1.차량번호] 관리항목으로 사용하여 관리하고 있다. ㈜큐브의 2021년 상반기 중 [82200.차량유지비] 계정의 지출금액이 가장 큰 차량의 차량번호는?

① 10하 3100호
② 20허 6500호
③ 30노 4200호
④ 40가 8700호

05 ㈜큐브의 2021년 상반기 중 상품의 매입금액이 가장 큰 달은 언제인가?

① 1월
② 2월
③ 3월
④ 4월

06 ㈜큐브의 5월 한 달 동안 발생한 현금출금액은 얼마인가?

① 2,950,000원
② 3,500,000원
③ 4,440,000원
④ 5,500,000원

07 2021년 하반기에 ㈜큐브에서 지출한 사무용품비(판매관리비) 중 현금으로 지출한 금액은 얼마인가?

① 5,090,000원
② 5,590,000원
③ 6,840,000원
④ 8,960,000원

08 ㈜큐브는 2020년에서 2021년으로 외상매입금 잔액을 이월했다. 다음 중 거래처별 외상매입금 이월금액으로 옳은 것은?

① ㈜신흥전자 : 11,000,000원
② ㈜주안실업 : 17,280,000원
③ ㈜한동테크 : 38,275,000원
④ ㈜형광공업 : 98,615,000원

09 ㈜큐브의 2021년 3월 말 결산 시 받을어음에 대해 1%의 대손충당금을 설정하려고 한다. 다음 중 회계처리로 옳은 것은?

①	(차) 대손상각비	1,000,000원	(대) 대손충당금	1,000,000원
②	(차) 대손상각비	2,500,000원	(대) 대손충당금	2,500,000원
③	(차) 대손충당금	1,000,000원	(대) 대손충당금환입	1,000,000원
④	(차) 대손충당금	2,500,000원	(대) 대손충당금환입	2,500,000원

10 ㈜큐브는 매월 고정적으로 지출되는 자금을 관리하고 있다. 다음 보기 중 2021년 7월에 고정적으로 지출되는 자금과목이 아닌 것은?

① 일반경비 ② 이자상환
③ 사무실임차료 ④ 인건비

11 2021년 ㈜큐브의 복리후생비(판매관리비) 계정의 상반기 지출액 대비 하반기 지출액의 증감율은 얼마인가?(단, 증감율 계산 시 소수점 첫째자리에서 반올림한다)

① 10% ② 17%
③ 23% ④ 33%

12 ㈜큐브는 채권회수가 되지 않은 기간이 6개월을 초과한 거래처를 파악하고자 한다. 선입선출법에 따라 외상매출금 잔액을 확인할 경우 2021년 6월 30일 현재 6개월을 초과하여 회수가 되지 않는 채권이 존재하는 거래처는 어디인가?

① ㈜성호기업 ② ㈜주안실업
③ ㈜한동테크 ④ ㈜형광공업

13 ㈜큐브의 2021년 6월 말 결산 시 소모품의 기말재고액은 4,000,000원이다. 장부의 금액을 확인한 후 이와 관련된 기말 결산수정분개로 옳은 것은?(단, 소모품은 취득 시 자산처리했다)

①	(차) 소모품	3,500,000원	(대) 소모품비	3,500,000원
②	(차) 소모품비	3,500,000원	(대) 소모품	3,500,000원
③	(차) 소모품	6,000,000원	(대) 소모품비	6,000,000원
④	(차) 소모품비	6,000,000원	(대) 소모품	6,000,000원

14 ㈜큐브는 [D1.프로젝트] 관리항목을 이용하여 매출액을 프로젝트별로 관리하고 있다. 2021년 상반기에 [1000.그룹웨어] 프로젝트에서 발생한 상품매출 중 거래처 ㈜성호기업과의 거래에서 발생한 금액은 얼마인가?

① 180,000,000원 ② 200,000,000원
③ 230,000,000원 ④ 260,000,000원

15 다음 거래처 중 ㈜큐브의 2021년 1기 부가가치세 예정신고 시 신고할 고정자산매입세액이 없는 거래처는?

① ㈜성호기업
② ㈜주안실업
③ ㈜한동테크
④ ㈜상상컴퓨터

16 다음 중 ㈜큐브의 2021년 1기 부가가치세 확정신고기간에 면세매출이 발생한 거래처는?

① ㈜나라상사
② ㈜성호기업
③ ㈜주안실업
④ ㈜한동테크

17 다음 중 [건물등감가상각자산취득명세서]를 전표에서 불러올 때 해당하는 세무구분이 아닌 것은?

① 21.과세매입
② 22.영세매입
③ 23.면세매입
④ 24.매입불공

18 ㈜큐브의 2021년 1기 부가가치세 확정신고기간의 카드매입세액은 얼마인가?

① 116,000원
② 205,000원
③ 220,000원
④ 275,000원

19 ㈜큐브의 부가가치세 신고 시 관할세무서는 어디인가?

① 대전세무서
② 마포세무서
③ 송파세무서
④ 종로세무서

20 ㈜큐브의 2021년 2기 부가가치세 확정신고 시 매입에 대한 예정신고누락분은 몇 건인가?

① 1건
② 2건
③ 3건
④ 4건

ERP 회계 2급 2021년 3차 시험

⤷ 정답 및 해설 p.203

이론문제

01 상용화 패키지에 의한 ERP 시스템 구축 시 성공과 실패를 좌우하는 요인으로 보기 어려운 것은 무엇인가?

① 시스템 공급자와 기업 양쪽에서 참여하는 인력의 자질

② 기업환경을 최대한 고려하여 개발할 수 있는 자체개발인력 보유 여부

③ 제품이 보유한 기능을 기업의 업무환경에 얼마만큼 잘 적용하는지에 대한 요인

④ 사용자 입장에서 ERP 시스템을 충분히 이해하고 사용할 수 있는 반복적인 교육훈련

02 다음 중 ERP 도입의 목적이라고 볼 수 없는 것은 무엇인가?

① 기업의 다양한 업무지원

② 고객만족 및 서비스 증진 효과

③ 조직원의 관리, 감독, 통제 기능 강화

④ 효율적 의사결정을 위한 지원기능

03 BPR(Business Process Re-Engineering)이 필요한 이유로 가장 적절하지 않은 것은?

① 복잡한 조직 및 경영 기능의 효율화

② 지속적인 경영환경 변화에 대한 대응

③ 정보 IT기술을 통한 새로운 기회 창출

④ 정보보호를 위한 닫혀 있는 업무환경 확보

04 다음 중 ERP와 인공지능(AI), 빅데이터(Big Data), 사물인터넷(IoT) 등 혁신기술과의 관계에 대한 설명으로 가장 적절하지 않은 것은 무엇인가?

① 현재 ERP는 기업 내 각 영역의 업무프로세스를 지원하고 단위별 업무처리의 강화를 추구하는 시스템으로 발전하고 있다.

② 제조업에서는 빅데이터 분석기술을 기반으로 생산자동화를 구현하고 ERP와 연계하여 생산계획의 선제적 예측과 실시간 의사결정이 가능하다.

③ 현재 ERP는 인공지능 및 빅데이터 분석기술과의 융합으로 전략경영 등의 분석도구를 추가하여 상위계층의 의사결정을 지원할 수 있는 지능형 시스템으로 발전하고 있다.

④ ERP에서 생성되고 축적된 빅데이터를 활용하여 기업의 새로운 업무개척이 가능해지고, 비즈니스 간 융합을 지원하는 시스템으로 확대가 가능하다.

05 다음 중 일반기업회계기준에서 규정하고 있는 재무제표의 종류로 가장 올바르지 않은 것은?

① 총계정원장
② 재무상태표
③ 자본변동표
④ 손익계산서

06 다음 중 회계상 거래에 포함될 수 없는 것은?

① 장부가액이 2,500,000원인 건물이 화재로 인해 전소되었다.
② 상품을 판매하고 아직 대금을 받지 않았다.
③ 공급회사와 100톤의 원재료를 1,000,000원에 구입하기로 계약을 체결했다.
④ 기계장치를 구입하여 인도받았으나 아직 대금을 지급하지 않았다.

07 다음은 재무제표의 종류와 각각의 재무제표를 통해 알 수 있는 정보를 연결한 것이다. 올바르지 않은 것은?

① 재무상태표 : 일정기간의 기업의 자산, 부채, 자본의 변동내용 표시
② 손익계산서 : 일정기간의 기업의 수익, 비용 등 경영성과를 표시
③ 현금흐름표 : 일정기간 동안 기업의 활동별 현금흐름을 표시
④ 자본변동표 : 기업 자본의 변동내역을 표시

08 다음은 제조업을 영위하는 ㈜생산성의 손익계산서에 포함된 내용이다. 영업이익은 얼마인가?

> • 매출액 : 6,000,000원
> • 광고선전비 : 350,000원
> • 판매운송비 : 400,000원
> • 기부금 : 350,000원
> • 영업사원급여 : 200,000원
>
> • 매출원가 : 3,500,000원
> • 임대료 : 500,000원
> • 이자비용 : 350,000원
> • 판매창고임차료 : 310,000원
> • 단기매매증권처분이익 : 330,000원

① 1,240,000원
② 1,260,000원
③ 1,760,000원
④ 2,500,000원

09 다음 [보기]를 이용하여 매출원가를 계산하면 그 금액은 얼마인가?

> **[보기]**
> • 상품매출액 : 2,000,000원
> • 기말상품재고액 : 250,000원
> • 매입에누리 : 80,000원
> • 매출할인 : 70,000원
>
> • 기초상품재고액 : 500,000원
> • 상품매입액 : 900,000원
> • 매입환출 : 10,000원

① 870,000원
② 1,060,000원
③ 1,930,000원
④ 2,000,000원

10 ㈜생산성의 결산수정사항이 다음과 같은 경우 기말수정분개가 미치는 영향으로 옳지 않은 것은? (단, 법인세비용에 미치는 영향은 없다고 가정한다)

> • 4월 1일 : 1년간의 보험료 12,000원을 지급하고 전액을 선급보험료 계정에 차기했다.
> • 당해 회계연도의 임대료 수익 6,000원이 발생되었으나 12월 31일 현재 회수되지 않고 다음 달 말일에 회수할 예정이다.

① 수정 후 잔액시산표의 대변합계는 6,000원만큼 증가한다.
② 당기순이익이 3,000원만큼 증가한다.
③ 자산총액이 3,000원만큼 감소한다.
④ 부채총액은 변동이 없다.

11 다음 중 복리후생비로 분류할 수 없는 것은?

① 종업원 작업복 구입비용

② 거래처 직원과의 식사비용

③ 종업원 경조사비용

④ 영업부 직원 회식비용

12 [보기]의 거래내용을 보고 12월 31일 결산수정분개로 대변에 기록될 내용으로 옳은 것은?

┌─[보기]─────────────────────────────────────┐
• 2020년 9월 1일 : 사무용품 2,000,000원을 현금으로 구입하다(사무용품을 구입시점에 소모품비
  계정으로 처리함).
• 2020년 12월 31일 : 결산 시까지 소모품사용액은 950,000원이다.
└──┘

① 소모품비 950,000원　　　　　　② 소모품 950,000원

③ 소모품비 1,050,000원　　　　　④ 소모품 1,050,000원

13 회사에서 소유하고 있는 약속어음 2,190,000원을 은행에서 할인받고, 할인료를 차감한 실수금을 당좌예금에 입금했다. 매출채권처분손실을 계산하면 얼마인가?(단, 할인일수 60일, 할인율은 연 20%, 1년은 365일로 가정한다)

① 60,000원　　　　　　　　　　② 65,000원

③ 70,000원　　　　　　　　　　④ 72,000원

14 다음 거래자료를 기반으로 한 분개로 옳은 것은?

┌──┐
• 5월 1일 : 외상매출금 200,000원이 거래처 파산으로 회수불능 채권으로 확정되었다(대손충당금
  잔액은 250,000원 있음).
└──┘

	(차)		금액	(대)		금액
①	대손충당금		200,000원	외상매출금		200,000원
②	대손상각비		250,000원	외상매출금		250,000원
③	대손충당금		250,000원	외상매출금		250,000원
④	대손충당금		50,000원	외상매출금		200,000원
	대손상각비		150,000원			

15 다음 중 재고자산에 대한 설명으로 가장 옳지 않은 것은?

① 재고자산이란 영업활동 과정에서 판매목적으로 보유하고 있는 자산이다.

② 재고자산의 종류에는 상품, 제품, 재공품뿐만 아니라 아직 생산에 투입하지 않은 원재료도 포함된다.

③ 선적지인도조건인 경우에는 상품이 목적지에 도착하여 매입자가 인수한 시점에 소유권이 매입자에게 이전된다.

④ 재고자산의 취득원가에는 매입가액뿐만 아니라 매입부대비용까지 포함된다.

16 다음 자료를 보고 2022년도 12월 31일 결산시점의 감가상각비는 얼마인가?

• 자산명 : 기계장치	• 취득일 : 2021년 1월 1일
• 취득원가 : 10,000,000원	• 잔존가액 : 없음
• 내용연수 : 5년	• 감가상각방법 : 정률법(0.45)

① 2,000,000원　　　　　　　　② 2,475,000원

③ 4,500,000원　　　　　　　　④ 5,500,000원

17 다음 내용 중 자본조정에 해당하는 것은?

① 해외사업환산손익　　　　　　② 주식발행초과금

③ 감자차손　　　　　　　　　　④ 자기주식처분이익

18 다음 중 괄호 안에 들어갈 단어로 가장 옳은 것은?

> (　　)은/는 채권자를 보호하고 회사의 재무적 기초를 견고히 하고자 상법의 규정에 의하여 강제적으로 적립하는 법정적립금이다. 주식회사는 자본금의 2분의 1이 될 때까지 매 결산기의 이익배당액의 10분의 1 이상의 금액을 (　　)로/으로 적립하여야 한다.

① 사업확장적립금　　　　　　　② 이익준비금

③ 대손준비금　　　　　　　　　④ 기업합리화적립금

19 다음 중 수익의 이연과 관련 있는 계정과목으로 가장 옳은 것은?

① 선수임대료　　　　　　　　② 선급금

③ 매입채무　　　　　　　　　④ 선급보험료

20 ㈜생산성의 2021년 1월 1일 자본금은 20,000,000원(주식수 20,000주, 액면가 1,000원)이다. 2021년 6월 1일 주당 1,200원에 5,000주를 유상증자했다. 기말자본금은 얼마인가?

① 20,000,000원　　　　　　② 24,000,000원

③ 25,000,000원　　　　　　④ 26,000,000원

실무문제

로그인 정보

회사코드	1002	사원코드	ERP13A02
회사명	회계2급 회사A	사원명	김은찬

01 다음 [회계관리] 메뉴 중 김종민 사원이 사용할 수 없는 메뉴는?

① 전표입력 ② 전표출력
③ 거래처원장 ④ 현금출납장

02 차변에 보기의 판매비와관리비 계정을 전표입력 시 증빙을 필수로 입력해야 하는 계정은?

① 81500.수도광열비 ② 82500.교육훈련비
③ 82600.도서인쇄비 ④ 82900.사무용품비

03 당사가 ERP에서 사용하고 있는 다국어재무제표 언어는 무엇인가?

① 영 어 ② 일본어
③ 중국어 ④ 사용 안 함

04 ㈜유명 본점은 분기별로 결산을 진행하고 있다. ㈜유명 본점은 2021년 1분기 결산 시 손익계산서에 계상할 건물의 감가상각비는 얼마인가?

① 8,670,000원 ② 9,263,293원
③ 10,879,207원 ④ 13,000,003원

05 2021년 ㈜유명 본점의 복리후생비(판매비와관리비) 지출액은 상반기보다 하반기에 얼마나 증가했는가?

① 4,050,000원 ② 4,550,000원
③ 5,165,000원 ④ 5,785,100원

06 ㈜유명 본점은 7개월 이상 채권이 회수되지 않은 거래처를 파악하고자 한다. 선입선출법에 따라 외상매출금 잔액을 확인할 경우 2021년 7월 31일 현재 7개월 이상 채권이 회수가 되지 않는 거래처는 어디인가?

① ㈜성호기업
② ㈜주안실업
③ ㈜한동테크
④ ㈜형광공업

07 2020년에서 2021년으로 이월된 ㈜유명 본점의 외상매출금 금액이 가장 큰 거래처는?

① ㈜중원
② ㈜주안실업
③ ㈜한동테크
④ ㈜형광공업

08 당사는 예산을 사용부서별로 관리하고 있다. 다음 중 2021년 1분기 재경부에 편성된 접대비(판매비와관리비) 예산의 집행율은 얼마인가?(단, 집행방식은 승인집행으로 조회한다)

① 56%
② 62%
③ 69%
④ 97%

09 ㈜유명 본점의 2021년 6월 30일 기준 [현금및현금성자산] 잔액은 얼마인가?

① 1,050,497,000원
② 2,314,672,100원
③ 2,380,172,100원
④ 3,590,469,685원

10 ㈜유명 본점은 업무용승용차를 부서별로 관리하고 있다. 다음 중 생산부에서 관리하고 있는 업무용승용차의 차량번호는?

① 12가 0102
② 14가 0717
③ 15가 2664
④ 17가 8087

11 ㈜유명 본점의 받을어음 중 2021년 4월에 만기되는 어음의 금액은?

① 10,000,000원
② 20,000,000원
③ 30,000,000원
④ 40,000,000원

12 ㈜유명 본점의 2021년 6월에 발생한 전표 중 전표상태가 [미결]인 전표는 몇 건인가?

① 2건
② 4건
③ 6건
④ 8건

13 ㈜유명 본점의 2021년 5월 31일 현재 현금 계정의 가용자금 금액으로 옳은 것은?

① 104,820,000원
② 109,875,000원
③ 114,335,000원
④ 132,035,000원

14 ㈜유명 본점에서 2021년 3월 한 달간 현금 입금액과 출금액은 각각 얼마인가?

① 입금액 : 3,000,000원, 출금액 : 5,300,000원
② 입금액 : 3,500,000원, 출금액 : 2,950,000원
③ 입금액 : 3,500,000원, 출금액 : 8,250,000원
④ 입금액 : 5,000,000원, 출금액 : 4,610,000원

15 ㈜유명 본점의 2021년 2기 부가가치세 확정신고 시 매입에 대한 예정신고누락분은 몇 건인가?

① 1건
② 2건
③ 3건
④ 4건

16 ㈜유명 본점은 2021년 1기 부가가치세 예정신고 시 공제받지 못할 매입세액 내역이 1건 발생했다. 해당 거래의 매입세액 불공제 사유는 무엇인가?

① 접대비관련매입세액
② 사업과 관련없는 지출
③ 사업자등록 전 매입세액
④ 비영업용소형승용차구입 및 유지

17 ㈜유명 본점은 2021년 1기 부가가치세 예정신고 시 신용카드매출전표 등 수령명세서를 작성하여 신용카드 등 매입세액 금액을 공제를 받으려고 한다. 신용카드 사용내역 중 사업용 신용카드를 사용하여 공제받을 수 있는 매입세액은 얼마인가?

① 240,000원　　　　　　　　② 300,000원

③ 380,000원　　　　　　　　④ 420,000원

18 ㈜유명 본점의 2021년 1기 부가가치세 예정신고 시 [매출처별세금계산서합계표]에 반영될 세무구분은 몇 개인가?

① 1개　　　　　　　　② 2개

③ 3개　　　　　　　　④ 4개

19 다음 중 [건물등감가상각자산취득명세서]를 전표에서 불러올 때 해당하는 세무구분이 아닌 것은?

① 23. 면세매입

② 24. 매입불공

③ 25. 수입

④ 28. 현금영수증매입

20 ㈜유명 본점의 2021년 1기 부가가치세 예정신고 시 신고할 고정자산매입세액은 얼마인가?

① 1,200,000원　　　　　　　② 2,000,000원

③ 2,300,000원　　　　　　　④ 3,000,000원

⮕ 정답 및 해설 p.215

이론문제

01 다음 중 ERP 도입의 예상효과로 적절하지 않은 것은 무엇인가?

① 고객서비스 개선
② 표준화, 단순화, 코드화
③ 통합업무시스템 구축
④ 사이클 타임(Cycle Time) 증가

02 다음 중 ERP 아웃소싱(Outsourcing)의 장점으로 가장 적절하지 않은 것은 무엇인가?

① ERP 아웃소싱을 통해 기업이 가지고 있지 못한 지식을 획득할 수 있다.
② ERP 개발과 구축, 운영, 유지보수에 필요한 인적 자원을 절약할 수 있다.
③ IT 아웃소싱 업체에 종속성(의존성)이 생길 수 있다.
④ ERP 자체개발에서 발생할 수 있는 기술력 부족의 위험요소를 제거할 수 있다.

03 다음 ERP에 대한 설명 중 가장 맞지 않는 것은 무엇인가?

① 신속한 의사결정을 지원하는 경영정보시스템이다.
② 기능 최적화에서 전체 최적화를 목표로 한 시스템이다.
③ 인사, 영업, 구매, 생산, 회계 등 기업의 업무가 통합된 시스템이다.
④ 모든 사용자들은 사용권한 없이도 쉽게 기업의 정보에 접근할 수 있다.

04 ERP의 성공적인 구축을 위한 주요 요인이라 볼 수 없는 것은 무엇인가?

① IT 중심의 프로젝트로 추진하지 않도록 한다.
② 최고경영층이 프로젝트에 적극적 관심을 갖도록 유도한다.
③ 회사 전체적인 입장에서 통합적 개념으로 접근하도록 한다.
④ 기업이 수행하고 있는 현재 업무방식만을 그대로 잘 시스템으로 반영하도록 한다.

05 다음 중 자산으로 계상할 수 없는 것은?

① 상품을 판매하고 아직 수령하지 못한 판매대금
② 거래처에 물건을 주문하고 미리 지급한 계약금
③ 창고에 쌓아 둔 재고상품
④ 제품 광고를 위해 지급한 금액

06 2021년 1월 1일 1,500,000원을 출자하여 설립된 ㈜생산성의 2021년 12월 31일 재무상태표의 자산·부채 계정과목이 아래와 같을 때, 2021년 당기순이익은 얼마인가?(단, 당기순이익 이외의 자본변동은 없었다)

• 현금 : 500,000원	• 상품 : 700,000원
• 받을어음 : 800,000원	• 선급금 : 250,000원
• 외상매입금 : 400,000원	• 미지급금 : 350,000원
• 건물 : 800,000원	• 단기차입금 : 350,000원

① 300,000원
③ 450,000원
② 350,000원
④ 550,000원

07 다음 자료를 참고로 매출총이익과 영업이익을 계산하면 얼마인가?

> - 총매출액 : 5,000,000원
> - 이자수익 : 700,000원
> - 기말상품재고액 : 3,600,000원
> - 광고선전비 : 230,000원
> - 통신비 : 210,000원
>
> - 기초상품재고액 : 6,000,000원
> - 당기상품매입액 : 1,500,000원
> - 종업원급여 : 500,000원
> - 기부금 : 110,000원

	매출총이익	영업이익
①	1,100,000원	160,000원
②	3,900,000원	940,000원
③	1,000,000원	50,000원
④	940,000원	150,000원

08 다음 중 계정과목별 결산수정사항에 대한 설명으로 가장 올바르지 않은 것은?

① 전도금 : 사용내역에 따라 본계정으로 대체하여야 한다.
② 매출채권 : 매출채권의 회수가능성을 평가하여 대손충당금을 적립하여야 한다.
③ 유가증권 : 단기매매증권의 평가손익을 기타포괄손익항목으로 처리한다.
④ 무형자산 : 상각 시 무형자산상각누계액 계정을 설정하지 않고 무형자산에서 직접 차감할 수 있다.

09 다음 자료를 보고 회계처리로 옳은 것을 고르면?

> 가. 거래처의 파산으로 인해 전기에 대손처리했던 매출채권 450,000원을 거래처에서 발행한 당좌수표로 회수하다.
> 나. 거래처에 상품 5,000,000원을 판매계약하고 계약금으로 500,000원을 당좌예금계좌에 입금되었다.
> 다. 거래처 외상매입금 300,000원을 거래처 상품판매대금으로 수령한 어음으로 지급했다.

① 대손충당금의 감소   ② 외상매입금의 증가
③ 받을어음의 증가   ④ 선수금의 증가

10 다음 중 수익의 예상에 해당하는 것은?

① 미수임대료
② 선급이자
③ 미지급보험료
④ 선수이자

11 다음 [보기]와 관련하여 적절하게 회계처리를 한 것은?

┌─[보기]───┐
│ 12월 31일 : 결산 시 장부상 현금은 330,000원, 현금시재액은 400,000원으로 확인되었다. │
└──┘

① (차) 현 금   70,000원   (대) 현금과부족   70,000원
② (차) 현금과부족   70,000원   (대) 현 금   70,000원
③ (차) 현 금   70,000원   (대) 잡이익   70,000원
④ (차) 잡손실   70,000원   (대) 현 금   70,000원

12 다음 자료를 이용하여 2021년도 결산 후 손익계산서에 계상되는 대손상각비와 재무상태표에 계상되는 대손충당금 기말잔액은 각각 얼마인가?

┌──┐
│ • 2021년 1월 1일 : 기초 대손충당금 잔액은 150,000원이다.   │
│ • 2021년 7월 31일 : 거래처의 파산으로 인하여 매출채권 100,000원을 대손처리했다.   │
│ • 2021년 12월 31일 : 기말 매출채권 잔액은 5,000,000원이며, 매출채권 잔액의 4% 대손을 추 │
│   정했다.   │
└──┘

	대손상각비	대손충당금
①	100,000원	300,000원
②	150,000원	200,000원
③	50,000원	250,000원
④	200,000원	300,000원

13 다음은 2월 중 거래다. 재고자산을 평가할 경우 기말상품재고액은 얼마인가?(단, 선입선출법 적용)

• 2월 1일	기초상품재고액	100개	@500원	50,000원
• 2월 7일	상품매입액	300개	@510원	153,000원
• 2월 15일	상품매출액	250개	@800원	200,000원
• 2월 25일	상품매입액	110개	@530원	58,300원

① 58,300원
③ 134,800원

② 76,500원
④ 137,800원

14 ㈜생산성은 2020년 초 취득원가 20,000,000원, 잔존가치 0원, 내용연수 5년인 기계장치를 취득하였다. 정액법을 적용하여 감가상각하던 중 2021년 6월 30일 12,000,000원에 처분했다. ㈜생산성이 2021년 손익계산서에 계상해야 할 유형자산처분손익은 얼마인가?

① 이익 2,000,000원
③ 손실 2,000,000원

② 이익 4,000,000원
④ 손실 4,000,000원

15 ㈜생산성은 2021년 7월 1일 ㈜적선을 합병하면서 현금 20,000,000원을 지급했다. ㈜적선의 2021년 7월 1일 현재 자산의 공정가치는 13,000,000원이며 부채의 공정가치는 8,000,000원이다. 합병 시 ㈜생산성이 취득한 영업권의 가액은 얼마인가?

① 7,000,000원
③ 13,000,000원

② 12,000,000원
④ 15,000,000원

16 다음 중 사채발행에 대한 설명으로 가장 옳지 않은 것은?

① 액면이자율이 시장이자율보다 작은 경우에는 액면금액보다 적은 금액으로 할인발행을 하게 된다.
② 액면이자율이 시장이자율보다 큰 경우에는 액면금액보다 많은 금액으로 할증발행을 하게 된다.
③ 만기일 전에 사채를 상환하는 것을 조기상환이라 한다.
④ 사채를 할인발행한 경우에는 만기에는 액면금액이 아닌 발행금액을 상환해야 한다.

17 다음 자료를 참고로 기초자본금을 계산하면 얼마인가?

> - 기말자본금 : 50,000,000원
> - 당기순이익 : 4,500,000원
> - 총수익 : 8,900,000원
> - 추가출자금 : 5,000,000원
> - 인출금 : 3,000,000원

① 37,500,000원
② 39,000,000원
③ 40,000,000원
④ 43,500,000원

18 신입사원의 명함제작 시 처리하는 계정과목으로 가장 적절한 것은?

① 세금과공과
② 교육훈련비
③ 도서인쇄비
④ 광고선전비

19 다음 자료를 기반으로 기말상품재고액을 계산하면 얼마인가?

> - 총매출액 : 2,000,000원
> - 기초상품재고액 : 1,190,000원
> - 매출총이익 : 700,000원
> - 당기상품매입액 : 610,000원

① 31,000원
② 500,000원
③ 700,000원
④ 1,810,000원

20 다음 자료를 이용하여 ㈜생산성이 결산 시 인식하여야 하는 외화환산이익(손실)을 계산하면 얼마인가?

> - 2021년 9월 10일 : $20,000(만기 2년) 외화예금 가입
> - 환율정보
>   - 2021년 9월 10일 : ₩1,100/$
>   - 2021년 12월 31일 : ₩1,200/$

① 외화환산이익 1,000,000원
② 외화환산손실 1,000,000원
③ 외화환산이익 2,000,000원
④ 외화환산손실 2,000,000원

실무문제

로그인 정보

회사코드	1005	사원코드	ERP13A02
회사명	회계2급 회사B	사원명	김은찬

01 김은찬 사원의 [A.회계관리] 모듈의 [전표출력] 메뉴 조회권한으로 옳은 것은?

① 회 사　　　　　　　　　　② 사업장
③ 부 서　　　　　　　　　　④ 사 원

02 차변에 보기의 판매비와관리비 계정을 전표입력 시 증빙을 필수로 입력해야 하는 계정은?

① 81500.수도광열비　　　　② 82500.교육훈련비
③ 82600.도서인쇄비　　　　④ 84300.해외접대비

03 다음 중 iCUBE를 활용하여 마스터 데이터를 입력하는 순서가 올바르게 나열된 것은?

① 회사등록 → 부문등록 → 사업장등록 → 부서등록 → 사원등록
② 회사등록 → 사업장등록 → 부문등록 → 부서등록 → 사원등록
③ 회사등록 → 사업장등록 → 부서등록 → 부문등록 → 사원등록
④ 회사등록 → 부서등록 → 사업장등록 → 부문등록 → 사원등록

04 ㈜큐브는 분기별로 결산을 진행하고 있다. ㈜큐브의 2021년 2분기 결산 시 손익계산서에 계상할 건물의 감가상각비는 얼마인가?

① 10,333,002원　　　　　　② 12,999,999원
③ 13,000,003원　　　　　　④ 17,333,332원

05 ㈜큐브의 2021년 3월 말 결산 시 소모품의 기말재고액은 4,500,000원이다. 장부의 금액을 확인한 후 이와 관련된 기말 결산수정분개로 옳은 것은?(단, 소모품은 취득 시 자산처리했다)

① (차) 소모품   3,500,000원   (대) 소모품비   3,500,000원
② (차) 소모품비   3,500,000원   (대) 소모품   3,500,000원
③ (차) 소모품   6,000,000원   (대) 소모품비   6,000,000원
④ (차) 소모품비   6,000,000원   (대) 소모품   6,000,000원

06 ㈜큐브는 6개월 이상 채권이 회수되지 않은 거래처를 파악하고자 한다. 선입선출법에 따라 외상매출금 잔액을 확인할 경우 2021년 6월 30일 현재 6개월 이상 채권이 회수가 되지 않는 거래처는 어디인가?

① ㈜성호기업
② ㈜주안실업
③ ㈜한동테크
④ ㈜형광공업

07 ㈜큐브는 2021년 1년간의 [지출증빙서류검토표]를 작성하려고 한다. 각 증빙별 합계금액으로 옳지 않은 것은?

① 계산서 : 250,000원
② 현금영수증 : 500,000원
③ 세금계산서 : 529,230,000원
④ 신용카드(법인) : 3,500,000원

08 당사는 예산을 사용부서별로 관리하고 있다. 다음 중 2021년 1분기 재경부에 편성된 사무용품비(판매비와관리비) 예산의 집행율은 얼마인가?(단, 집행방식은 승인집행으로 조회한다)

① 56%
② 62%
③ 66%
④ 90%

09 2021년 ㈜큐브의 복리후생비(판매비와관리비) 지출액은 상반기보다 하반기에 얼마나 증가했는가?

① 4,050,000원
② 4,550,000원
③ 5,165,000원
④ 6,410,000원

10 ㈜큐브의 2021년 6월 30일 현재 현금 계정의 가용자금 금액으로 옳은 것은?

① 104,820,000원　　　　　　　② 107,215,000원

③ 128,405,000원　　　　　　　④ 132,035,000원

11 핵심ERP에서는 다양하게 원가를 산출할 수 있도록 관리항목별 손익계산서를 제공하고 있다. 다음 중 원가를 산출할 수 없는 관리항목은?

① 부문별　　　　　　　　　　② 비용센터별

③ 프로젝트별　　　　　　　　④ 회계단위별

12 2021년 상반기에 ㈜큐브에서 현금지출이 가장 많았던 판매관리비 계정과목은 무엇인가?

① 81100.복리후생비　　　　　② 81200.여비교통비

③ 81400.통신비　　　　　　　④ 82200.차량유지비

13 다음 중 2021년 3월 31일 기준 ㈜큐브의 외상매출금의 잔액이 가장 큰 거래처는?

① ㈜성호기업　　　　　　　　② ㈜주안실업

③ ㈜한동테크　　　　　　　　④ ㈜형광공업

14 ㈜큐브에서 2021년 2월 한 달간 현금 입금액과 출금액은 각각 얼마인가?

① 입금액 : 3,000,000원, 출금액 : 5,300,000원

② 입금액 : 3,500,000원, 출금액 : 2,950,000원

③ 입금액 : 3,500,000원, 출금액 : 8,250,000원

④ 입금액 : 5,300,000원, 출금액 : 8,250,000원

15 다음 [보기]의 세무구분 중 [의제매입세액공제신청서]에 반영되는 세무구분을 모두 고르시오.

[보기]
ㄱ 21.과세매입　　　　　　　　　　ㄴ 22.영세매입
ㄷ 23.면세매입　　　　　　　　　　ㄹ 24.매입불공제
ㅁ 25.수입　　　　　　　　　　　　ㅂ 26.의제매입세액등

① ㄷ, ㅂ　　　　　　　　　　　　② ㄹ, ㅂ
③ ㄱ, ㄷ, ㅂ　　　　　　　　　　④ ㄱ, ㄴ, ㄷ, ㅂ

16 ㈜큐브의 2021년 2기 부가가치세 확정신고 시 매출에 대한 예정신고누락분이 발생한 거래처는?

① ㈜성호기업　　　　　　　　　　② ㈜주안실업
③ ㈜한동테크　　　　　　　　　　④ ㈜형광공업

17 다음 중 [건물등감가상각자산취득명세서]를 전표에서 불러올 때 해당하는 세무구분이 아닌 것은?

① 23.면세매입　　　　　　　　　　② 24.매입불공
③ 25.수입　　　　　　　　　　　　④ 28.현금영수증매입

18 ㈜큐브의 2021년 1기 부가가치세 예정신고 시 [매출처별세금계산서합계표]에 반영될 세무구분은 몇 개인가?

① 1개　　　　　　　　　　　　　　② 2개
③ 3개　　　　　　　　　　　　　　④ 4개

19 ㈜큐브의 부가세 신고 시 해당하는 주업종코드는 무엇인가?

① 142101.광업　　　　　　　　　　② 322001.제조업
③ 722000.정보통신업　　　　　　　④ 809007.교육서비스업

20 다음 거래처 중 ㈜큐브의 2021년 1기 부가가치세 예정신고 시 신고할 고정자산매입세액이 없는 거래처는?

① ㈜성호기업　　　　　　　　　　② ㈜주안실업
③ ㈜한동테크　　　　　　　　　　④ ㈜상상컴퓨터

> 이론문제

01 원가, 품질, 서비스, 속도와 같은 주요 성과측정치의 극적인 개선을 위해 업무프로세스를 급진적으로 재설계하는 것으로 정의할 수 있는 것은 무엇인가?

① BSC(Balanced Scorecard)

② BPR(Business Process Re-Engineering)

③ CALS(Commerce At Light Speed)

④ EIS(Executive Information System)

02 다음 중 e-Business 지원시스템을 구성하는 단위시스템에 해당되지 않는 것은 무엇인가?

① 성과측정관리(BSC)

② EC(전자상거래) 시스템

③ 의사결정지원시스템(DSS)

④ 고객관계관리(CRM) 시스템

03 다음 중 ERP 도입의 예상효과로 가장 적절하지 않은 것은 무엇인가?

① 투명한 경영

② 결산작업의 단축

③ 사이클 타임(Cycle Time) 감소

④ 개별 업무시스템 효율적 운영

04 다음 중 클라우드 서비스 기반 ERP와 관련된 설명으로 가장 적절하지 않은 것은 무엇인가?

① ERP 구축에 필요한 IT인프라 자원을 클라우드 서비스로 빌려 쓰는 형태를 IaaS라고 한다.
② ERP 소프트웨어 개발을 위한 플랫폼을 클라우드 서비스로 제공받는 것을 PaaS라고 한다.
③ PaaS에는 데이터베이스 클라우드 서비스와 스토리지 클라우드 서비스가 있다.
④ 기업의 핵심 애플리케이션인 ERP, CRM 솔루션 등의 소프트웨어를 클라우드 서비스를 통해 제공받는 것을 SaaS라고 한다.

05 금액이 소액인 업무용 비품을 구입한 경우 이를 자산으로 처리하지 않고 비용으로 처리하는 것은 다음 중 어떤 원칙에 근거한 것인가?

① 이해가능성   ② 중요성
③ 충분성   ④ 신뢰성

06 다음 재무제표 중 일정시점을 중심으로 기업의 정보를 불특정 다수의 이해관계자들에게 전달하는 보고서는?

① 자본변동표   ② 손익계산서
③ 재무상태표   ④ 현금흐름표

07 다음 자료로 총비용을 계산하면 얼마인가?(단, 회계기간 중 자본거래는 없다)

- 자산 : 기초 5,000,000원, 기말 15,000,000원
- 부채 : 기초 4,000,000원, 기말 6,200,000원
- 총수익 : 8,100,000원

① 1,000,000원   ② 300,000원
③ 7,800,000원   ④ 8,800,000원

08 다음 중 괄호 (가), (나)에 적절한 금액은?

기초상품재고액	상품매입액	기말상품재고액	상품매출원가
200,000원	450,000원	150,000원	(가)
매출액	매출총이익	판매비와관리비	당기순이익
630,000원	(다)	30,000원	(나)

    (가)   (나)
① 130,000원   130,000원
② 500,000원   100,000원
③ 100,000원   500,000원
④ 450,000원   100,000원

09 다음 중 회계상의 거래로 인식할 수 없는 것은?

① 상품을 구입하기로 하고 계약금을 지급하다.
② 상품을 주문하다.
③ 화재로 건물이 소실되다.
④ 현금을 분실하다.

10 다음 [보기] 자료를 참고하여 결산시점 회계처리 시 차변 계정과목과 금액으로 적절한 것은?

┌─ [보기] ──
│ 1. 기초 퇴직급여충당부채 : 10,000,000원
│ 2. 당기 중 지급된 퇴직급여 : 8,000,000원
│ 3. 당기 말 결산시점 회사의 전 임직원이 일시에 퇴직할 경우 지급해야 할 퇴직금추계액 : 12,000,000원
└──

① 퇴직급여 2,000,000원   ② 퇴직급여충당부채 12,000,000원
③ 퇴직급여 10,000,000원   ④ 퇴직급여충당부채 2,000,000원

11 다음 중 주요 장부에 해당하는 장부는?

① 거래처원장   ② 총계정원장
③ 상품재고장   ④ 받을어음기입장

12 아래 자료를 참고하여 기타의대손상각비를 1% 계상하면?

> • 외상매출금 : 4,000,000원   • 대여금 : 2,000,000원
>
> • 선수금 : 5,000,000원   • 미수금 : 600,000원
>
> • 가지급금 : 2,000,000원   • 받을어음 : 12,000,000원

① 20,000원   ② 26,000원

③ 76,000원   ④ 120,000원

13 다음 중 통화대용증권으로 분류할 수 없는 것은?

① 타인발행수표   ② 자기앞수표

③ 우편환증서   ④ 당점발행수표

14 다음 [보기] 자료에 의한 거래가 순서대로 반영될 경우 기말 재무상태표상 단기차입금 금액은 얼마인가?(단, 당좌차월 계약한도 범위액은 2,000,000원이다)

> ┌─ [보기] ─────────────────────────
> 1. 기초 당좌예금 잔액 : 5,000,000원
> 2. 기중 상품매출 당좌예금 입금액 : 3,000,000원
> 3. 기중 원재료 매입 당좌예금 출금액 : 3,400,000원
> 4. 기중 당좌수표 발행액 : 6,000,000원

① 1,400,000원   ② 2,000,000원

③ 4,600,000원   ④ 6,000,000원

15 장부가액이 180,000원이고 액면가액이 100,000원인 단기매매증권을 처분하고 100,000원을 지급받은 경우 단기매매증권처분손익은 얼마인가?

① 이익 80,000원   ② 손실 80,000원

③ 이익 100,000원   ④ 손실 100,000원

16 갑회사의 회계연도 말의 결산 직전의 대손충당금 계정잔액이 300,000원, 매출채권의 기말잔액은 50,000,000원이다. 갑회사는 기말에 매출채권 잔액의 1%를 대손충당금으로 설정하고 있다. 이 경우 회계처리로 맞는 것은?

① (차) 대손상각비   500,000원   (대) 대손충당금   500,000원
② (차) 대손상각비   200,000원   (대) 대손충당금   200,000원
③ (차) 대손충당금   500,000원   (대) 대손상각비   500,000원
④ (차) 대손충당금   200,000원   (대) 대손상각비   200,000원

17 기초상품재고액이 5억원이고 당기 중 매입상품이 10억원일 경우 손익계산서의 매출원가가 12억원 이라면 기말상품재고액은 얼마인가?

① 3억원   ② 10억원
③ 12억원   ④ 15억원

18 다음 중 일반적으로 자본적지출에 속하는 것은?

① 타이어 교체   ② 건물외벽 페인트공사
③ 난방장치의 설치   ④ 마모된 부품 교체

19 다음 중 부채로만 구성된 것은?

① 매입채무 – 선급금 – 미지급금 – 예수금
② 선수금 – 외상매입금 – 단기차입금 – 미수금
③ 미지급금 – 선수금 – 선수수익 – 예수금
④ 외상매입금 – 미수금 – 선수수익 – 선수금

20 다음 중 제조기업 ㈜한결의 손익계산서에 영업외비용으로 분류하여야 하는 계정과목은 무엇인가?

① 기타의대손상각비   ② 도서인쇄비
③ 매입 시 발생한 부대비용   ④ 보험료

실무문제

로그인 정보

회사코드	1002	사원코드	ERP13A02
회사명	회계2급 회사A	사원명	김은찬

01 다음 [회계관리] 메뉴 중 김종민 사원이 사용할 수 없는 메뉴는?

① 전표입력   ② 전표출력

③ 거래처원장   ④ 현금출납장

02 당사에 등록된 계정과목 중 [11100.대손충당금]은 어떤 계정의 차감계정인가?

① 10200.당좌예금   ② 10400.기타제예금

③ 10800.외상매출금   ④ 11000.받을어음

03 당사의 회계 관련 [시스템환경설정]으로 옳지 않은 것은?

① 등록된 자산은 월할상각 방식으로 상각한다.

② 중국어 재무상태표를 조회 및 출력할 수 있다.

③ 전표의 관리항목인 프로젝트별로 예산을 통제한다.

④ 전표를 출력할 때 4번 양식을 기본양식으로 사용한다.

04 다음 중 2021년 3월 31일 기준 ㈜유명 본점의 외상매출금의 잔액이 가장 큰 거래처는?

① ㈜성호기업   ② ㈜주안실업

③ ㈜한동테크   ④ ㈜형광공업

05 다음 중 예산관리 프로세스로 옳은 것은?

① 예산신청 > 예산편성 > 예산조정

② 예산신청 > 예산조정 > 예산편성

③ 예산편성 > 예산신청 > 예산조정

④ 예산편성 > 예산조정 > 예산신청

06 ㈜유명 본점 2021년 6월 30일 결산 시 받을어음에 대해 2%의 대손충당금을 설정하려고 한다. 다음 중 회계처리가 옳은 것은?

① (차) 대손상각비   11,166,000원   (대) 대손충당금   11,166,000원
② (차) 대손상각비   13,486,000원   (대) 대손충당금   13,486,000원
③ (차) 대손충당금   11,166,000원   (대) 대손충당금환입   11,166,000원
④ (차) 대손충당금   13,486,000원   (대) 대손충당금환입   13,486,000원

07 당사는 업무용승용차를 [L1.업무용승용차] 관리항목으로 사용하여 관리하고 있다. 2021년 상반기 중 [82200.차량유지비] 계정의 지출금액이 가장 큰 차량의 차량번호는?

① 12가 0102
② 14가 0717
③ 15가 2664
④ 17가 8087

08 ㈜유명 본점의 2021년 3월 31일 기준 현금및현금성자산 잔액은 얼마인가?

① 1,050,497,000원
② 1,092,203,600원
③ 2,380,172,100원
④ 3,590,469,685원

09 ㈜유명 본점은 2021년 1년간의 [지출증빙서류검토표]를 작성하려고 한다. 각 증빙별 합계금액으로 옳지 않은 것은?

① 계산서 : 456,000원
② 세금계산서 : 926,450,000원
③ 신용카드(개인) : 1,670,000원
④ 신용카드(법인) : 2,630,000원

10 ㈜유명 본점의 자산 중 2021년 1월 자산변동처리가 발생한 내역은?

① 양 도
② 폐 기
③ 부서이동
④ 자본적지출

11 ㈜유명 본점의 2021년 3월 말 결산 시 소모품의 기말재고액은 4,500,000원이다. 장부의 금액을 확인한 후 이와 관련된 기말 결산수정분개로 옳은 것은?(단, 소모품은 취득 시 자산처리했다)

① (차) 소모품　　　　 4,500,000원　　(대) 소모품비　　　　 4,500,000원
② (차) 소모품비　　　 4,500,000원　　(대) 소모품　　　　 4,500,000원
③ (차) 소모품　　　　 6,000,000원　　(대) 소모품비　　　　 6,000,000원
④ (차) 소모품비　　　 6,000,000원　　(대) 소모품　　　　 6,000,000원

12 ㈜유명 본점의 2021년 상반기 중 외상매출금 발생금액이 가장 큰 달은 언제인가?

① 3월
③ 5월
② 4월
④ 6월

13 2021년 3분기에 ㈜유명 본점에서 현금지출이 가장 많았던 판매관리비 계정과목은 무엇인가?

① 81100.복리후생비
② 81200.여비교통비
③ 81400.통신비
④ 82200.차량유지비

14 ㈜유명 본점의 2021년 매출액이 가장 높은 분기는 언제인가?

① 1/4분기
③ 3/4분기
② 2/4분기
④ 4/4분기

15 ㈜유명 본점은 영업용 승용차에 주유하고 주유대금을 법인카드로 결제했다. 본 거래와 관련하여 부가가치세 신고 시 첨부해야 할 서식은?

① 세금계산서합계표
② 매입세액불공제내역
③ 건물등감가상각자산취득명세서
④ 신용카드매출전표등 수령명세서

16 다음 [보기]의 세무구분 중 [의제매입세액공제신청서]에 반영되는 세무구분을 모두 고르시오.

[보기]
- ㉠ 21.과세매입
- ㉢ 23.면세매입
- ㉤ 25.수입
- ㉡ 22.영세매입
- ㉣ 24.매입불공제
- ㉥ 26.의제매입세액등

① ㉢, ㉥
② ㉣, ㉥
③ ㉠, ㉢, ㉥
④ ㉠, ㉡, ㉢, ㉥

17 다음 중 ㈜유명 본점의 2021년 2기 부가가치세 예정신고기간에 영세매출이 발생한 거래처는?

① ㈜성호기업
② ㈜주안실업
③ ㈜형광공업
④ ㈜한동테크

18 ㈜유명 본점의 2021년 1기 부가가치세 예정신고기간 매입한 거래 중 공제받지 못할 매입세액에 대한 불공제 사유는 무엇인가?

① 접대비관련매입세액
② 사업과 관련없는 지출
③ 사업자등록 전 매입세액
④ 비영업용소형승용차구입 및 유지

19 ㈜유명 본점의 부가세 신고 시 해당하는 주업종 코드는 무엇인가?

① 142101.광업
② 322001.제조업
③ 513320.도매 및 소매업
④ 809007.교육서비스업

20 ㈜유명 본점의 2021년 1기 부가가치세 예정신고 시 신고할 고정자산매입 건수는?

① 1건
② 2건
③ 3건
④ 4건

제3편

정답 및 해설

정답 및 해설

이론문제

01	02	03	04	05	06	07	08	09	10
③	④	①	④	④	②	③	②	②	③
11	12	13	14	15	16	17	18	19	20
③	④	②	③	①	③	①	④	③	③

01 ③ 클라우드 ERP는 정보가 클라우드에 저장되므로, 폐쇄적인 정보접근성과는 거리가 멀다.

> 📖 **클라우드 ERP의 특징과 효과**
> • ERP 구축 시 드는 비용과 유지보수 비용 절감
> • IT자원관리의 효율화와 관리비용의 절감
> • 안정적 데이터 관리와 뛰어난 보안성
> • 원격근무 환경 구현을 통한 스마트워크 환경 정착

02 ④ BPR(업무프로세스 재설계) : 원가, 품질, 서비스, 속도와 같은 주요 성과측정치의 극적인 개선을 위해 업무프로세스를 급진적으로 재설계하는 것
  ① BSC(균형성과표) : 과거의 성과에 대한 재무적인 측정지표에 미래성과를 창출하는 동안에 대한 측정지표인 고객, 공급자, 종업원, 프로세스 및 혁신에 대한 지표를 추가하여 미래가치를 창출하도록 관리하는 시스템
  ② CALS(광속상거래) : 제품의 계획, 설계, 조달, 생산, 사후관리, 폐기 등 전과정에서 발생하는 모든 정보를 디지털화해 관련기업 간에 공유할 수 있도록 하는 정보시스템
  ③ EIS(경영자정보시스템) : 최고 경영진에게 전략적인 의사 결정에 필요한 정보를 제공하는 체계를 일컫는 사업 용어

03 ① Open 형태는 특정 H/W 업체에만 의존하지 않고 다양한 H/W 업체를 이용한다.

> 📖 **ERP의 특징**
>
> | 기능적 특징 | 기술적 특징 |
> |---|---|
> | • 다국적, 다통화, 다언어 지원
• 중복업무의 배제 및 실시간 정보처리 체계 구축
• 표준을 지향하는 선진프로세스 수용(Best Practice)
• 비즈니스 프로세스 모델에 의한 리엔지니어링(BPR 지원)
• 경영정보 제공 및 경영조기경보체계 구축
• 투명경영의 수단으로 활용
• Open Multi-Vendor 시스템 | • 4세대 언어(4GL)
• CASE TOOL 사용
• 관계형 데이터베이스 채택
• 객체지향기술 사용
• 인터넷 환경의 e-비즈니스를 수용할 수 있는 Multi-tier 환경 구성 |

04 ④ 프로세스의 유지가 아닌 프로세스를 혁신적으로 다시 계획하고 설계하여야 한다.

05 ④ 이행가치에 대한 설명이다
- 사용가치 : 기업이 자산의 사용과 궁극적인 처분으로 얻을 것으로 기대하는 현금흐름 또는 그 밖의 경제적 효익의 현재가치

06 ② 유동성이 가장 큰 계정은 현금이다.
- 유동성배열법에 따른 순서 : 현금(당좌자산) → 상품(재고자산) → 토지(유형자산) → 영업권(무형자산)

07 ③ 시산표에서 발견될 수 있는 오류는 대차평균의 원리를 따르지 않고 차변과 대변의 금액을 서로 다르게 분개한 경우이다.

> 📖 **시산표에서 발견할 수 없는 오류의 예**
> - 거래에 대한 분개 누락
> - 거래에 대한 분개의 이중 기입
> - 분개장에서 원장 전기 시 차·대변 계정을 반대로 기입
> - 분개장에서 원장 전기 시 틀린 차·대변 계정으로 기입
> - 분개장에서 원장 전기 시 차·대변에 동일하게 틀린 금액 기입

08 ② 급여, 복리후생비, 도서인쇄비는 모두 판매비와관리비에 속한다.
① 임대료는 영업외수익에 속한다.
③ 이자비용, 기부금은 영업외비용에 속한다.
④ 기타의대손상각비, 잡손실, 재고자산감모손실은 모두 영업외비용에 속한다.

09
- 손익계산서상 보험료(사용금액) = 보험료(1년분) 1,200,000원 × 사용기간(월할상각) 3/12 = 300,000원
  ※ 손익계산서에는 해당 회계기간에 사용된 금액만을 비용으로 처리한다.
- 회계처리
  - 2022년 10월 1일   (차) 보험료   1,200,000   (대) 보통예금   1,200,000
  - 2022년 12월 31일   (차) 선급보험료   900,000   (대) 보험료   900,000

10 ③ 당점발행수표는 당좌예금 계정으로 분류한다.
※ 통화대용증권 : 동점(타인)발행당좌수표, 우편환증서, 만기가 도래한 국공채 및 회사채이자표, 은행발행 자기앞수표, 송금수표, 배당금지급통지표 등

11
- 전화요금(통신비) 50,000원은 비용 계정이므로 차변에 위치하며, 동일한 금액을 현금과부족으로 대변에 기입하여 기존 금액과 상계처리한다.

  (차) 통신비(비용)   50,000   (대) 현금과부족   50,000

12
- 단기매매증권처분손익 = 처분가 350,000원 − 장부가액 300,000원 = 50,000원(이익)
  ※ 단기매매증권의 처분손익은 장부가액과 처분가액의 차액을 말하며, 장부가액은 공정가치로 측정한다.

13 • 단기매매증권의 취득원가는 매입가액이며, 취득 시 발생하는 수수료 등의 비용은 당기비용으로 처리한다.

(차) 단기매매증권 8,000,000 (대) 현 금 8,000,000
수수료비용 100,000 당좌예금 100,000

14 • 대손 관련 기말 회계처리

구 분	차변 계정	대변 계정
대손예상액 > 대손충당금 잔액	대손상각비	대손충당금
대손예상액 < 대손충당금 잔액	대손충당금	대손충당금환입
대손예상액 = 대손충당금 잔액	회계처리 없음	회계처리 없음

• 받을어음과 외상매출금 모두 대손예상액이 대손충당금 잔액보다 큰 경우로 차변에는 대손상각비 계정이 계상된다.
• 받을어음의 대손상각 = (받을어음 잔액 4,000,000원 × 대손율 3%) − 대손충당금 잔액 70,000원
= 50,000원(대손상각비)
• 외상매출금 대손상각 = (외상매출금 잔액 3,500,000원 × 대손율 3%) − 대손충당금 잔액 90,000원
= 15,000원(대손상각비)
∴ 대손상각비 = 받을어음 대손상각비 50,000원 + 외상매출금 대손상각비 15,000원 = 65,000원

15 • 물리적 형체는 없지만 식별가능하고 기업이 통제하고 있으며 미래 경제적 효익이 있는 비화폐성자산은 무형자산이다.
① 상표권은 무형자산에 속한다.
② 선급금과 ④ 단기대여금은 당좌자산에 속한다.

16 • 취득원가 = 구입대금 30,000,000원 + 취득세 500,000원 + 매입수수료 450,000원 = 30,950,000원
※ 유형자산의 취득원가는 구입대금과 매입 부대비용을 포함한다.
• 보험료는 보험료 계정을 사용하여 회계처리한다.

17 • 12월 31일에 누락한 임대료 선수분 5,000원을 회계처리하면 아래와 같다.
(차) 임대료(수익 이연) 5,000 (대) 선수수익(부채 발생) 5,000
∴ 임대료 수익 5,000원이 이연되면서 수정 후 당기순이익도 5,000원 감소한다.
• 전체 회계처리
− 6월 1일 (차) 현 금 12,000 (대) 임대료 12,000
− 12월 31일 (차) 임대료 5,000 (대) 선수수익 5,000

18 ④ 매도가능증권평가손익은 기타포괄손익누계액에 속한다.
※ 자본조정 : 주식할인발행차금, 감자차손, 자기주식, 자기주식처분손실, 미교부주식배당금 등

19 ③ 수익은 기업의 통상적인 경영활동에서 발생하는 경제적 효익의 총유입을 의미한다.

20 ③ 매입채무에는 외상매입금과 지급어음이 있다.

실무문제

01	02	03	04	05	06	07	08	09	10
②	②	②	③	③	③	④	①	③	②

11	12	13	14	15	16	17	18	19	20
④	②	①	②	④	④	①	③	①	①

01 [시스템관리] – [회사등록정보] – [시스템환경설정]
→ [조회구분 : 2.회계] – [회계/28/다국어재무제표 사용]

구분	코드	환경요소명	유형구분	유형설정	선택범위	비고
회계	20	예산통제구분	유형	1	0.결의부서 1.사용부서 2.프로젝트	
회계	21	예산관리여부	여부	1	여:1 부:0	
회계	22	입출금전표사용여부	여부	1	여:1 부:0	
회계	23	예산관리개시월	유형	01	예산개시월:01~12	
회계	24	거래처등록보조화면사용	여부	1	여:1 부:0	
회계	25	거래처코드자동부여	여부	0	0-사용않함, 3~10-자동부여자릿수	
회계	26	자산코드자동부여	여부	0	여:1 부:0	
회계	27	전표출력기본양식	유형	3	전표출력기본양식 1~15	
회계	28	다국어재무제표 사용	유형	2	0.사용안함 1.영어 2.일본어 3.중국어	
회계	29	등록자산상각방법	유형	2	1.상각안함 2.월할상각 3.반년법상각	
회계	30	처분자산상각방법	유형	2	1.상각안함 2.월할상각	

② 다국어재무제표 사용은 [2.일본어]로 설정되어 있다.

02 [시스템관리] – [기초정보관리] – [계정과목등록]
→ [손익] – [판매관리비] – 해당 계정의 '증빙필수입력여부' 확인

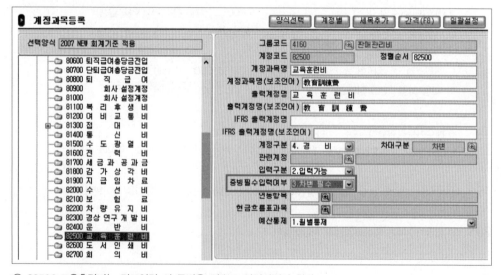

② 82500.교육훈련비는 전표입력 시 증빙을 필수로 입력하여야 한다.

03 　[시스템관리] – [회사등록정보] – [사용자권한설정]
　　 → [모듈구분 : A.회계관리]

② [전표입력] 메뉴의 조회권한은 사업장에 있다.

04 　[회계관리] – [전표/장부관리] – [기간비용현황] – [기간비용현황 탭]
　　 → [구분 : 1.선급비용] – [계약기간 : 2022/01 ~ 2022/12]

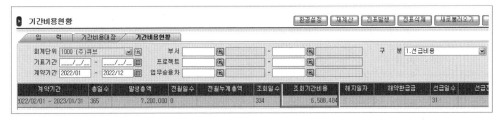

③ 조회기간비용으로 인식할 금액은 6,588,484원이다.

05 [회계관리] – [전표/장부관리] – [지출증빙서류검토표(관리용)] – [집계 탭]
→ [기표기간 : 2022/01/01 ~ 2022/12/31]

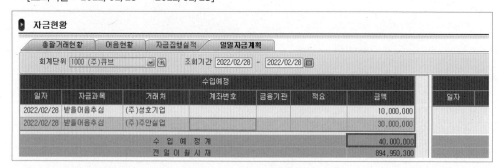

지출증빙서류검토표(관리용)

코드	표준과목명	계정금액	신용카드 법인	신용카드 개인	현금영수증	세금계산서	계산서	증빙 계
111	토지	1,000,000,000						
114	건물	240,000,000						
118	구축물	30,000,000				30,000,000		30,000,000
122	기계장치	30,000,000				30,000,000		30,000,000
134	차량운반구	49,500,000				49,500,000		49,500,000
149	기타유형자산	7,000,000	2,000,000			5,000,000		7,000,000
	[대차대조표 소계]	1,356,500,000	2,000,000			114,500,000		116,500,000
045	상품	511,650,000				511,650,000		511,650,000
079	복리후생비	50,755,000	500,000				250,000	750,000
080	여비교통비	13,510,000						
084	기타임차료(리스료포함)	12,000,000				12,000,000		12,000,000
085	접대비	29,050,000				4,980,000		4,980,000
090	세금과공과	1,160,000						
093	차량유지비(유류비 포함)	18,140,000						
108	소모품비	57,620,000	1,000,000		500,000	600,000		2,100,000
109	통신비	700,000						
114	수도광열비(전기료제외)	740,000						
	[손익계산서 소계]	695,325,000	1,500,000		500,000	529,230,000	250,000	531,480,000
051	원재료	2,000,000						
	[500번대 원가 소계]	2,000,000						
	합계	2,053,825,000	3,500,000	0	500,000	643,730,000	250,000	647,980,000

③ 세금계산서 합계금액은 643,730,000원이다.

06 [회계관리] – [자금관리] – [자금현황] – [일일자금계획 탭]
→ [조회기간 : 2022/02/28 ~ 2022/02/28]

자금현황

총괄거래현황 | 어음현황 | 자금집행실적 | 일일자금계획

회계단위 1000 (주)큐브   조회기간 2022/02/28 ~ 2022/02/28

일자	자금과목	거래처	계좌번호	금융기관	적요	금액	일자
2022/02/28	받을어음추심	(주)성호기업				10,000,000	
2022/02/28	받을어음추심	(주)주안실업				30,000,000	
		수 입 예 정 계				40,000,000	
		전 일 이 월 시 재				894,950,300	

③ 2022년 2월 28일 수입예정 금액은 40,000,000원[= 받을어음(㈜성호기업) 10,000,000원 + 받을어음(㈜주안실업) 30,000,000원]이다.

07 [회계관리] – [고정자산관리] – [고정자산등록]

→ [자산유형 : 21200.비품]

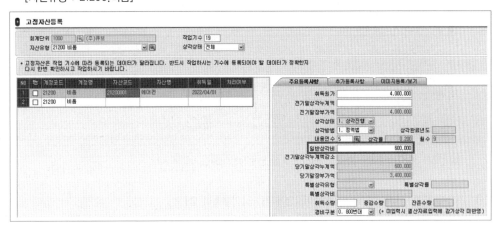

• 좌측 빈칸에 자산코드(21200001), 자산명(에어컨), 취득일(2022/04/01) 입력
• 우측 [주요등록사항 탭]에 취득원가(4,000,000원), 상각방법(1.정액법), 내용연수(5), 경비구분(0.800번대)
④ 감가상각비는 600,000원이다.

08 [회계관리] – [전표/장부관리] – [전표승인해제]

→ [전표상태 : 미결] – [결의기간 : 2022/07/01 ～ 2022/12/31]

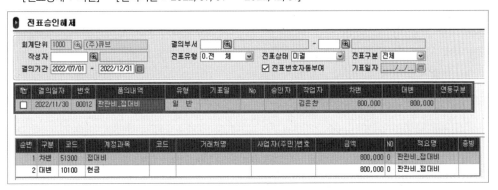

① 2022년 하반기 미결된 전표는 1건이다.

09 [회계관리] – [업무용승용차관리] – [업무용승용차 운행기록부]

→ [사용기간(과세기간) : 2022/01/01 ～ 2022/01/31]

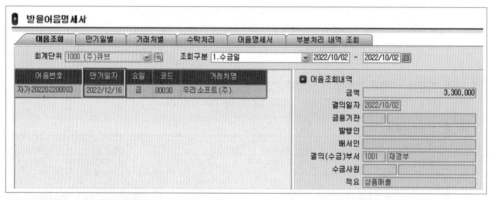

③ [12A 8087.쏘렌토] 차량의 2022년 1월 업무사용비율은 85%이다.

10 [회계관리] – [자금관리] – [받을어음명세서] – [어음조회 탭]

→ [조회구분 : 1.수금일/2022/10/02 ～ 2022/10/02]

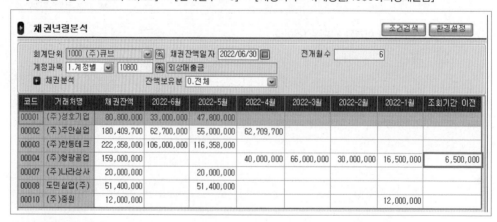

② 만기일은 2022년 12월 16일이다.

11 [회계관리] – [전표/장부관리] – [채권년령분석]

→ [채권잔액일자 : 2022/06/30] – [전개월수 : 6] – [계정과목 : 1.계정별/10800.외상매출금]

코드	거래처명	채권잔액	2022-6월	2022-5월	2022-4월	2022-3월	2022-2월	2022-1월	조회기간 이전
00001	(주)성호기업	80,800,000	33,000,000	47,800,000					
00002	(주)주안실업	180,409,700	62,700,000	55,000,000	62,709,700				
00003	(주)한둥테크	222,358,000	106,000,000	116,358,000					
00004	(주)형광공업	159,000,000			40,000,000	66,000,000	30,000,000	16,500,000	6,500,000
00007	(주)나라상사	20,000,000		20,000,000					
00008	도민실업(주)	51,400,000		51,400,000					
00010	(주)중원	12,000,000						12,000,000	

④ 6개월을 초과하여 회수되지 않은 외상매출금이 존재하는 거래처는 ㈜형광공업이다.

12 [회계관리] − [결산/재무제표관리] − [재무상태표] − [관리용 탭]
→ [기간 : 2022/12/31]

재무상태표

회계단위 1000 (주)큐브 　　기간 2022/12/31 　단위 0. 원 　언어 0.한국어

관리용 | 제출용 | 세목별

과　목	제 19 (당)기 금　액		제 18 (전)기 금　액	
자　　산				
Ⅰ. 유 동 자 산		1,718,264,183		2,384,754,183
(1) 당 좌 자 산		1,206,614,183		1,863,104,183
현　　금		173,121,000		61,096,000
당 좌 예 금		48,522,000		161,522,000
제　예　금		353,029,300		933,000,000
단 기 매 매 증 권		11,300,000		7,000,000
외 상 매 출 금	683,967,700		449,452,000	
대 손 충 당 금	1,965,817	682,001,883	1,965,817	447,486,183
받 을 어 음	228,000,000		200,000,000	
대 손 충 당 금	1,500,000	226,500,000	1,500,000	198,500,000
미　수　금		41,000,000		35,500,000
소　모　품		10,000,000 장부금액		11,000,000
선　급　금		8,000,000		8,000,000
선 급 비 용		15,200,000		

- 비용 계상액 = 장부금액 10,000,000원 − 기말 재고액 7,000,000원 = 3,000,000원

∴ (차) 소모품비　　　　　3,000,000　　　(대) 소모품　　　　　　3,000,000

13 [회계관리] − [예산관리] − [예산초과현황]
→ [조회기간 : 2022/07 ~ 2022/07] − [집행방식 : 2.승인집행] − [관리항목 : 0.부서별/1001.재경부]

예산초과현황

조회기간 2022/07 ~ 2022/07 　과목구분 1. 예산과목 　집행방식 2. 승인집행
관리항목 0.부서별 1001 재경부 　표시구분 1. 모두 표시

코드	계정과목	신청예산	편성예산	실행예산	집행실적	차미	집행율(%)
80200	직원급여	60,000,000	60,000,000	60,000,000	56,000,000	4,000,000	93
81100	복리후생비	3,000,000	3,000,000	3,000,000	2,530,000	470,000	84
81200	여비교통비	700,000	700,000	700,000	530,000	170,000	76
81300	접대비	3,000,000	3,000,000	3,000,000	2,750,000	250,000	92
82200	차량유지비	300,000	400,000	400,000	500,000	-100,000	125
82500	교육훈련비	2,000,000	2,000,000	2,000,000		2,000,000	0
82900	사무용품비	600,000	600,000	600,000	230,000	370,000	38
83000	소모품비	3,000,000	3,000,000	3,000,000	1,710,000	1,290,000	57

① 여비교통비 계정의 집행율은 76%이다.

14 [회계관리] – [전표/장부관리] – [총계정원장] – [월별 탭]
→ [기간 : 2022/01 ~ 2022/06] – [계정과목 : 1.계정별/10800.외상매출금 ~ 10800.외상매출금]

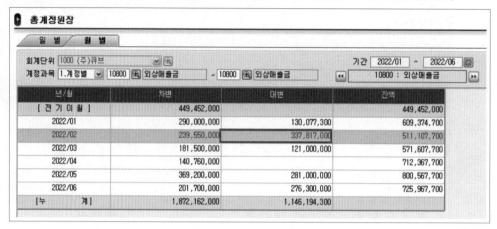

- 외상매출금의 회수는 대변 금액을 확인한다.
② 외상매출금 회수금액이 가장 큰 달은 2월이다.

15 (1) [시스템관리] – [회사등록정보] – [시스템환경설정]
→ [조회구분 : 2.회계] – [회계/31/부가가치세 신고유형] 확인

구분	코드	환경요소명	유형구분	유형설정	선택범위	비고
회계	20	예산통제구분	유형	1	0.결의부서 1.사용부서 2.프로젝트	
회계	21	예산관리여부	여부	1	여:1 부:0	
회계	22	입출금전표사용여부	여부	1	여:1 부:0	
회계	23	예산관리개시월	유형	01	예산개시월:01~12	
회계	24	거래처등록보조화면사용	여부	1	여:1 부:0	
회계	25	거래처코드자동부여	여부	0	0-사용않함, 3-10-자동부여자릿수	
회계	26	자산코드자동부여	여부	0	여:1 부:0	
회계	27	전표출력기본양식	유형	3	전표출력기본양식 1~15	
회계	28	다국어재무제표 사용	유형	2	0.사용안함 1.영어 2.일본어 3.중국어	
회계	29	등록자산상각방법	유형	2	1.상각안함 2.월할상각 3.반년법상각	
회계	30	처분자산상각방법	유형	2	1.상각안함 2.월할상각	
회계	31	부가가치세 신고유형	유형	0	0.사업장별 신고 1.사업자단위 신고(폐…	
회계	32	전표입력 품의내역검색 조회…	여부	0	0-사용자 조회권한 적용,1-미적용	

- 부가가치세 신고유형이 [0.사업장별 신고]이므로 신고는 각 사업장별로 한다.

(2) [시스템관리] – [회사등록정보] – [사업장등록]

→ 상단 [주(총괄납부)사업장등록] 클릭 → 팝업창에서 주사업장 확인

• 주(총괄납부)사업장 등록된 경우로, 납부는 등록한 주(총괄납부)사업장에서 한다.

④ 총괄납부 사업자로 신고는 각 사업장별로 하고, 납부는 주사업장에서 총괄하여 납부한다.

---

16 [시스템관리] – [회사등록정보] – [사업장등록] – [신고관련시항 탭]

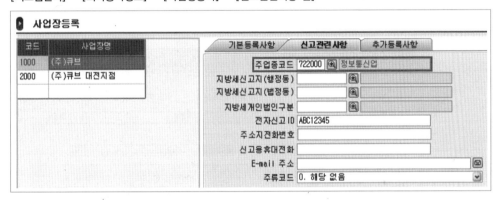

④ 주업종코드는 722000.정보통신업이다.

---

17 [회계관리] – [부가가치세관리] – [부가세신고서]

→ [기간 : 2022/04/01 ~ 2022/06/30] → 우측 상단 [불러오기] 클릭 → 팝업창 [예] 클릭

→ 우측 상단 [과세표준] 클릭

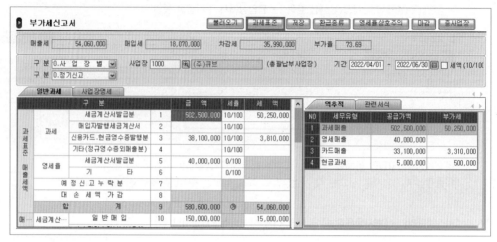

→ [84.계산서 발급금액] 확인

① 1기 확정신고 시 계산서 발급금액은 20,000,000원이다.

18 [회계관리] − [전표/장부관리] − [매입매출장] − [세무구분별 탭]
→ [조회기간 : 신고기준일/2022/04/01 ~ 2022/06/30] − [출력구분 : 1.매출] − [세무구분 : 31.현금과세 ~ 32.현금면세]

③ 현금영수증을 발행해준 거래처는 ㈜주안실업이다.

19 [회계관리] − [부가가치세관리] − [건물등감가상각자산취득명세서]
→ [기간 : 2022/01 ~ 2022/03] → 조회 후 상단 [불러오기] 클릭 → 팝업창 [예] 클릭

① 차량운반구 세액은 2,500,000원이다.

20 **[회계관리] - [부가가치세관리] - [수출실적명세서]**
→ [거래기간 : 2022/01 ~ 2022/03] → 조회 후 상단 [불러오기] 클릭 → 팝업창 [불러오기] 클릭

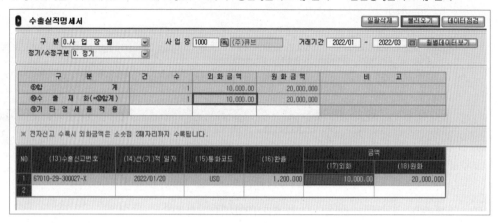

① 수출재화의 외화금액은 10,000달러이다.

정답 및 해설

이론문제

01	02	03	04	05	06	07	08	09	10
②	④	①	②	③	④	④	③	②	②
11	12	13	14	15	16	17	18	19	20
①	③	②	②	③	③	③	②	①	②

01 ② 업무(Business) 프로세스(Process)를 급진적으로 재설계(Re-Engineering)하는 BPR에 대한 설명이다.

02 ④ ERP 구축 절차는 [분석 → 설계 → 구축 → 구현] 순이다.

03 ① 데이터베이스 클라우드 서비스와 스토리지 클라우드 서비스는 IaaS에 속한다.

구 분	예 시
SaaS	각종 솔루션, 소프트웨어를 클라우드 형태로 제공
PaaS	웹 프로그램, 제작툴, 개발도구지원, 과금모듈, 사용자관리모듈 등
IaaS	데이터베이스 클라우드 서비스, 스토리지 클라우드 서비스

04 ② BPI는 점증적으로 비즈니스 프로세스를 개선하는 방식
④ BPR은 급진적으로 비즈니스 프로세스를 개선하는 방식

05 ③ 공장건물의 처분 : 투자활동으로 인한 현금흐름
① 자기주식 처분 : 재무활동으로 인한 현금흐름
② 차입금의 상환 : 재무활동으로 인한 현금흐름
④ 제품의 현금매출 : 영업활동으로 인한 현금흐름

06 ④ 이익잉여금처분계산서는 재무제표의 종류에 해당하지 않는다.
• 재무제표 : 재무상태표, 손익계산서, 현금흐름표, 자본변동표, 주석

07 ④ 회계의 순환과정이란 기업의 경제적 사건을 식별·측정하고 기록·요약 및 보고를 매기 반복하여 회계 정보 이용자의 의사결정에 유용한 정보를 제공하는 과정을 말한다.

> 📖 회계의 순환과정
> 거래의 식별 → 분개(분개장) → 전기(총계정원장) → 수정전 시산표 → 결산정리분개 → 수정후 시산표 → 재무제표

08 ③ 임차보증금은 자산 항목으로 감소 시 대변에 기록된다.
　① 가수금은 부채 항목으로 감소 시 차변에 기록된다.
　② 선급금은 자산 항목으로 증가 시 차변에 기록된다.
　④ 기타의대손상각비는 비용 항목으로 증가 시 차변에 기록된다.
　• 거래의 8요소

차 변	대 변
자산의 증가, 부채의 감소, 자본의 감소, 비용의 발생	자산의 감소, 부채의 증가, 자본의 증가, 수익의 발생

09 ② 선수금은 계약금 등의 명목으로 미리 대가를 받은 경우에 사용되는 부채 계정이다.
　• 회계처리
　　– 3월 2일　(차) 선급금　　　300,000　　(대) 당좌예금　　　300,000
　　– 3월 3일　(차) 미수금　　　400,000　　(대) 비 품　　　400,000
　　– 3월 4일　(차) 가지급금　　500,000　　(대) 현 금　　　500,000

10 ② 손익계산서에는 결산 시까지 사용된 소모품사용액만큼 소모품비(900,000원)로 기록된다.

11 ① 차기로 이월되는 계정과목은 영업권(무형자산)과 같은 재무상태표 계정인 자산, 부채, 자본 계정과목이다.
　② 연구비, ③ 접대비, ④ 경상개발비는 비용 계정과목이다.

12 현금및현금성자산 = 현금 9,000,000원 + 송금환 100,000원 + 당좌예금 4,000,000원 = 13,100,000원
　※ 차용증서, 수입인지, 엽서, 우표, 부도수표, 부도어음 등은 현금및현금성자산으로 인정하지 않는다.
　※ 받을어음은 매출채권 또는 받을어음 계정으로 계산한다.

13 기타의대손상각비 = (선급금 3,000,000원 + 단기대여금 1,000,000원) × 대손율 1% = 40,000원
　※ 기타의대손상각비는 선급금, 대여금, 미수금 등 일반적 상거래 이외의 거래에서 발생하는 채권에 대한 대손을 처리하는 계정이다.

14 ② 선적지인도조건으로 판매한 미착상품의 경우 위해 상품이 선적된 시점에 인도된 것으로 인식하여 구매자에게 도착하지 않더라도 구매자의 재고자산이 된다.
　※ 도착지인도조건인 미착상품은 상품이 도착지까지 도착하여야 인도된 것으로 인식한다.

15 ③ 운반용 자동차의 타이어를 교체하는 비용은 자동차의 현상을 유지하기 위한 수익적지출이다.

구 분	내 용	주요 키워드
자본적지출	유형자산의 내용연수를 증가시키거나 가치를 현실적으로 증가시키는 지출	설치, 개량, 증설, 확장, 증가, 추가 등
수익적지출	유형자산의 원상을 회복하거나 능률을 유지하기 위한 지출	교체, 수리, 교환, 회복, 유지 등

16 ③ 재산세는 유형자산의 취득 이후 보유에 따른 세금으로 세금과공과로 처리한다.
　① 하역비, ② 취득세, ④ 시운전비는 유형자산을 회사가 원하는 용도로 사용하기 위해 취득과정에서 발생하는 매입부대비용에 속하여 취득원가에 포함된다.

17 ③ 주식매수선택권은 자본조정 중 자본에서 가산하는 형식으로 표시된다.

① 감자차손, ② 자기주식, ④ 주식할인발행차금은 자본조정 중 자본에서 차감하는 형식으로 표시된다.

자본조정	자본 차감	자기주식, 자기주식처분손실, 감자차손, 주식할인발행차금 등
	자본 가산	미교부주식배당금 등

18 • 자본금 증자액 = 액면가 5,000원 × 1,000주 = 5,000,000원

∴ 기말자본금 = 기초자본금 100,000,000원 + 자본금 증자액 5,000,000원 = 105,000,000원

19 • 누락 회계처리　　(차) 비 용　　　　　　　　　50,000　　　(대) 미지급비용　　　　　　50,000

비용 50,000원　→　비용 과소계상　→　당기순이익 과대계상　→　자본금 과대계상

미지급 누락　→　부채(미지급비용) 과소계상

20 ② 연구비는 판매비와관리비로 분류한다.

① 기부금 : 영업외비용

③ 기타의대손상각비 : 영업외비용

④ 상품 매입 시 발생한 운송비 : 상품(자산)의 취득원가에 가산

실무문제

01	02	03	04	05	06	07	08	09	10
③	①	②	④	②	④	②	③	②	①

11	12	13	14	15	16	17	18	19	20
①	③	④	①	①	④	③	④	②	①

01 [시스템관리] – [회사등록정보] – [사용자권한설정]
→ [모듈구분 : A.회계관리] – [ERP13A05.김종민 선택]

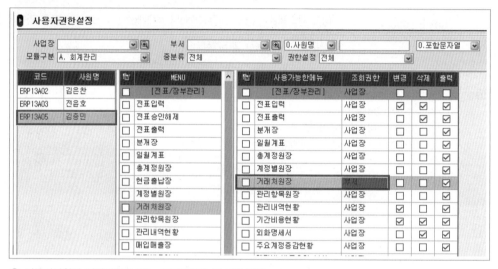

③ 김종민사원의 거래처원장 메뉴 조회권한은 부서에 있다.

02 [시스템관리] – [기초정보관리] – [일반거래처등록]
→ [00050.유신상사㈜ 선택]

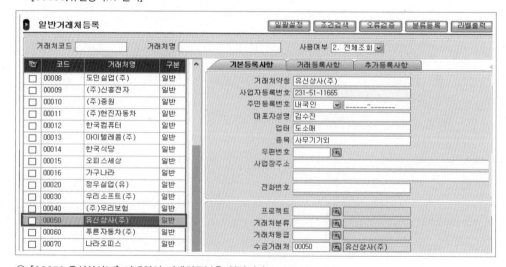

① [00050.유신상사㈜] 거래처의 거래처구분은 일반이다.

03 [시스템관리] – [회사등록정보] – [시스템환경설정]
→ [조회구분 : 2.회계]

구분	코드	환경요소명	유형구분	유형설정	선택범위	비고
회계	20	예산통제구분	유형	1	0.결의부서 1.사용부서 2.프로젝트	
회계	21	예산관리여부	여부	1	여:1 부:0	
회계	22	입출금전표사용여부	여부	1	여:1 부:0	
회계	23	예산관리개시월	유형	01	예산개시월 :01~12	
회계	24	거래처등록보조화면사용	여부	1	여:1 부:0	
회계	25	거래처코드자동부여	여부	0	0-사용안함, 3~10-자동부여자릿수	
회계	26	자산코드자동부여	여부	0	여:1 부:0	
회계	27	전표출력기본양식	유형	4	전표 출력기본양식 1~15	
회계	28	다국어재무제표 사용	유형	1	0.사용안함 1.영어 2.일본어 3.중국어	
회계	29	등록자산상각방법	유형	2	1.상각안함 2.월할상각 3.반년법상각	
회계	30	처분자산상각방법	유형	2	1.상각안함 2.월할상각	
회계	31	부가가치세 신고유형	유형	0	0.사업장별 신고 1.사업자단위 신고(페…	
회계	32	전표입력 품의내역검색 조회…	여부	0	0-사용자 조회권한 적용,1-미적용	
회계	34	전표복사사용여부	여부	1	0.미사용1.사용	
회계	35	금융CMS연동	유형	88	00.일반,03.기업,05.KEB하나(CMS플러스)…	
회계	37	거래처코드자동부여 코드값…	유형	0	0 – 최대값 채번 , 1 – 최소값 채번	
회계	39	고정자산 비망가액 존재여부	여부	1	여:1 부:0	
회계	41	고정자산 상각완료 시점까지 …	여부	0	1.여 0.부	
회계	45	거래처등록의 [프로젝트/부…	유형	2	0.적용안함, 1.[빠른부가세]입력만 적용…	

② 거래처코드자동부여는 사용하지 않고 있다.

04 [회계관리] – [결산/재무제표관리] – [관리항목별손익계산서] – [PJT별 탭]
→ [PJT : 선택전체] – [기간 : 2022/01/01 ~ 2022/06/30]

과목	계	서울공장	광주공장	부산공장	울산공장	대전공장	춘천공장
Ⅰ. 매 출 액	875,500,000	215,000,000	262,500,000	62,000,000		85,000,000	251,000,000
상 품 매 출	875,500,000	215,000,000	262,500,000	62,000,000		85,000,000	251,000,000
Ⅱ. 매 출 원 가							
Ⅲ. 매 출 총 이 익	875,500,000	215,000,000	262,500,000	62,000,000		85,000,000	251,000,000
Ⅳ. 판 매 관 리 비	453,005,000	400,540,000	6,310,000	20,065,000	8,735,000	17,355,000	
직 원 급 여	117,000,000	117,000,000					
상 여 금	256,500,000	256,500,000					
복 리 후 생 비	22,855,000	5,420,000	2,290,000	4,645,000	4,145,000	6,355,000	
여 비 교 통 비	6,190,000	1,190,000	1,400,000	970,000	280,000	2,350,000	
접 대 비	13,370,000	5,010,000	1,250,000	2,200,000	1,810,000	3,100,000	
통 신 비	1,065,000	730,000	65,000	80,000	90,000	100,000	
수 도 광 열 비	455,000	170,000	65,000	80,000	90,000	50,000	
지 급 임 차 료	6,000,000	6,000,000					
보 험 료	17,170,000	3,750,000		10,740,000	430,000	2,250,000	
차 량 유 지 비	6,950,000	1,720,000	880,000	810,000	990,000	2,550,000	
사 무 용 품 비	5,450,000	3,050,000	360,000	540,000	900,000	600,000	
Ⅴ. 영 업 이 익	422,495,000	-185,540,000	256,190,000	41,935,000	-8,735,000	67,645,000	251,000,000
Ⅵ. 영 업 외 수 익							
Ⅶ. 영 업 외 비 용							
Ⅷ. 법인세비용차감전순이익	422,495,000	-185,540,000	256,190,000	41,935,000	-8,735,000	67,645,000	251,000,000
Ⅸ. 법 인 세 비 용							
Ⅹ. 당 기 순 이 익	422,495,000	-185,540,000	256,190,000	41,935,000	-8,735,000	67,645,000	251,000,000

④ 대전공장이 6,355,000원으로 가장 많이 발생하였다.

05 [회계관리] – [자금관리] – [자금현황] – [총괄거래현황 탭]
→ [조회기간 : 2022/11/01 ~ 2022/11/01] → [계정구분 : 0.계정별] → [자금계정 : 10100.현금]

② ㈜유명 본점의 2022년 11월 1일 현재 현금 계정의 가용자금 금액은 108,740,000원이다.

06 [회계관리] – [고정자산관리] – [고정자산변동현황]
→ [기간 : 2022/09 ~ 2022/09]

④ ㈜유명 본점의 자산 중 '202001.본사건물'에 2022년 9월 14일 발생한 자산변동사항은 자본적지출이다.

07 [회계관리] – [자금관리] – [일자별자금계획입력] – [자금계획입력 탭]
→ 상단 [고정자금] 클릭

일자	적요	코드	자금과목명	코드	거래처	금액	기간
20	차입금 상환	5110	차입금상환	98001	한아은행	5,000,000	2016/01/01 ~ 2025/12/31
25	급여지급	2210	인건비	00080	급여	50,000,000	2013/10/10 ~ 2025/12/31
25	사무실 전화요금	2310	일반경비	00013	아이텔레콤(주)	200,000	2013/01/01 ~ 2022/03/31
30	사무실 임차료	2510	임차료	00090	민호빌딩(주)	2,000,000	2013/01/01 ~ 2022/12/31

② 2310.일반경비의 고정지출은 2022년 3월 31일까지이므로 2022년 5월에는 고정지출되지 않는다.

08 [회계관리] – [전표/장부관리] – [채권채무잔액조회서] – [채권채무잔액 탭]

→ [기준일자 : 2022/06/30] – [거래처분류 : 2000.서울]

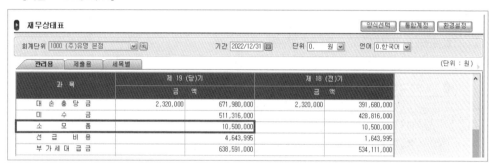

③ ㈜한동테크가 외상매출금의 잔액(178,314,000원)보다 받을어음의 잔액(359,000,000원)이 더 큰 거래처이다.

09 [회계관리] – [결산/재무제표관리] – [재무상태표] – [관리용 탭]

→ [기간 : 2022/12/31]

과 목	제 19 (당)기		제 18 (전)기	
	금 액		금 액	
대 손 충 당 금	2,320,000	671,980,000	2,320,000	391,680,000
미 수 금		511,316,000		428,816,000
소 모 품		10,500,000		10,500,000
선 급 비 용		4,643,995		1,643,995
부 가 세 대 급 금		638,591,000		534,111,000

• 취득 시 전액 자산처리한 소모품의 금액은 10,500,000원으로 확인

• 문제에서 소모품의 기말재고액이 7,000,000원이라고 하였으므로 사용된 소모품 3,500,000원(= 10,500,000원 – 7,000,000원)을 소모품비로 결산수정분개함

∴ 결산수정분개 : (차) 소모품비   3,500,000   (대) 소모품   3,500,000

10 [회계관리] – [전표/장부관리] – [일월계표] – [일계표 탭]
→ [기간 : 2022/06/25 ~ 2022/06/30]

① 현금으로 지출한 금액이 가장 큰 계정과목은 복리후생비(2,530,000원)이다.

11 [회계관리] – [예산관리] – [예산초과현황]
→ [조회기간 : 2022/02 ~ 2022/02] – [집행방식 : 2.승인집행] – [관리항목 : 0.부서별/1001.재경부]

코드	계정과목	신청예산	편성예산	실행예산	집행실적	차이	집행율(%)
80200	직원급여		60,000,000	60,000,000		60,000,000	0
80300	상여금		30,000,000	30,000,000		30,000,000	0
81100	복리후생비		4,500,000	4,500,000	2,530,000	1,970,000	56
81200	여비교통비		1,000,000	1,000,000		1,000,000	0
81300	접대비		2,500,000	2,500,000	2,530,000	-30,000	101
81400	통신비		200,000	200,000		200,000	0
81500	수도광열비		150,000	150,000		150,000	0
81900	지급임차료		1,000,000	1,000,000		1,000,000	0
82100	보험료		5,000,000	5,000,000	1,710,000	3,290,000	34
82200	차량유지비		1,500,000	1,500,000	500,000	1,000,000	33
82900	사무용품비		1,000,000	1,000,000	230,000	770,000	23
83100	지급수수료		100,000	100,000		100,000	0

① 사무용품비 계정의 집행율은 23%이다.

12   [회계관리] – [업무용승용차관리] – [업무용승용차 차량등록]
→ [회계단위 : 1000.㈜유명 본점]

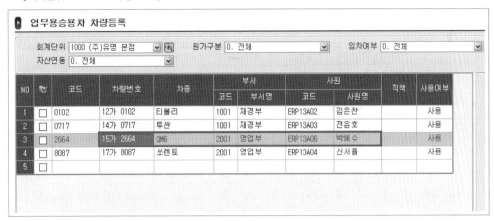

③ 영업부 박혜수 사원이 관리하는 업무용승용차는 15가 2664 QM6 차량이다.

13   [회계관리] – [전표/장부관리] – [총계정원장] – [월별 탭]
→ [기간 : 2022/07 ~ 2022/12] – [계정과목 : 10800.외상매출금 ~ 10800.외상매출금]

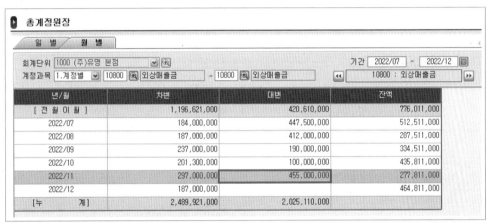

• 외상매출금의 회수는 대변 금액을 확인한다.
④ 하반기 중 외상매출금 회수액이 가장 큰 달은 11월(455,000,000원)이다.

14 [회계관리] – [전표/장부관리] – [관리항목원장] – [잔액 탭]
→ [관리항목 : L1.업무용승용차] – [기표기간 : 2022/01/01 ~ 2022/06/30] – [계정과목 : 1.계정별/82200.차량유지비 ~ 82200.차량유지비]

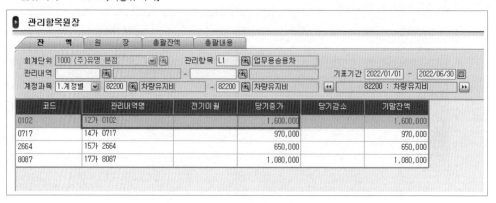

① 지출금액이 가장 큰 차량의 차량번호는 12가 0102(1,600,000원)이다.

15 [회계관리] – [부가가치세관리] – [부동산임대공급가액명세서]
→ [과세기간 : 2022/04 ~ 2022/06] → 조회 후 팝업창 [아니오] 클릭

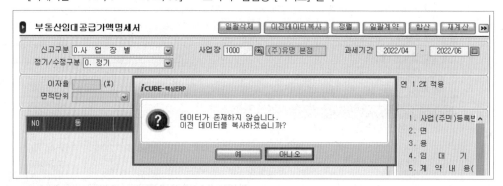

→ [부동산임대내역 입력]
※ 사업등록번호는 우리소프트㈜를 조회하여 입력

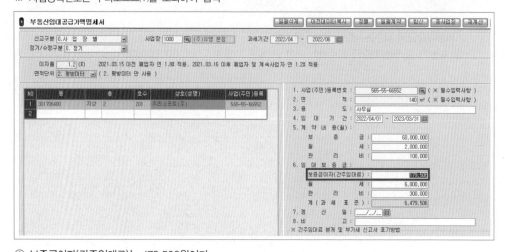

① 보증금이자(간주임대료)는 179,506원이다.

16 [시스템관리] – [회사등록정보] – [사업장등록]

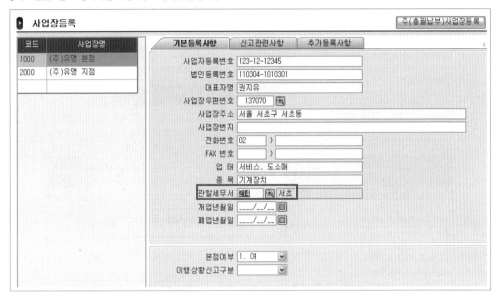

④ ㈜유명 본점의 관할세무서는 서초이다.

17 [회계관리] – [부가가치세관리] – [건물등감가상각자산취득명세서]
→ [기간 : 2022/07 ～ 2022/09] → 조회 후 상단 [불러오기] 클릭 → 팝업창 [예] 클릭

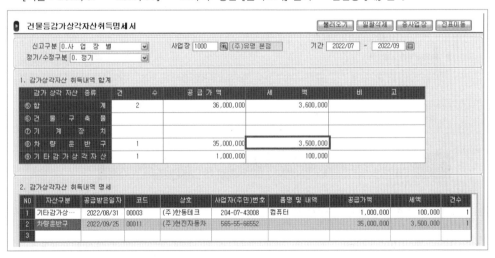

③ 차량운반구의 세액은 3,500,000원이다.

18 [회계관리] – [부가가치세관리] – [매입세액불공제내역]
→ [기간 : 2022/01 ~ 2022/03] → 조회 후 상단 [불러오기] 클릭 → 팝업창 [예] 선택

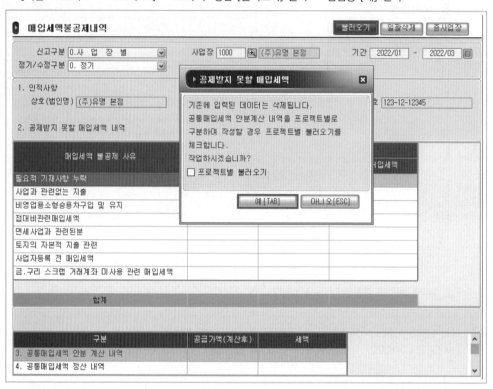

④ 비영업용소형승용차구입 및 유지의 사유로 불공제되는 매입세액은 3,000,000원이다.

19 [회계관리] – [전표/장부관리] – [매입매출장] – [세무구분별 탭]
→ [신고기준일 : 2022/04/01 ~ 2022/06/30] – [출력구분 : 2.매입]

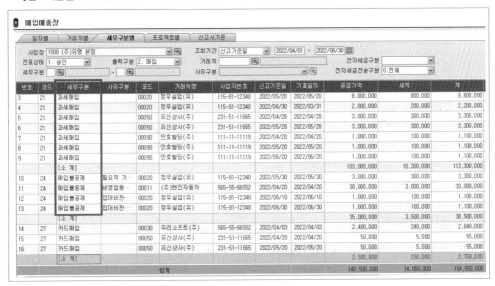

② 매입처별 세금계산서합계표의 세무구분은 21.과세매입, 22.영세매입, 24.매입불공제, 25.수입으로 총 4개이며, 이 중 해당 기간에 사용된 세무구분은 2개(21.과세매입, 24.매입불공제)이다.

📖 세금계산서합계표 자료조회를 통한 세무구분 확인

[회계관리] – [부가가치세관리] – [세금계산서합계표]
→ [해당 문제에 따른 기간 및 구분 입력]

세금계산서합계표 하단에 위치한 [전자세금계산서분 탭]과 [전자세금계산서외 탭]의 각 회사를 지정한 후 상단의 [자료조회]를 클릭하면 각 회사별로 세금계산서합계표와 그 세무구분을 확인할 수 있다.
세무구분이 정확하게 기억나지 않을 경우, 해당 기간과 구분에 따라 조회된 세금계산서합계표의 모든 회사를 자료조회하여 세무구분을 확인하여 사용된 세무구분의 종류를 확인하면 된다.

20 [회계관리] - [전표/장부관리] - [매입매출장] - [신고서기준 탭]
→ [신고기준일 : 2022/04/01 ～ 2022/06/30] → 조회 후 우측상단 [예정신고누락분 조회] 클릭

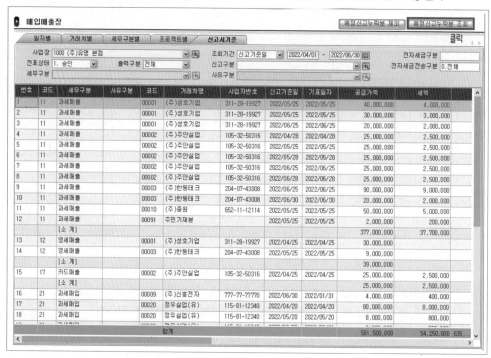

① 2건 모두 세무구분은 [21.과세매입]이다.

이론문제

01	02	03	04	05	06	07	08	09	10
②	①	②	③	②	①	①	①	④	①

11	12	13	14	15	16	17	18	19	20
①	③	③	②	②	③	②	①	④	④

01 ② 구현단계에서는 시험가동 및 시스템평가를 진행한다.
  ① AS-IS 분석은 분석단계에서 진행한다.
  ③ 패키지 설치와 커스터마이징은 설계단계에서 진행한다.
  ④ 패키지 기능과 To-BE 프로세스와의 차이 분석은 설계단계에서 진행한다.

📖 **ERP 시스템의 구축절차**

순 서	구 분	내 용
1	분석단계	AS-IS 분석, 현 시스템의 문제 파악, 현업 요구사항 분석, 목표와 범위 설정, 주요 성공요인 도출, 경영전략 및 비전 도출, TFT 구성
2	설계단계	To-BE 프로세스 도출, GAP 분석, 패키지 설치, 패키지 파라미터 설정, 인터페이스 문제 논의, 추가 개발 및 수정 보완 문제 논의, 커스터마이징
3	구축단계	모듈조합화, 테스트, 추가개발 또는 수정 기능확정, 인터페이스 프로그램 연계 및 테스트, 출력물 제시
4	구현단계	시스템운영, 시험가동, 데이터 전환, 시스템 평가, 유지보수, 향후 일정수립

02 ① Open 형태는 특정 H/W 업체에만 의존하지 않고 다양한 H/W 업체를 이용한다.

> 📖 **ERP의 특징**
>
> | 기능적 특징 | 기술적 특징 |
> | --- | --- |
> | • 다국적, 다통화, 다언어 지원
• 중복업무의 배제 및 실시간 정보처리 체계 구축
• 표준을 지향하는 선진프로세스 수용(Best Practice)
• 비즈니스 프로세스 모델에 의한 리엔지니어링
  (BPR 지원)
• 경영정보 제공 및 경영조기정보체계 구축
• 투명경영의 수단으로 활용
• Open Multi-Vendor 시스템 | • 4세대 언어(4GL)
• CASE TOOL 사용
• 관계형 데이터베이스 채택
• 객체지향기술 사용
• 인터넷 환경의 e-비즈니스를 수용할 수 있는 Multi-tier 환경 구성 |

03 ② BPR(Business Process Re-Engineering)은 경영혁신의 일환으로 기업의 업무프로세스를 혁신적으로 다시 계획하고 재설계하여 수익을 극대화하는 것을 의미하는데 이를 위해 비용, 품질, 서비스, 속도 등 핵심적 성과측정치의 극적인 개선이 필요하게 되었고 단순한 개선이 아닌 정보처리기술을 유기적으로 결합시켜 경영혁신을 이루고 BPR과의 연계에 따른 경영혁신의 도구로서 ERP를 도입하게 되었다.

04 ③ ERP 시스템은 결산작업을 단축시킨다.

> **ERP 시스템 도입 시 예상효과**
>
> 통합 업무시스템 구축, 재고물류비용 감소, 고객서비스 개선, 수익성 개선, 생산성 향상 및 매출 증대, 비즈니스 프로세스 혁신, 생산계획의 소요기간 단축, 리드타임 감소, 결산작업 단축, 원가절감, 투명한 경영, 표준화·단순화·코드화, 사이클 타임 단축, 최신 정보기술 도입

05 ② 일반기업회계기준에서 규정하고 있는 재무제표의 종류는 재무상태표, 손익계산서, 현금흐름표, 자본변동표, 주석이다.

06 ① 자본은 기업의 자산에서 모든 부채를 차감한 후의 잔여지분이다.

07
```
      매출액
  -   매출원가
  ─────────────
      매출총이익
  -   판매비및일반관리비
  ─────────────
      영업이익(영업손실)
  +   영업외수익
  -   영업외비용
  ─────────────
      법인세차감전순이익(법인세차감전순손실)
  -   법인세비용
  ─────────────
      당기순이익(당기순손실)
```

08 ① 현금을 분실한 경우, 현금이라는 자산이 감소한 회계상의 거래이다.

※ 주문, 계약, 약속 등 기업의 재무상태에 어떠한 변동도 유발하지 않으므로 회계상의 거래로 인식하지 않는다.

09 ④ 판매용은 상품으로, 업무용은 비품으로 회계처리한다.

(차) 상 품	10,000,000	(대) 외상매입금	10,000,000
비 품	2,500,000	당좌예금	2,500,000

10 • 결산 시 퇴직급여충당부채 보충액 = 기말 퇴직금추계액 8,000,000원 − (기초 퇴직급여충당부채 15,000,000원
− 기간 중 지급된 퇴직급여 10,000,000원) = 3,000,000원
∴ 결산 시 회계처리

(차) 퇴직급여	3,000,000	(대) 퇴직급여충당부채	3,000,000

11 ① 보험료 미경과분은 차기에 속하는 것으로서 선급비용(자산)으로 처리한다.

(차) 선급비용	100,000	(대) 보험료	100,000

12 • 당좌예금 기말잔액 = 기초잔액 9,000,000원 + 당기 입금액 5,000,000원 − 당기 출금액 13,500,000원 −
당기 당좌수표 발행액 5,000,000원 = △4,500,000원(당좌차월)
• 당좌차월 금액은 기말 재무상태표상에 기록될 때는 단기차입금 계정으로 기록한다.
∴ 단기차입금 : 4,500,000원

13 • 매출채권처분손실 = 매출채권 3,500,000원 × 할인율 10% × 일할계산 90일/360일 = 87,500원

14 • 기말 외상매출금 60,000원 = 기초 외상매출금 50,000원 + 당기 외상매출금 − 당기 외상매출금 회수액 300,000원
∴ 당기 외상매출금 : 310,000원
∴ 당기 총 상품매출액 = 당기 외상매출액 310,000원 + 당기 현금매출액 150,000원 = 460,000원

15 ② 재고자산의 수량결정방법에는 계속기록법과 실지재고조사법이 있다.
① 총평균법, ③ 후입선출법, ④ 선입선출법은 단가결정방법이다.

16 ③ 유형자산인 차량운반구(영업용 트럭)를 어음을 발행하여 외상으로 구입할 경우 미지급금 계정으로 회계처리한다.

(차) 차량운반구	×××	(대) 미지급금	×××

17 ② 무형자산의 상각비는 직접법으로 회계처리하고, 취득원가와 상각누계액은 주석으로 기재한다.

(차) 무형자산상각비	×××	(대) 영업권	×××

18 • 사채할인발행차금 = 액면금액 100,000원 − (발행금액 96,000원 − 발행비용 2,000원) = 6,000원
∴ 2022년 말 상각액(정액법) = 사채할인발행차금 6,000원 ÷ 만기 5년 = 1,200원

19 • 감자할 자본금 = (감자주식 수 400주 × 주당 액면가액 5,000원) = 2,000,000원
∴ 감자차익 = 감자할 자본금 2,000,000원 − 감자할 주식 매입액 700,000원 = 1,300,000원

20 ④ 매도가능증권평가손익은 기타포괄손익누계액(자본)에 해당한다.

실무문제

01	02	03	04	05	06	07	08	09	10
②	④	④	③	②	②	④	②	①	③

11	12	13	14	15	16	17	18	19	20
③	②	④	①	①	②	③	①	①	③

01 [시스템관리] – [기초정보관리] – [계정과목등록]
→ 해당 계정과목 확인

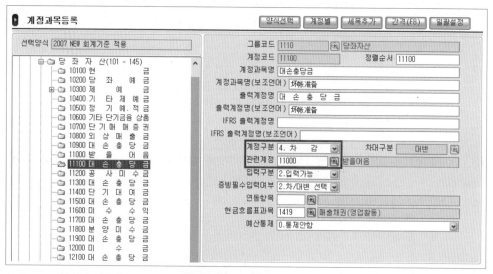

② [11100.대손충당금]은 [11000.받을어음] 계정의 차감계정이다.

02 [시스템관리] – [회사등록정보] – [사용자권한설정]
→ [모듈구분 : A.회계관리] – [ERP13A04.신서율 선택]

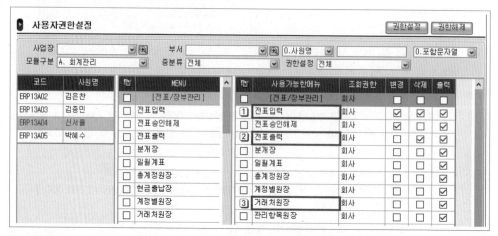

④ 신서율 사원의 사용가능한메뉴에 포함되지 않은 메뉴는 현금출납장이다.

03 [시스템관리] – [회사등록정보] – [시스템환경설정]
→ [조회구분 : 2.회계] – [회계/27/전표출력기본양식]

④ 전표출력기본양식은 3번 유형을 사용한다.

04 [회계관리] – [전표/장부관리] – [기간비용현황] – [기간비용현황 탭]
→ [구분 : 1.선급비용] – [계약기간 : 2022/01 ~ 2022/12]

③ 2022년 12월 말 결산 시 당기비용으로 인식하여야 할 금액은 조회기간비용인 6,588,484원이다.

05 [회계관리] - [고정자산관리] - [고정자산관리대장]
→ 조회

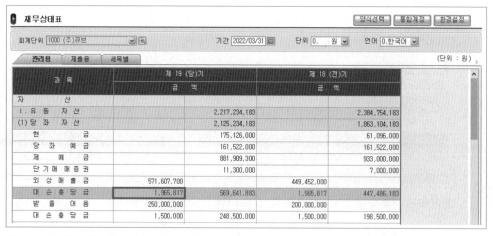

고정자산관리대장

회계단위 1000 (주)큐브   계정과목   ~   경비구분
자산   ~   변동구분

NO	계정코드	계정과목명	자산코드	자산명	규격	취득일자	모델	수량	증감수량	잔존
1	20200	건물	202001	본사건물		2005/01/10				
2	20200	건물	202002	본사연구동		2019/01/01				
3	20200	건물	202003	복지1동		2021/01/04				
4	20200	건물	202004	복지2동		2022/03/02				
5		[건물 소계]								
6	20800	차량운반구	20800001	쏘렌토(12A8087)		2020/01/01				
7	20800	차량운반구	20800002	투싼(12B0927)		2021/03/01				
8	20800	차량운반구	20800003	QM6(12B0316)		2019/07/01				
9	20800	차량운반구	20800004	티볼리(13B0717)		2021/01/01				
10		[차량운반구 소계]								
11	21200	비품	21200002	책상		2010/05/01				
12	21200	비품	21200003	데스크탑		2014/06/30				
13	21200	비품	21200004	노트북		2016/01/01				
14	21200	비품	21200005	수납장		2016/01/01				
15	21200	비품	21200006	복사기A		2016/01/01				
16	21200	비품	21200007	복사기B		2016/01/01				
17	21200	비품	21200008	냉장고		2016/06/30				
18		[비품 소계]								
						계				

② 건물 - 202004.복지2동의 취득일자가 2022년 3월 2일이다.

06 [회계관리] - [결산/재무제표관리] - [재무상태표] - [관리용 탭]
→ [기간 : 2022/03/31]

재무상태표   양식선택 통합계정 환경설정

회계단위 1000 (주)큐브   기간 2022/03/31   단위 0. 원   언어 0.한국어

관리용 | 제출용 | 세목별   (단위 : 원)

과 목	제 19 (당)기 금 액		제 18 (전)기 금 액	
자 산				
Ⅰ. 유 동 자 산		2,217,234,183		2,384,754,183
(1) 당 좌 자 산		2,125,234,183		1,863,104,183
현 금		175,126,000		61,096,000
당 좌 예 금		161,522,000		161,522,000
제 예 금		881,909,300		933,000,000
단 기 매 매 증 권		11,300,000		7,000,000
외 상 매 출 금	571,607,700		449,452,000	
대 손 충 당 금	1,965,817	569,641,883	1,965,817	447,486,183
받 을 어 음	250,000,000		200,000,000	
대 손 충 당 금	1,500,000	248,500,000	1,500,000	198,500,000

② 2022년 3월 31일 기준 외상매출금에 대한 대손충당금은 1,965,817원이다.

07 [회계관리] – [전표/장부관리] – [지출증빙서류검토표(관리용)] – [집계 탭]
→ [기표기간 : 2022/01/01 ~ 2022/12/31]

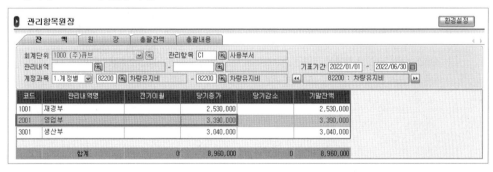

④ 신용카드(법인) 합계금액은 3,500,000원이다.

08 [회계관리] – [전표/장부관리] – [관리항목원장] – [잔액 탭]
→ [관리항목 : C1.사용부서] – [기표기간 : 2022/01/01 ~ 2022/06/30] – [계정과목 : 1.계정별/82200.차량
유지비 ~ 82200.차량유지비]

코드	관리내역명	전기이월	당기증가	당기감소	기말잔액
1001	재경부		2,530,000		2,530,000
2001	영업부		3,390,000		3,390,000
3001	생산부		3,040,000		3,040,000
	합계	0	8,960,000	0	8,960,000

② 영업부가 3,390,000원으로 가장 크다.

09 [회계관리] – [업무용승용차관리] – [업무용승용차 차량등록]
→ 조회

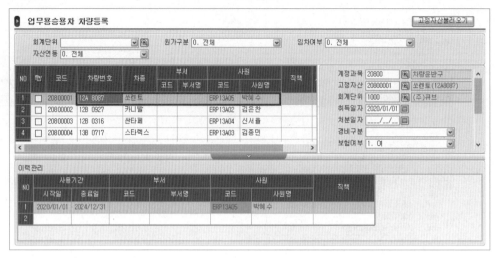

① 박혜수 사원이 관리하는 업무용승용차는 12A 8087 쏘렌토 차량이다.

10 [회계관리] – [자금관리] – [자금현황] – [일일자금계획 탭]
→ [조회기간 : 2022/02/28 ~ 2022/02/28]

③ 2022년 2월 28일 수입예정 금액은 총 40,000,000원[= 받을어음추심(㈜성호기업) 10,000,000원 + 받을어음추심(㈜주안실업) 30,000,000원]이다.

11 [회계관리] – [결산/재무제표관리] – [기간별손익계산서] – [반기별 탭]
→ [기간 : 상반기 ∼ 하반기] – [출력구분 : 0.계정별]

③ 복리후생비 증감율은 23%이다.

12 [회계관리] – [전표/장부관리] – [거래처원장] – [잔액 탭]
→ [계정과목 : 1.계정별/10800.외상매출금 ∼ 10800.외상매출금] – [기표기간 : 2022/01/01 ∼ 2022/01/31]

② ㈜주안실업이 226,799,700원으로 가장 크다.

13 [회계관리] – [자금관리] – [자금현황] – [총괄거래현황 탭]
→ [조회기간 : 2022/01/01 ~ 2022/06/30]

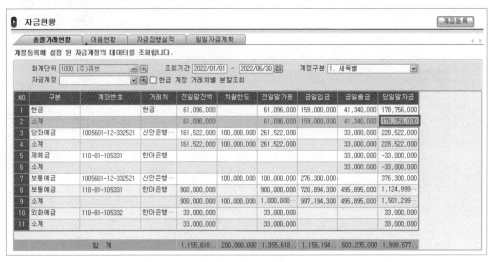

④ 2022년 6월 30일 현재 현금 계정의 가용자금은 178,756,000원이다.

14 [회계관리] – [예산관리]

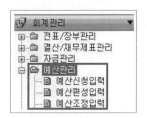

① 예산관리는 [예산신청] → [예산편성] → [예산조정] 프로세스 순으로 진행된다.

15 (1) [시스템관리] – [회사등록정보] – [시스템환경설정]
→ [조회구분 : 2.회계] – [회계/31/부가가치세 신고유형] 확인

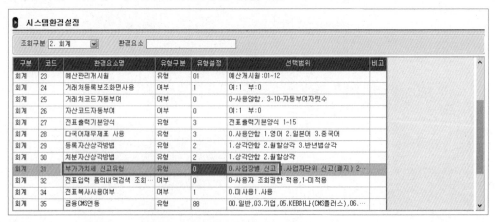

• 부가가치세 신고유형이 [0.사업장별 신고]이므로 사업장별로 신고한다.

(2) [시스템관리] – [회사등록정보] – [사업장등록]

→ 우측상단 [주(총괄납부)사업장등록] 클릭 → 팝업창에서 주사업장 확인

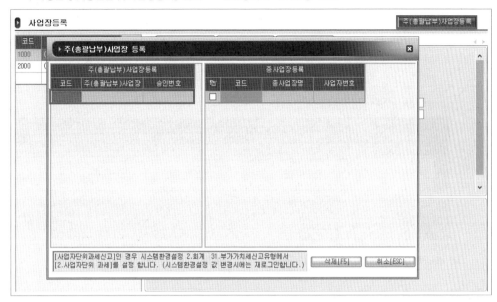

• 사업장별 신고를 하면서 주(총괄납부)사업장 등록을 하지 않은 경우로 [사업장별 과세원칙] 적용 사업자이다.
① 각 사업장별로 신고 및 납부한다.

16 [회계관리] – [부가가치세관리] – [매입세액불공제내역]

→ [기간 : 2022/10 ~ 2022/12] → 조회 후 상단 [불러오기] 클릭 → 팝업창 [예] 클릭

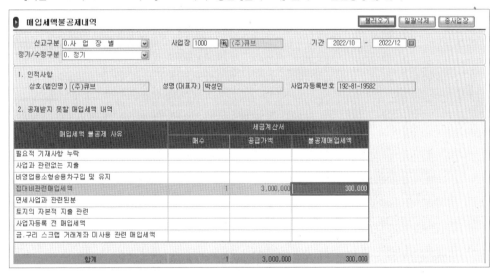

② 접대비관련매입세액 사유의 불공제매입세액은 300,000원이다.

17 [회계관리] – [부가가치세관리] – [신용카드발행집계표/수취명세서] – [신용카드/현금영수증수취명세서 탭]
→ [기간 : 2022/04 ～ 2022/06] → 조회 후 상단 [불러오기] 클릭 → 팝업창 [예] 클릭 → 하단 [신용카드등수
취명세서 탭]

③ 2022년 1기 부가가치세 확정신고기간에 카드를 사용하여 매입한 매입세액은 220,000원이다.

18 [회계관리] – [전표/장부관리] – [매입매출장] – [거래처별 탭]
→ [조회기간 : 신고기준일/2022/01/01 ～ 2022/03/31] – [출력구분 : 2.매입]

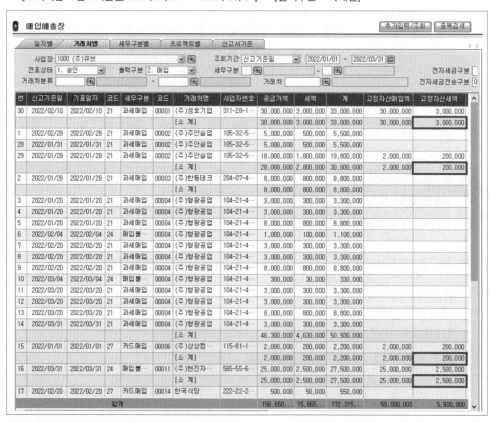

① ㈜성호기업이 3,000,000원으로 가장 크다.

19 [회계관리] − [전표/장부관리] − [매입매출장] − [거래처별 탭]

→ [조회기간 : 신고기준일/2022/04/01 ~ 2022/06/30] − [출력구분 : 1.매출] − [세무구분 : 13.면세매출 ~
13.면세매출]

① ㈜나라상사와의 면세매출 거래가 2022년 1기 부가가치세 확정신고기간인 5월 30일에 발생하였다.

20 [회계관리] − [부가가치세관리] − [건물등감가상각자산취득명세서]

→ [기간 : 2022/×× ~ 2022/××] → 조회 후 상단 [불러오기] 클릭 → 팝업창 내용 확인

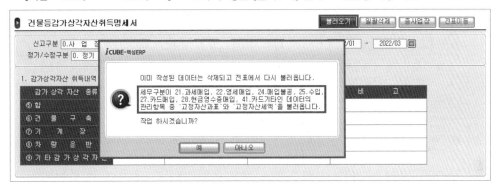

• 해당 세무구분은 [21.과세매입, 22.영세매입, 24.매입불공, 25.수입, 27.카드매입, 28.현금영수증매입, 41.카드
기타]이다.

③ 23.면세매입은 [건물등감가상각자산취득명세서]를 전표에서 불러올 때 해당하는 세무구분이 아니다.

정답 및 해설

제 **88** 회

이론문제

01	02	03	04	05	06	07	08	09	10
③	④	①	①	①	②	④	②	④	③

11	12	13	14	15	16	17	18	19	20
②	②	④	①	④	①	①	②	①	③

01 ③ ERP는 통합 업무시스템을 구축하므로 개별 업무시스템 구축은 예상효과로 적절하지 않다.

ERP 시스템 도입 시 예상효과
통합 업무시스템 구축, 재고물류비용 감소, 고객서비스 개선, 수익성 개선, 생산성 향상 및 매출증대, 비즈니스 프로세스 혁신, 생산계획의 소요기간 단축, 리드타임 감소, 결산작업 단축, 원가절감, 투명한 경영, 표준화·단순화·코드화, 사이클 타임 단축, 최신 정보기술 도입

02 ④ ERP 구축은 [분석단계 → 설계단계 → 구축단계 → 구현단계] 순으로 진행된다.

03 ① ERP는 단위별 업무처리의 강화를 추구하는 시스템이 아닌 혁신기술과 융합하여 통합 업무처리의 강화를 추구하는 시스템으로 발전하고 있다.

04 ① 클라우드를 통해 ERP 도입에 관한 진입장벽을 획기적으로 낮출 수 있다.

05 ① 비유동자산은 투자자산, 유형자산, 무형자산, 기타비유동자산으로 구분한다.

06
매출액
− 매출원가
――――――――――
매출총이익(매출총손실)
− 판매비와관리비
――――――――――
영업이익(영업손실)
+ 영업외손익
――――――――――
법인세차감전순이익(법인세차감전순손실)
− 법인세비용
――――――――――
당기순이익(당기순손실)

② 매출원가(구매·생산 활동)와 판매비와관리비(판매 및 관리 활동)를 포함한 영업활동을 통해 벌어들인 이익수준을 파악할 수 있는 것은 영업이익이다.

07 ④ 현금의 대여와 회수활동, 유가증권, 투자자산, 유형자산 및 무형자산의 취득과 처분과 같이 영업을 준비하는 활동은 투자활동이다.

구 분	내 용
영업활동	기업의 주요 수익창출활동 그리고 투자활동이나 재무활동이 아닌 기타의 활동
투자활동	현금의 대여와 회수활동과 같이 장기성자산 및 현금성자산에 속하지 않는 유가증권, 투자자산, 유형자산 및 무형자산의 취득과 처분에 관련된 활동
재무활동	투자에 필요한 자금의 차입과 상환활동, 신주발행이나 배당금과 관련된 활동

08 ② 시산표에서 오류가 발생한 경우 오류를 확인하기 위해서 장부를 검토할 때 회계의 순환과정 역순인 [시산표 → 총계정원장 → 보조원장 → 전표] 순으로 검토하는 것이 가장 효율적이다.

09 ④ 현금출납장 : 매일 발생하는 현금의 수입과 지출을 기록하는 보조장부
① 시산표 : 대차평균의 원리를 이용하여 원장에 정확하게 전기되었는지를 확인하기 위해 원장 각 계정의 금액을 한데 모아 작성하는 집계표
② 분개장 : 회계상 거래를 식별·측정하여 복식부기의 원리에 따라 계정과목과 금액을 차변과 대변에 기록한 장부
③ 임시계정 : 이미 발생하였으나 해당 계정과목이나 금액이 확정되지 않은 경우 그 거래를 처리하기 위해 임시로 설정하는 계정

10 ③ 분개 : 거래를 분석하여 차변 부분과 대변 부분을 나누어 그 계정과목과 금액을 기입하는 작업
① 전기 : 분개장에 기록된 거래를 총계정원장의 해당 계정에 옮겨적는 절차
② 거래 : 기업이 경제 활동을 수행하는 과정에서 자산, 부채, 자본에 영향을 끼치는 모든 사건
④ 계정 : 자산·부채·자본의 증감 및 수익·비용의 발생 내용을 구체적인 항목별 기록·계산하는데 사용되는 단위

11 • 9월 1일 보험료 2,400,000원 전액 비용처리

(차) 보험료   2,400,000   (대) 당좌예금   2,400,000

• 12월 31일 보험료 미경과분 1,600,000원에 대한 수정분개

(차) 선급비용   1,600,000   (대) 보험료   1,600,000

12 ② 주요장부에 속하는 것은 분개장과 총계정원장이다.

구 분	종 류
주요장부	분개장, 총계정원장
보조장부	현금출납장, 당좌예금출납장, 매입장, 매출장, 받을어음기입장, 지급어음기입장, 매입처원장, 매출처원장

13 ④ 계약금을 수령했을 때는 선수금(부채) 계정으로 처리한다.

14 ① 공장건물은 유형자산에 속하며, 유형자산의 처분 시 발생한 채권은 미수금(자산) 계정으로 처리한다.

15 • 재고자산회전율 10회 = 당기매출원가 80,000,000원 ÷ 평균재고자산
∴ 평균재고자산 = 8,000,000원
• 평균재고자산 8,000,000원 = (재고자산기초잔액 4,000,000원 + 재고자산기말잔액) ÷ 2
∴ 재고자산기말잔액 = 12,000,000원

16 ① 만기보유증권은 상각후원가로 평가하여 상환금액을 확정할 수 있는 채무증권이므로 이에 대한 평가손익은 발생하지 않는다.

17 ① 건설중인자산은 유형자산이지만 미완성자산을 임시적으로 처리하는 계정이므로, 건설 중인 기간 동안에는 감가상각 대상 자산에 속하지 않으며, 해당 자산이 완성되어 취득한 시점부터 해당 자산 계정으로 감가상각하게 된다.
※ 토지의 경우 내용연수가 무한하므로 감가상각 대상 자산에 속하지 않는다.

18 ② 가수금, 예수금은 모두 유동부채이다.
① 임대보증금은 비유동부채이다.
③ 임차보증금은 비유동자산이다.
④ 사채는 비유동부채이다.

19 ① 자본금은 발행한 주식의 액면금액의 합계액이다.

20 ③ 영업용 자동차에 대한 자동차세는 세금과공과 계정으로 처리한다.

실무문제

01	02	03	04	05	06	07	08	09	10
②	③	②	④	①	③	④	②	④	②

11	12	13	14	15	16	17	18	19	20
③	①	④	③	④	③	①	①	③	④

01 [시스템관리] - [회사등록정보] - [시스템환경설정]
→ [조회구분 : 2.회계] - [회계/28/다국어재무제표 사용]

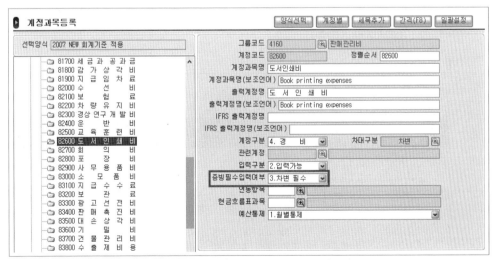

② 유형설정이 '1'이므로 영어로 조회 및 출력이 가능하다.

02 [시스템관리] - [기초정보관리] - [계정과목등록]
→ [손익] - [판매관리비] - 해당 계정의 '증빙필수입력여부' 확인

③ [82600.도서인쇄비] 계정의 전표입력 시 증빙을 반드시 입력하여야 한다.

03 [시스템관리] – [회사등록정보] – [사원등록]
→ [부서 : 1001.재경부 ~ 4001.구매자재부]

사원등록

부서 1001 재경부	~ 4001 구매자재부	사원명검색	□ 사용자만

사원코드	사원명	부서코드	부서명	입사일	사용자여부	인사입력방식	회계입력방식	조회권한	품의서권한	검수조서권한
ERP13A02	김은찬	1001	재경부	2005/01/01	여	미결	수정	회사	미결	미결
ERP13A03	전윤호	1001	재경부	2015/01/01	여	미결	승인	부서	미결	미결
ERP13A04	신서율	2001	영업부	2010/01/01	부	미결	미결	미사용	미결	미결
ERP13A05	김종민	1001	재경부	2016/01/01	여	미결	미결	사업장	미결	미결
ERP13A06	박혜수	2001	영업부	2021/09/14	부	미결	미결	미사용	미결	미결

② 시스템관리자가 아니더라도 입사일의 입력이 가능하다.

04 [회계관리] – [결산/재무제표관리] – [기간별손익계산서] – [분기별 탭]
→ [기간 : 1/4분기 ~ 4/4분기] – [출력구분 : 0.계정별]

기간별손익계산서 [양식선택] [차트] [환경설정]

월별 / 분기별 / 반기별 / 전년대비

회계단위 1000 (주)유명 본점   기간 1/4분기 ~ 4/4분기   출력구분 0. 계정별

과목	계	1/4분기	2/4분기	3/4분기	4/4분기
I . 매　출　액	2,937,500,000	394,500,000	503,000,000	630,000,000	1,410,000,000
상 품 매 출	2,150,500,000	394,500,000	503,000,000	630,000,000	623,000,000
제 품 매 출	787,000,000				787,000,000
II . 매　출　원　가					
상 품 매 출 원 가					
기초 상품 재고액	980,300,000	980,300,000	1,174,300,000	1,301,600,000	1,349,600,000
당기 상품 매입액	972,300,000	194,000,000	127,300,000	48,000,000	603,000,000
기말 상품 재고액	1,952,600,000	1,174,300,000	1,301,600,000	1,349,600,000	1,952,600,000
III . 매 출 총 이 익	2,937,500,000	394,500,000	503,000,000	630,000,000	1,410,000,000
IV . 판 매 관 리 비	994,371,100	193,460,000	278,910,000	324,196,100	197,805,000

④ 4/4분기가 1,410,000,000원으로 가장 높다.

05 [회계관리] – [전표/장부관리] – [일월계표] – [월계표 탭]
→ [기간 : 2022/07 ~ 2022/07]

일월계표 [양식선택] [환경설정]

일계표 / 월계표

회계단위 1000 (주)유명 본점   출력구분 0. 계정별   기 간 2022/07 ~ 2022/07

차 변			계정과목	대 변		
계	대체	현금		현금	대체	계
109,000,000	102,700,000	6,300,000	< 판 매 관 리 비 >			
9,000,000	9,000,000		직 원 급 여			
85,500,000	85,500,000		상 여 금			
4,660,000	2,130,000	2,530,000	복 리 후 생 비			
1,060,000	530,000	530,000	여 비 교 통 비			
2,530,000	2,530,000		접 대 비			
330,000		330,000	통 신 비			
3,800,000	1,900,000	1,900,000	보 험 료			
1,320,000	660,000	660,000	차 량 유 지 비			
800,000	450,000	350,000	사 무 용 품 비			

① 현금지출이 가장 많았던 판매관리비 계정과목은 81100.복리후생비(2,530,000원)이다.

06 [회계관리] – [고정자산관리] – [고정자산변동현황]
→ [기간 : 2022/01 ~ 2022/12]

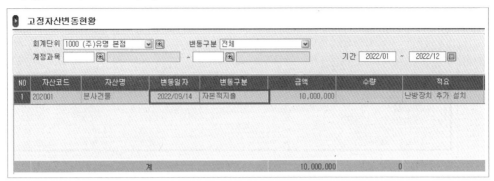

③ [202001.본사건물]에 자본적지출이 발생한 일자는 9월 14일이다.

07 [회계관리] – [예산관리] – [예산초과현황]
→ [조회기간 : 2022/01 ~ 2022/12] – [집행방식 : 2.승인집행] – [관리항목 : 0.부서별/1001.재경부]

예산초과현황

조회기간 2022/01 ~ 2022/12   과목구분 1. 예산과목   집행방식 2. 승인집행
관리항목 0.부서별 1001 재경부   표시구분 1. 모두 표시

코드	계정과목	신청예산	편성예산	실행예산	집행실적	차이	집행율(%)
80200	직원급여		444,000,000	444,000,000	171,000,000	273,000,000	39
80300	상여금		520,000,000	520,000,000		520,000,000	0
81100	복리후생비		51,000,000	51,000,000	27,250,100	23,749,900	53
81200	여비교통비		12,600,000	12,600,000	6,740,000	5,860,000	53
81300	접대비		25,800,000	25,800,000	25,130,000	670,000	97
81400	통신비		3,300,000	3,300,000	2,530,000	770,000	77
81500	수도광열비		3,900,000	3,900,000	1,575,000	2,325,000	40
81900	지급임차료		17,000,000	17,000,000	1,000,000	16,000,000	6
82100	보험료		51,000,000	51,000,000	20,590,000	30,410,000	40
82200	차량유지비		17,500,000	17,500,000	5,730,000	11,770,000	33
82900	사무용품비		11,000,000	11,000,000	5,680,000	5,320,000	52
83100	지급수수료		1,100,000	1,100,000	17,000	1,083,000	2
합계		0	1,158,200,000	1,158,200,000	267,242,100	890,957,900	23.074

④ [81300.접대비] 계정의 집행율은 97%이다.

08 [회계관리] – [전표/장부관리] – [전표승인해제]
→ [전표상태 : 미결] – [결의기간 : 2022/01/01 ~ 2022/06/30]

☐	결의일자	번호	품의내역	유형	기표일	No	승인자	작업자	차변	대변	연동구분
☐	2022/06/20	00001	매입	일 반				김은찬	3,300,000	3,300,000	
☐	2022/06/20	00002	사무용품	일 반				김은찬	550,000	550,000	
☐	2022/06/20	00004	매입	일 반				김은찬	3,000,000	3,000,000	
☐	2022/06/28	00003	매입	일 반				김은찬	3,300,000	3,300,000	

② 미결 전표 4건이 있다.

09 [회계관리] – [업무용승용차관리] – [업무용승용차 운행기록부]
→ [사용기간(과세기간) : 2022/01/01 ~ 2022/01/31]

☐	코드	사업장명	코드	차량번호	차종	업무구분	코드	부서명	코드	사원명	총주행 거리(km)	업무용 사용거리	업무사용비율(%)
☐	1000	(주)유명 본점	0102	12가 0102	티볼리	일반 업무용	1001	재경부					
☐	1000	(주)유명 본점	0717	14가 0717	투싼	일반 업무용	1001	재경부					
☐	1000	(주)유명 본점	2664	15가 2664	QM6	일반 업무용	2001	영업부			200	180	90
☐	1000	(주)유명 본점	8087	17가 8087	쏘렌토	일반 업무용	3001	생산부					

④ 업무용승용차 [15가 2664]의 2022년 1월 업무사용비율은 90%이다.

10 [회계관리] – [전표/장부관리] – [현금출납장] – [전체 탭]
→ [기표기간 : 2022/03/01 ~ 2022/03/31]

날짜	적요		거래처	입금	출금	잔액
	[전 월 이 월]			109,320,000	2,495,000	106,825,000
2022/03/20		98001	한아은행	5,000,000		
2022/03/20	외상매입금 발생	00015	오피스세상		110,000	111,715,000
2022/03/25	사무용품비				250,000	
2022/03/25	여비교통비				1,160,000	
2022/03/25	복리후생비				960,000	
2022/03/25	통신비	00013	아이텔레콤(주)		330,000	
2022/03/25	수도광열비				240,000	
2022/03/25	여비교통비				20,000	108,755,000
2022/03/28	여비교통비				530,000	
2022/03/28	차량유지비				660,000	
2022/03/28	사무용품비				350,000	107,215,000
	[월 계]			5,000,000	4,610,000	
	[누 계]			114,320,000	7,105,000	

② 현금출금액은 4,610,000원이다.

11 [회계관리] – [전표/장부관리] – [거래처원장] – [잔액 탭]
→ [계정과목 : 1.계정별/10800.외상매출금 ~ 10800.외상매출금] – [기표기간 : 2022/01/01 ~ 2022/01/01]

③ 외상매출금 금액이 가장 큰 거래처는 ㈜한동테크(120,114,000원)이다.

12 [회계관리] – [예산관리]

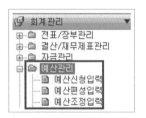

① 예산관리는 [예산신청] → [예산편성] → [예산조정] 프로세스 순으로 진행된다.

13 [회계관리] – [결산/재무제표관리] – [재무상태표] – [관리용 탭]
→ [기간 : 2022/12/31]

과 목	제 19 (당)기		제 18 (전)기	
		금 액		금 액
자 산				
Ⅰ.유 동 자 산		9,585,778,485		6,630,014,585
(1) 당 좌 자 산		7,628,378,485		5,647,314,585
현 금		99,440,000		104,820,000
제 예 금		3,793,517,000		2,612,708,500
정 기 예.적 금		200,000,000		200,000,000
기타 단기금융 상품		1,100,000,000		900,000,000
단 기 매 매 증 권		140,000,000		86,000,000
외 상 매 출 금	464,811,000		379,971,000	
대 손 충 당 금	2,951,310	461,859,690	2,951,310	377,019,690
받 을 어 음	674,300,000		394,000,000	
대 손 충 당 금	2,320,000	671,980,000	2,320,000	391,680,000
미 수 금		511,316,000		428,816,000
소 모 품		10,500,000		10,500,000
선 급 비 용		4,643,995		1,643,995

• 사용된 소모품 = 계상된 소모품(장부금액) 10,500,000원 − 기말재고액 4,500,000원 = 6,000,000원

• 사용된 소모품(자산)을 비용(소모품비)으로 처리

∴ (차) 소모품비   6,000,000   (대) 소모품   6,000,000

14   [회계관리] − [전표/장부관리] − [총계정원장] − [월별 탭]

→ [기간 : 2022/07 ~ 2022/12] − [계정과목 : 1.계정별/10800.외상매출금 ~ 10800.외상매출금]

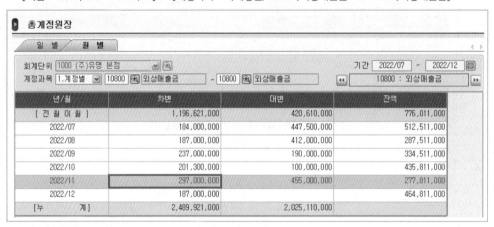

③ 외상매출금 발생금액이 가장 큰 달은 11월(297,000,000원)이다.

15   (1) [시스템관리] − [회사등록정보] − [시스템환경설정]

→ [조회구분 : 2.회계] − [회계/31/부가가치세 신고유형] 확인

시스템환경설정

구분	코드	환경요소명	유형구분	유형설정	선택범위	비고
회계	28	다국어재무제표 사용	유형	1	0.사용안함 1.영어 2.일본어 3.중국어	
회계	29	등록자산상각방법	유형	2	1.상각안함 2.월할상각 3.반년법상각	
회계	30	처분자산상각방법	유형	2	1.상각안함 2.월할상각	
회계	31	부가가치세 신고유형	유형	0	0.사업장별 신고 1.사업자단위 신고(폐지) 2…	
회계	32	전표입력 품의내역검색 조회…	여부	0	0-사용자 조회권한 적용,1-미적용	
회계	34	전표복사사용여부	여부	1	0.미사용1.사용	

※ 부가가치세 신고유형 확인

(2) [시스템관리] – [회사등록정보] – [사업장등록]

→ 우측상단 [주(총괄납부)사업장등록] 클릭 → 팝업창에서 주사업장 확인

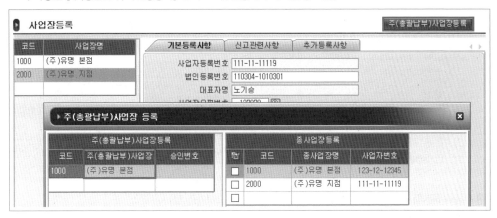

※ 주(총괄납부)사업장 등록 여부 확인

④ 총괄납부 사업자로 신고는 각 사업장별로 하고 납부는 주사업장에서 총괄하여 납부한다.

16 [회계관리] – [전표/장부관리] – [매입매출장] – [일자별 탭]

→ [조회기간 : 신고기준일/2022/01/01 ~ 2022/03/31] – [출력구분 : 2.매입]

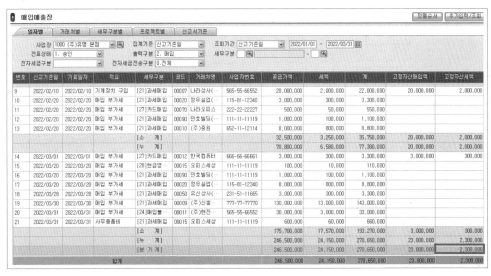

③ 고정자산매입세액은 2,300,000원이다.

17 [회계관리] – [전표/장부관리] – [매입매출장] – [세무구분별 탭]
→ [조회기간 : 신고기준일/2022/07/01 ~ 2022/09/30] – [출력구분 : 1.매출] – [세무구분 : 12.영세매출 ~ 12.영세매출]

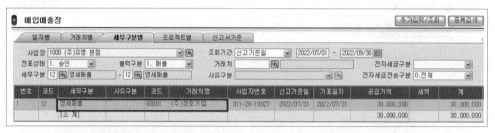

① 영세매출이 발생한 거래처는 ㈜성호기업이다.

18 [회계관리] – [전표/장부관리] – [매입매출장] – [신고서기준 탭]
→ [조회기간 : 신고기준일/2022/04/01 ~ 2022/06/30] – [출력구분 : 2.매입] → 조회 후 우측상단 [예정신고누락분 조회] 클릭

① 예정신고누락분 2건의 세무구분은 21.과세매입으로 동일하다.

19 [시스템관리] – [회사등록정보] – [사업장등록]
→ [1000.㈜유명 본점] 선택 → [기본등록사항 탭]

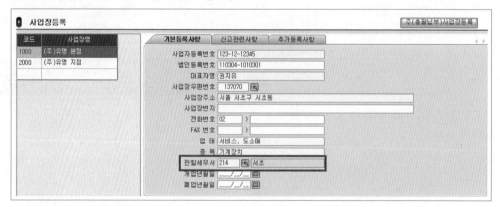

③ 관할세무서는 서초세무서이다.

20 **[회계관리] - [전표/장부관리] - [매입매출장] - [세무구분별 탭]**
→ [조회기간 : 신고기준일/2022/01/01 ~ 2022/03/31] - [출력구분 : 2.매입]

④ [매입처별세금계산서합계표]에는 '과세매입', '영세매입', '매입불공제', '수입' 세무구분의 전표가 반영되므로, 해당 기간 내에는 4개의 세무구분이 사용되었다.

📖 세금계산서합계표 자료조회를 통한 세무구분 확인

[회계관리] - [부가가치세관리] - [세금계산서합계표]
→ [해당 문제에 따른 기간 및 구분 입력]

세금계산서합계표 하단에 위치한 [전자세금계산서분 탭]과 [전자세금계산서외 탭]의 각 회사를 지정한 후 상단의 [자료조회]를 클릭하면 각 회사별로 세금계산서합계표와 그 세무구분을 확인할 수 있다.

세무구분이 정확하게 기억나지 않을 경우, 해당 기간과 구분에 따라 조회된 세금계산서합계표의 모든 회사를 자료조회하여 세무구분을 확인하여 사용된 세무구분의 종류를 확인하면 된다.

이론문제

01	02	03	04	05	06	07	08	09	10
①	④	①	③	④	③	②	①	④	④
11	12	13	14	15	16	17	18	19	20
①	②	④	④	②	③	②	④	②	②

01 ① 성과측정관리(BSC)는 SEM 시스템(전략적 기업경영)의 단위시스템이다.

e-Business 지원시스템의 단위시스템	SEM 시스템의 단위시스템
• 지식경영시스템(KMS) • 의사결정지원시스템(DDS) • 경영자정보시스템(ELS) • 고객관계관리시스템(CRM) • 공급체인관리시스템(SCM) • 전자상거래시스템(EC)	• 성과측정관리(BSC) • 부가가치경영(VBM) • 전략계획수립 및 시뮬레이션(SFS) • 활동기준경영(ABN)

02 ④ 프로세스의 유지가 아닌 프로세스를 혁신적으로 다시 계획하고 설계하여야 한다.

03 ① ERP는 프로세스 중심의 수평적 업무처리방식을 적용한다.

04 ③ 트랜잭션이 아닌 비즈니스 프로세스에 초점을 맞추고, 사용자에게 시스템 사용법과 새로운 업무처리방식을 모두 교육해야 한다.

05 ④ 종업원의 고용, 상품의 주문, 임대차계약 등은 회계상의 거래가 아니다.
• 회계상의 거래로 인식되기 위해서는 우선 기업의 자산·부채·자본에 변화가 있어야 하고, 그 변화가 금액으로 측정이 가능해야 한다.

06 ③ 일정시점 회사의 재무상태를 나타내는 재무보고서는 재무상태표다.

구 분	내 용
재무상태표	일정시점 기업의 재무상태
손익계산서	일정기간 동안 기업의 경영성과
현금흐름표	일정기간 동안 기업의 현금 유출입 정보
자본변동표	일정기간 동안 자본 변동에 대한 정보

07
- 영업이익 + 영업외수익 − 영업외비용 = 법인세비용차감전순이익
- 법인세비용차감전순이익 − 법인세비용 = 당기순이익
- 계산구조

    매출액
  − 매출원가
    매출총이익
  − 판매비및일반관리비
    영업이익
  + 영업외손익
    법인세비용차감전순이익
  − 법인세비용
    당기순이익

08

> 기말자본 = 기초자본 + 자본거래 증감액 + 당기순손익
> 당기순손익 = 기말자본 − 기초자본 − 자본거래 증감액

- 기초자본 = 기초자산 100,000원 − 기초부채 70,000원 = 30,000원
- 기말자본 = 기말자산 200,000원 − 기말부채 130,000원 = 70,000원
- 자본거래 증감액 = 유상증자 10,000원 − 현금배당 5,000원 = 5,000원 증가
∴ 당기순이익 = 기말자본 70,000원 − 기초자본 30,000원 − 자본거래 5,000원 = 35,000원
※ 주식배당과 이익준비금의 적립은 자본의 증감이 없는 자본거래다.

09 ④ 현금흐름표에 대한 설명이다.

10 ④ 총계정원장에 전기하는 것은 기중에 일어나는 과정이다.

11 ① 임대료는 수익항목으로서 증가 시 대변에 기록한다.

12 ② 판매용은 상품 계정으로, 직원 업무용은 비품 계정으로 각각 회계처리한다.

(차) 상 품	5,000,000원	(대) 당좌예금	6,500,000원
비 품	1,500,000원		

13
- 미사용 소모품 금액 = 2,100,000원 − 950,000원 = 1,150,000원
- 회계처리
  - 9월 1일　　(차) 소모품비　　　　　　2,100,000　　(대) 현　금　　　　　　2,100,000
  - 12월 31일　(차) 소모품　　　　　　　1,150,000　　(대) 소모품비　　　　　1,150,000

14
- 자산·부채·자본은 차기로 이월되고, 수익·비용은 이월하지 않는다.
- ④ 개발비는 무형자산으로 이월된다.
- ① 기타의감가상각비, ② 대손상각비, ③ 기부금은 비용이다.

15
- 현금및현금성자산 = 현금 900,000원 + 송금환 40,000원 + 보통예금 2,000,000원 + 당좌예금 2,000,000원
  　　　　　　 = 4,940,000원

16
- 매출채권회수기간은 1년(문제기준 360일)을 매출채권회전율로 나누어 계산하고, 매출채권회전율은 매출액을 평균매출채권으로 나누어 계산한다.
- 평균매출채권 = (기초잔액 20,000,000원 + 기말잔액 40,000,000원) ÷ 2 = 30,000,000원
- 매출채권회전율 = 매출액 90,000,000원 ÷ 평균매출채권 30,000,000원 = 3회
- ∴ 매출채권회수기간 = 360일 ÷ 매출채권회전율 3회 = 120일/회

17
② 공장신축을 위하여 보유 중인 공장부지는 토지(유형자산) 계정으로 처리한다.

18
④ 보강적 질적특성인 비교가능성은 정보이용자가 항목 간의 유사점과 차이점을 식별하고 이해할 수 있게 하는 질적특성으로서 감가상각방법을 정당한 사유 없이 변경하면 비교가능성을 저해시킨다.

19
- 당좌수표 발행 전 당좌예금 잔액 = 기초 4,000,000원 + 입금 2,000,000원 − 출금 3,500,000원
  　　　　　　　　　　　　　　 = 2,500,000원
- ∴ 당좌차월(단기차입금) = 수표 발행액 5,000,000원 − 당좌예금 잔액 2,500,000원 = 2,500,000원

20
- 순매입액 = 당기상품매입액 900,000원 − 매입에누리 80,000원 − 매입환출 10,000원 = 810,000원
- ∴ 상품매출원가 = 기초상품 500,000원 + 순매입액 810,000원 − 기말상품 240,000원 = 1,070,000원

실무문제

01	02	03	04	05	06	07	08	09	10
③	④	④	④	③	②	①	①	②	③

11	12	13	14	15	16	17	18	19	20
③	③	②	②	④	③	①	①	③	①

01 [시스템관리] – [회사등록정보] – [시스템환경설정]
→ [조회구분 : 2.회계] – [회계/28/다국어재무제표 사용]

시스템환경설정

조회구분 2. 회계   환경요소

구분	코드	환경요소명	유형구분	유형설정	선택범위	비고
회계	20	예산통제구분	유형	1	0.결의부서 1.사용부서 2.프로젝트	
회계	21	예산관리여부	여부	1	여:1 부:0	
회계	22	입출금전표사용여부	여부	1	여:1 부:0	
회계	23	예산관리개시월	유형	01	예산개시월:01~12	
회계	24	거래처등록보조화면사용	여부	1	여:1 부:0	
회계	25	거래처코드자동부여	여부	0	0-사용않함, 3~10-자동부여자릿수	
회계	26	자산코드자동부여	여부	0	여:1 부:0	
회계	27	전표출력기본양식	유형	3	전표출력기본양식 1~15	
회계	28	다국어재무제표 사용	유형	3	0.사용안함 1.영어 2.일본어 3.중국어	
회계	29	등록자산상각방법	유형	2	1.상각안함 2.월할상각 3.반년법상각	
회계	30	처분자산상각방법	유형	2	1.상각안함 2.월할상각	

③ 유형설정이 '3'이므로 중국어로 조회 및 출력이 가능하다.

02 [시스템관리] – [회사등록정보] – [사원등록]
→ [부서 : 미지정]

사원등록

부서   ~   사원명검색   □ 사용자만

사원코드	사원명	사원명(영문)	부서코드	부서명	입사일	퇴사일	사용자여부	암호	인사입력방식	회계입력방식	조회권한
ERP13A02	김은찬		1001	재경부	2005/01/01		여		미결	수정	회사
ERP13A03	김종민		1001	재경부			여		미결	승인	회사
ERP13A04	신서율		1001	재경부	2017/09/27		부		미결	미결	회사
ERP13A05	박혜수		1001	재경부	2021/09/14		여		미결	미결	회사
ERP13A06	홍여진		3001	생산부			부		미결	미결	미사용

④ [사용자권한설정] 메뉴에서 권한을 부여받기 위해서는 사용자여부가 '여'로 설정되어야 한다. 현재 '부'로 설정된 사원은 '홍여진'뿐이다.

03 [시스템관리] – [회사등록정보] – [사용자권한설정]
→ [모듈구분 : A.회계관리]

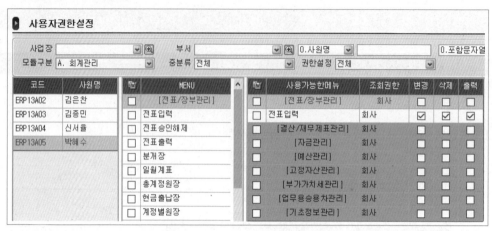

④ ERP13A05.박혜수 사원의 사용가능한메뉴에 전표승인해제 메뉴가 없다.

04 [회계관리] – [고정자산관리] – [고정자산변동현황]
→ [기간 : 2021/10 ~ 2021/10]

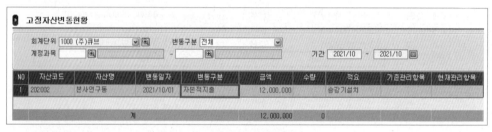

④ 자본적지출로 처리했다.

05 [회계관리] − [전표/장부관리] − [총계정원장] − [일별 탭]

→ [기간 : 2021/07/01 ~ 2021/09/30] − [계정과목 : 1.계정별/10800.외상매출금 ~ 10800.외상매출금]

- 외상매출금의 회수는 대변 금액을 확인한다.
③ 9월 14일 252,000,000원으로 가장 많다.

06 [회계관리] − [업무용승용차관리] − [업무용승용차 차량등록]

→ 조회

② 12B 0927 차량의 보험여부가 [부]로 설정되어 있다.

07 [회계관리] – [자금관리] – [일자별자금계획입력] – [자금계획입력 탭]
→ 상단 [고정자금] 클릭 → [자금계획입력-고정자금등록] 팝업창 확인

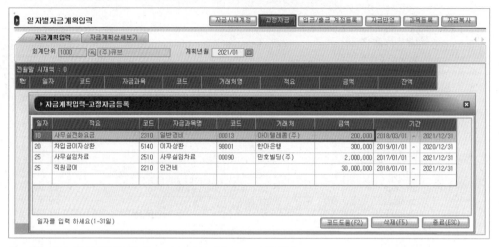

① 매월 10일 사무실전화요금 200,000원이 고정적으로 지출된다.

08 [회계관리] – [전표/장부관리] – [거래처원장] – [총괄잔액 탭]
→ [기표기간 : 2021/01/01 ~ 2021/01/01] – [거래처 : 00001.㈜성호기업 ~ 00001.㈜성호기업]

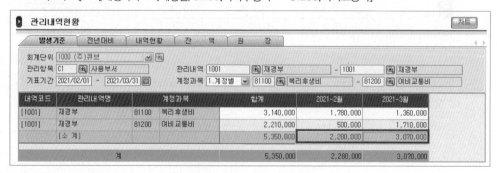

① 10800.외상매출금이 123,177,300원으로 가장 크다.

09 [회계관리] – [전표/장부관리] – [관리내역현황] – [발생기준 탭]
→ [관리항목 : C1.사용부서] – [관리내역 : 1001.재경부 ~ 1001.재경부] – [기표기간 : 2021/02/01 ~ 2021/03/31] – [계정과목 : 1.계정별/81100.복리후생비 ~ 81200.여비교통비]

내역코드	관리내역명		계정과목		합계	2021-2월	2021-3월
[1001]	재경부	81100	복리후생비		3,140,000	1,780,000	1,360,000
[1001]	재경부	81200	여비교통비		2,210,000	500,000	1,710,000
			[소 계]		5,350,000	2,280,000	3,070,000
	계				5,350,000	2,280,000	3,070,000

• 3월 총액 3,070,000원 – 2월 총액 2,280,000원 = 790,000원

10 [회계관리] – [결산/재무제표관리] – [합계잔액시산표]

→ [기간 : 2021/06/30] – 상단 [환경설정] 클릭 → [환경설정] 팝업창에서 '계정과목에 계정코드 포함', '합계금액이 0인 경우를 포함' 체크 후 확인(TAB)

③ 81400.통신비가 입력되어 있다.

① 상여금, ② 접대비는 800번대가 사용되어 있다.

④ 전력비는 사용되지 않았다.

11 [회계관리] – [전표/장부관리] – [전표승인해제]
→ [결의부서 : 미지정] – [작성자 : 미지정] – [전표상태 : 미결] – [결의기간 : 2021/07/01 ~ 2021/12/31]

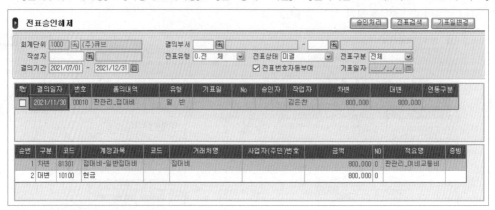

③ 미결 전표 결의일자는 2021년 11월 30일이다.

12 [회계관리] – [전표/장부관리] – [지출증빙서류검토표(관리용)] – [집계 탭]
→ [기표기간 : 2021/01/01 ~ 2021/12/31]

코드	표준과목명	계정금액	신용카드 법인	신용카드 개인	현금영수증	세금계산서	계산서	증빙 계	수취제외대상
	[내역미표조 소계]	1,350,300,000	2,000,000			114,300,000		116,300,000	1,240,000,000
045	상품	511,650,000				511,650,000		511,650,000	
079	복리후생비	50,755,000	500,000				250,000	750,000	50,005,000
080	여비교통비	13,510,000							13,510,000
084	기타임차료 (리스료포함)	12,000,000				12,000,000		12,000,000	
085	접대비	29,050,000				4,980,000		4,980,000	24,070,000
090	세금과공과	1,160,000							1,160,000
093	차량유지비 (유류비 포함)	18,140,000							18,140,000
108	소모품비	57,620,000	1,000,000		500,000	600,000		2,100,000	55,520,000
109	통신비	700,000							700,000
114	수도광열비 (전기료제외)	740,000							740,000
	[손익계산서 소계]	695,325,000	1,500,000		500,000	529,230,000	250,000	531,480,000	163,845,000
051	원재료	2,000,000							2,000,000
	[500번대 원가 소계]	2,000,000							2,000,000
	합계	2,053,825,000	3,500,000	0	500,000	643,730,000	250,000	647,980,000	1,405,845,000

③ 세금계산서 합계액은 643,730,000원이다.

13 [회계관리] - [결산/재무제표관리] - [재무상태표] - [관리용 탭]
→ [기간 : 2021/06/30]

| 재무상태표 | | 양식선택 | 통합계정 | 환경설정 |

회계단위 1000 (주)큐브   기간 2021/06/30   단위 0. 원   언어 0.한국

관리용 제출용 세목별   (단위 :

과 목	제 18 (당)기		제 17 (전)기	
	금 액		금 액	
자 산				
I. 유 동 자 산		2,974,334,183		2,352,754,183
(1) 당 좌 자 산		2,735,684,183		1,831,104,183
현 금		132,035,000		7,175,000
당 좌 예 금		128,522,000		161,522,000
제 예 금		1,401,299,300		933,000,000
단 기 매 매 증 권		11,300,000		7,000,000
외 상 매 출 금	725,967,700		449,452,000	
대 손 충 당 금	1,965,817	724,001,883	1,965,817	447,486,183
받 을 어 음	228,000,000		200,000,000	
대 손 충 당 금	1,500,000	226,500,000	1,500,000	198,500,000
미 수 금		41,000,000		35,500,000
소 모 품		10,000,000		11,000,000
선 급 금		8,000,000		8,000,000
부 가 세 대 급 금		53,026,000		21,921,000

- 대손충당금 설정액 = 받을어음 잔액 228,000,000원 × 2% = 4,560,000원
- 대손상각비 = 대손충당금 설정액 4,560,000원 − 대손충당금 잔액 1,500,000원 = 3,060,000원

∴ 회계처리   (차) 대손상각비   3,060,000   (대) 대손충당금   3,060,000

14 [회계관리] - [결산/재무제표관리] - [재무상태표] - [관리용 탭]
→ [기간 : 2021/06/30]

| 재무상태표 | | 양식선택 | 통합계정 | 환경설정 |

회계단위 1000 (주)큐브   기간 2021/06/30   단위 0. 원   언어 0.한국

관리용 제출용 세목별   (단위 :

과 목	제 18 (당)기		제 17 (전)기	
	금 액		금 액	
(1) 당 좌 자 산		2,735,684,183		1,831,104,183
현 금		132,035,000		7,175,000
당 좌 예 금		128,522,000		161,522,000
제 예 금		1,401,299,300		933,000,000
단 기 매 매 증 권		11,300,000		7,000,000
외 상 매 출 금	725,967,700		449,452,000	
대 손 충 당 금	1,965,817	724,001,883	1,965,817	447,486,183
받 을 어 음	228,000,000		200,000,000	
대 손 충 당 금	1,500,000	226,500,000	1,500,000	198,500,000
미 수 금		41,000,000		35,500,000
소 모 품		10,000,000 [장부금액]		11,000,000
선 급 금		8,000,000		8,000,000
부 가 세 대 급 금		53,026,000		21,921,000

- 사용된 소모품 = 장부상 소모품 10,000,000원 − 실제 잔액 6,500,000원 = 3,500,000원
- 사용된 소모품(자산)을 비용(소모품비)으로 처리

∴ 결산수정분개　(차) 소모품비　　　　　　　　3,500,000　　　　(대) 소모품　　　　　　　　3,500,000

15 [회계관리] − [부가가치세관리] − [계산서합계표]
→ [기간 : 2021/04 ∼ 2021/06] − [구분 : 1.매출] − 조회 후 팝업창 [예] 클릭 → 하단 [전자계산서분(11일 이내 전송분)]

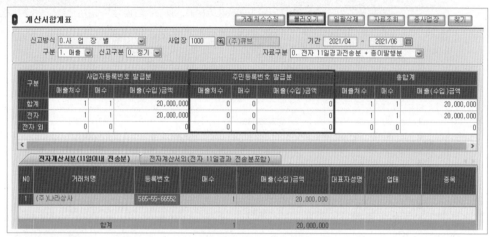

④ 사업자등록번호 [565-55-66552]가 기입된 사업자등록번호 발급분 1건 존재하며 주민등록번호 발급분은 존재하지 않는다.

16 [회계관리] − [부가가치세관리] − [신용카드발행집계표/수취명세서] − [신용카드발행집계표 탭]
→ [기간 : 2021/04 ∼ 2021/06] → 조회 후 팝업창 [예] 클릭

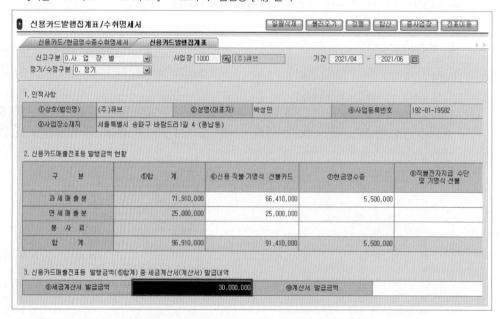

③ 신용카드매출전표등 발행금액 중 세금계산서 발급금액은 30,000,000원이다.

17 [회계관리] – [부가가치세관리] – [수출실적명세서]
→ [거래기간 : 2021/01 ~ 2021/03] → 조회 후 상단 [불러오기] 클릭 → 팝업창 [불러오기] 클릭

① 수출재화의 외화금액은 10,000달러이다.

18 [회계관리] – [부가가치세관리] – [건물등감가상각자산취득명세서]
→ [기간 : 2021/01 ~ 2021/03]

① [건물등감가상각자산취득명세서]에 작성될 기계장치의 건수는 1건이다.

19 [시스템관리] - [회사등록정보] - [사업장등록] - [신고관련사항 탭]

③ 주업종코드는 722000.정보통신업이다.

20 [회계관리] - [부가가치세관리] - [매입세액불공제내역]
→ [기간 : 2021/07 ~ 2021/09] → 조회 후 상단 [불러오기] 클릭 → 팝업창 [예] 클릭

매입세액 불공제 사유	세금계산서		
	매수	공급가액	불공제매입세액
필요적 기재사항 누락			
사업과 관련없는 지출			
비영업용소형승용차구입 및 유지	1	20,000,000	2,000,000
접대비관련매입세액			
면세 사업과 관련된분			
토지의 자본적 지출 관련			
사업자등록 전 매입세액			
금.구리 스크랩 거래계좌 미사용 관련 매입세액			
합계	1	20,000,000	2,000,000

① [비영업용소형승용차구입 및 유지] 사유로 불공제되는 매입세액은 2,000,000원이다.

정답 및 해설

이론문제

01	02	03	04	05	06	07	08	09	10
①	③	③	④	②	①	②	②	②	③
11	12	13	14	15	16	17	18	19	20
③	④	③	③	②	③	②	④	③	④

01 ① 구축단계에 대한 설명이다.

ERP 구축절차	내 용
1단계 분석	현황 분석, TFT 구성, 문제파악, 목표 · 범위 설정, 경영전략 · 비전 도출 등
2단계 설계	미래업무 도출, GAP 분석, 패키지 설치 · 파라미터 설정, 추가 개발 · 수정 · 보완 등
3단계 구축	모듈 조합화, 테스트, 추가 개발 · 수정 · 보완 확정, 출력물 제시 등
4단계 구현	시스템 운영, 시험가동, 시스템 평가, 유지 · 보수, 향후일정 수립 등

02 ③ 결산작업이 단축된다.

ERP 시스템 도입 시 예상효과
통합 업무시스템 구축, 재고물류비용 감소, 고객서비스 개선, 수익성 개선, 생산성 향상 및 매출증대, 비즈니스 프로세스 혁신, 생산계획의 소요기간 단축, 리드타임 감소, 결산작업 단축, 원가절감, 투명한 경영, 표준화 · 단순화 · 코드화, 사이클 타임 단축, 최신 정보기술 도입

03 ③ 인터넷환경의 e-비즈니스를 수용할 수 있는 Multi-tier 환경을 지원한다.

04 ④ 자사에 맞는 패키지를 선정하는 것이 중요하다.

05 ② 회계의 목적에 대한 설명이다.
① 회계분류 : 재무회계, 원가회계, 세무회계
③ 회계연도 : 전기, 당기, 차기 등 회계기간
④ 회계단위 : 본사, 지사 등 장소적 범위

06 ① 일정시점 회사의 재무상태를 나타내는 재무보고서는 재무상태표다.

구 분	내 용
재무상태표	일정시점 기업의 재무상태
손익계산서	일정기간 동안 기업의 경영성과
현금흐름표	일정기간 동안 기업의 현금 유출입 정보
자본변동표	일정기간 동안 자본 변동에 대한 정보

07 ② 손익계산서에 대한 설명이다.

08 • 판매비와관리비 = 광고선전비 350,000원 + 판매운송비 400,000원 + 판매창고임차료 310,000원 + 판매사원퇴직급여 200,000원 = 1,260,000원

　　※ 임대료 · 단기매매증권처분이익은 영업외수익이고, 이자비용 · 기부금은 영업외비용이다.

• 영업이익 계산

	매출액	6,000,000원
−	매출원가	3,500,000원
	매출총이익	2,500,000원
−	판매비와관리비	1,260,000원
	영업이익	1,240,000원

09 ② 현금흐름표에 대한 설명이다.

10 ③ 상품 · 제품이 아닌 업무용 비품의 구입 시 외상거래는 미지급금으로 처리한다.

　　(차) 비 품　　　　　　　　×××　　　(대) 미지급금　　　　　　　　×××

11 ③ 매매계약 자체만으로는 회계상 거래로 인식되지 않는다.

　　※ 회계상의 거래로 인식되기 위해서는 우선 기업의 자산 · 부채 · 자본에 변화가 있어야 하고, 그 변화가 금액으로 측정이 가능해야 한다.

12 ④ 당좌비율은 안정성을 평가하는 지표다.

　　※ 자산의 효율적 운용 여부는 유형자산회전율 등으로 평가한다.

13 ③ 취득 시 만기일이 3개월 이내에 도래하는 채권은 현금성자산으로 현금및현금성자산에 속한다.

　　※ 현금및현금성자산 : 현금(지폐, 주화), 통화대용증권(동점발행수표 등), 보통예금, 당좌예금, 현금성자산

14 • 2021년 12월 31일 감가상각비 = [취득가액 50,000,000원 × (1 − 상각률 0.45)] × 상각률 0.45 = 12,375,000원

15 • 감가상각비(정액법) = (취득원가 10,000,000원 − 잔존가치 1,000,000원) ÷ 내용연수 5년 = 1,800,000원

　　∴ 2021년 말 장부가액 = 취득원가 10,000,000원 − (감가상각비 1,800,000원 × 경과기간 3년) = 4,600,000원

16 ③ 건설중인자산은 유형자산에 속한다.

17 ② 사채는 할인·액면·할증발행만 인정된다.

18 ④ 주식의 할증발행이므로 대변에는 액면금액으로 표시된 자본금과 주식발행초과금이 동시에 분개되어야 한다.

(차) 현 금	3,000,000	(대) 자본금		1,500,000
		주식발행초과금		1,500,000

19
- 판매비와관리비(4개) : 교육훈련비, 복리후생비, 접대비, 수도광열비
- 영업외비용(4개) : 기타의대손상각비, 이자비용, 기부금, 재해손실
- 자산(1개) : 선급비용
- 부채(1개) : 미지급비용

20
- 매출원가 = 총매출액 4,000,000원 − 매출총이익 1,900,000원 = 2,100,000원
- 매출원가 2,100,000원 = 기초상품재고액 + 당기상품매입액 550,000원 − 기말상품재고액 600,000원
  ∴ 기초상품재고액 = 2,150,000원

실무문제

01	02	03	04	05	06	07	08	09	10
③	②	④	④	②	③	④	③	③	①
11	12	13	14	15	16	17	18	19	20
①	②	②	③	①	①	②	④	③	①

01 [시스템관리] – [기초정보관리] – [계정과목등록]
→ [손익] – [판매관리비] – 해당 계정의 '증빙필수입력여부' 확인

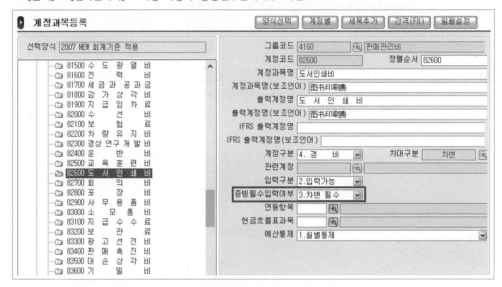

③ 82600.도서인쇄비 계정 전표입력 시 증빙을 필수로 입력해야 한다.

02 [시스템관리] - [회사등록정보]
- [회사등록] → ① 회사등록
- [사업장등록] → ② 사업장등록
- [부서등록] - 상단 [부문등록] 클릭 → ③ 부문등록 → ④ 부서등록
- [사원등록] → ⑤ 사원등록

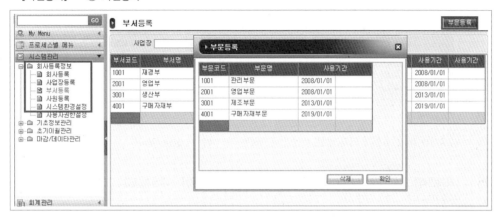

03 [시스템관리] - [회사등록정보] - [사용자권한설정]
→ [모듈구분 : A.회계관리]

④ 현금출납장은 사용할 수 없다.

04 [회계관리] – [전표/장부관리] – [채권년령분석]
→ [채권잔액일자 : 2021/07/31] – [전개월수 : 7] – [계정과목 : 1.계정별/10800.외상매출금]

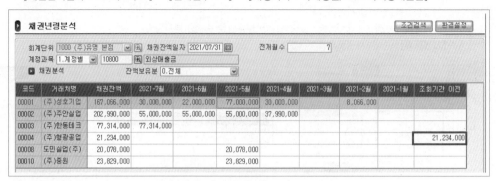

④ 7개월 이상 회수가 되지 않은 채권이 존재하는 거래처는 ㈜형광공업이다.

05 [회계관리] – [전표/장부관리] – [지출증빙서류검토표(관리용)] – [집계 탭]
→ [기표기간 : 2021/01/01 ～ 2021/12/31]

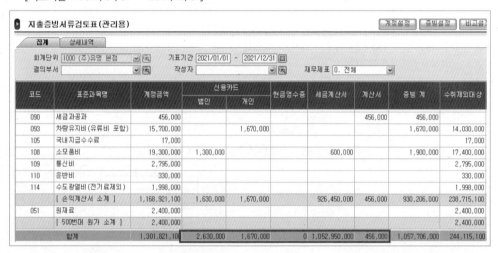

② 세금계산서 합계금액은 1,052,950,000원이다.

06 [회계관리] - [고정자산관리] - [고정자산등록]

→ [자산유형 : 21200.비품]

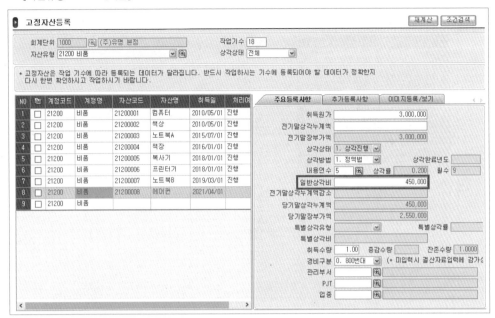

- 좌측 빈칸에 해당 자산코드(21200008), 자산명(에어컨), 취득일(2021/04/01) 입력
- 우측 [주요등록사항 탭]에 취득원가(3,000,000원), 상각방법(1.정액법), 내용연수(5), 경비구분(0.800번대) 입력
③ 감가상각비는 450,000원이다.

07 [회계관리] - [결산/재무제표관리] - [관리항목별손익계산서] - [PJT별 탭]

→ [PJT : 선택전체] - [기간 : 2021/01/01 ∼ 2021/06/30]

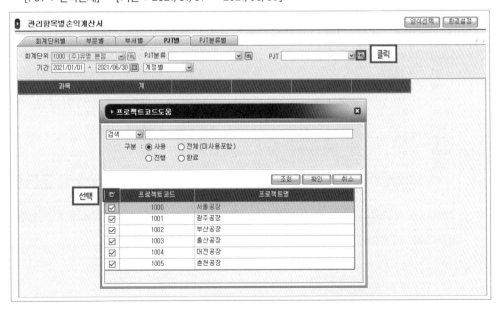

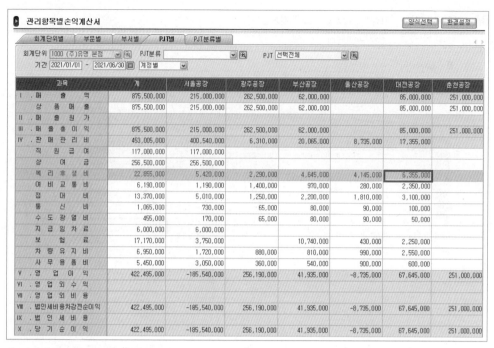

④ 복리후생비가 가장 많이 지출된 공장은 대전공장이다.

08 [회계관리] - [예산관리] - [예산초과현황]
→ [조회기간 : 2021/01 ~ 2021/12] - [집행방식 : 2.승인집행] - [관리항목 : 0.부서별/1001.재경부]

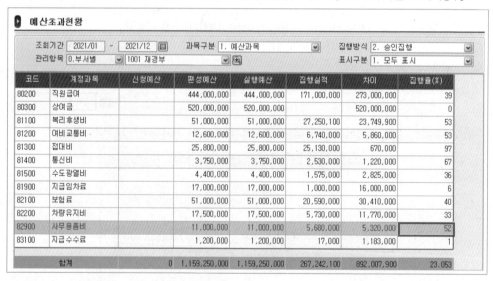

③ [82900.사무용품비] 계정의 집행율은 52%이다.

09 [회계관리] – [자금관리] – [받을어음명세서] – [어음조회 탭]
→ [조회구분 : 1.수금일/2021/03/25 ～ 2021/03/25]

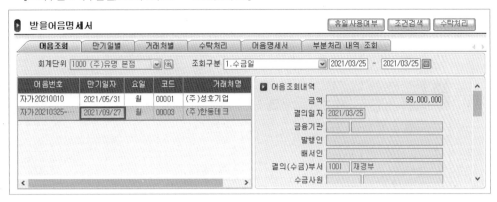

③ 만기일자는 2021년 9월 27일이다.

10 [회계관리] – [전표/장부관리] – [관리항목원장] – [잔액 탭]
→ [관리항목 : L1.업무용승용차] – [기표기간 : 2021/01/01 ～ 2021/06/30] – [계정과목 : 1.계정별/82200.차량유지비 ～ 82200.차량유지비]

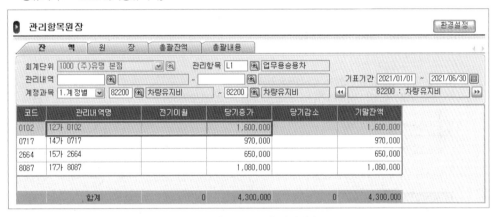

① 지출금액이 가장 큰 차량은 1,600,000원의 [12가 0102] 차량이다.

11 [회계관리] – [전표/장부관리] – [일월계표] – [일계표 탭]
→ [기간 : 2021/01/01 ～ 2021/06/30]

| 일월계표 | | | | | | | 양식선택 | 환경설정 |

일계표 | 월계표

회계단위 1000 (주)유명 본점   출력구분 0. 계정별   기 간 2021/01/01 ~ 2021/06/30

차 변			계정과목	대 변		
계	대체	현금		현금	대체	계
472,370,000	449,325,000	23,045,000	< 판 매 관 리 비 >			
117,000,000	117,000,000		직 원 급 여			
256,500,000	256,500,000		상 여 금			
5,250,000	5,250,000		잡 급			
23,585,000	17,010,000	6,575,000	복 리 후 생 비			
6,550,000	2,720,000	3,830,000	여 비 교 통 비			
14,020,000	14,020,000		접 대 비			
1,330,000	670,000	660,000	통 신 비			
1,358,000	878,000	480,000	수 도 광 열 비			
6,000,000	6,000,000		지 급 임 차 료			
27,880,000	22,180,000	5,700,000	보 험 료			
7,100,000	3,800,000	3,300,000	차 량 유 지 비			
330,000	330,000		운 반 비			
5,450,000	2,950,000	2,500,000	사 무 용 품 비			
17,000	17,000		지 급 수 수 료			

① 현금지출액은 2,500,000원이다.

12 [회계관리] – [전표/장부관리] – [전표승인해제]
→ [전표상태 : 미결] – [결의기간 : 2021/06/01 ～ 2021/06/30]

| 전표승인해제 | | | | | | | | 승인처리 | 전표검색 | 기표일변경 |

회계단위 1000 (주)유명 본점   결의부서 ~
작성자   전표유형 0.전 체   전표상태 미결   전표구분 전체
결의기간 2021/06/01 ~ 2021/06/30   ☑ 전표번호자동부여   기표일자 __/__/__

□	결의일자	번호	품의내역	유형	기표일	No	승인자	작업자	차변	대변	연동구분
□	2021/06/20	00001	06월 매입	일 반				김은찬	3,300,000	3,300,000	
□	2021/06/20	00002	사무용품	일 반				김은찬	550,000	550,000	
□	2021/06/20	00004	06월 매입	일 반				김은찬	3,000,000	3,000,000	
□	2021/06/28	00003	06월 매입	일 반				김은찬	3,300,000	3,300,000	

② 미결 전표는 4건이다.

13　[회계관리] − [결산/재무제표관리] − [재무상태표] − [관리용 탭]
　　　→ [기간 : 2021/03/31]

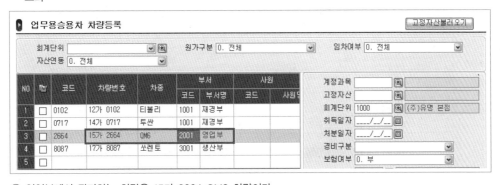

- 대손충당금 설정액 = 받을어음 잔액 571,000,000원 × 대손율 1% = 5,710,000원
- 대손상각비 = 대손충당금 설정액 5,710,000원 − 대손충당금 잔액 2,320,000원 = 3,390,000원

∴ 결산 시　(차) 대손상각비　　　　　3,390,000　　(대) 대손충당금　　　　　　3,390,000

14　[회계관리] − [업무용승용차관리] − [업무용승용차 차량등록]
　　　→ 조회

NO		코드	차량번호	차종	부서		사원		계정과목		
					코드	부서명	코드	사원명			
1	☐	0102	12가 0102	티볼리	1001	재경부					
2	☐	0717	14가 0717	투싼	1001	재경부					
3	☐	2664	15가 2664	QM6	2001	영업부					
4	☐	8087	17가 8087	쏘렌토	3001	생산부					
5	☐										

계정과목
고정자산
회계단위 1000 (주)유명 본점
취득일자 __/__/__
처분일자 __/__/__
경비구분
보험여부 0. 부

③ 영업부에서 관리하는 차량은 15가 2664 QM6 차량이다.

15 [회계관리] – [전표/장부관리] – [매입매출장] – [세무구분별 탭]
→ [조회기간 : 신고기준일/2021/07/01 ~ 2021/09/30] – [출력구분 : 1.매출] – [세무구분 : 12.영세매출 ~
12.영세매출]

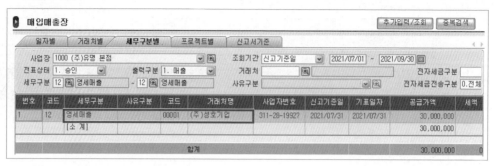

① 영세매출이 발생한 거래처는 ㈜성호기업이다.

16 [회계관리] – [부가가치세관리] – [매입세액불공제내역]
→ [기간 : 2021/04 ~ 2021/06] → 조회 후 상단 [불러오기] 클릭 → 팝업창 [예] 클릭

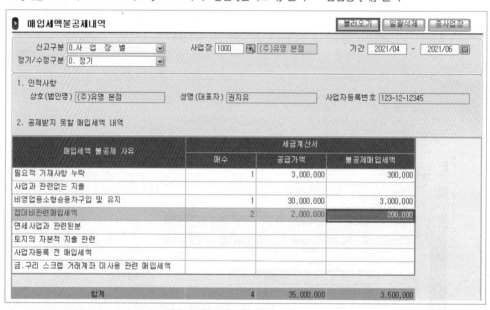

① [접대비관련매입세액] 사유로 불공제되는 매입세액은 200,000원이다.

17 [회계관리] – [부가가치세관리] – [부동산임대공급가액명세서]
→ [과세기간 : 2021/04 ~ 2021/06] → 조회 → 팝업창 [아니오] 클릭 – [이자율 : 1.8] – 부동산임대내역 입력
후 '보증금이자(간주임대료)' 확인

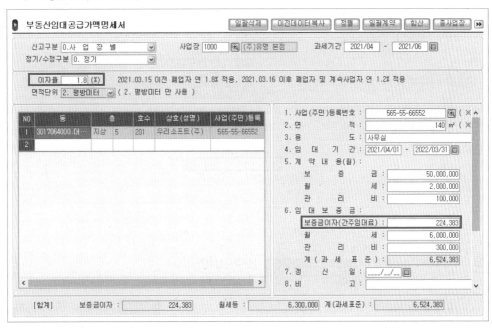

② 보증금이자(간주임대료)는 224,383원이다.

18 [회계관리] – [부가가치세관리] – [신용카드발행집계표/수취명세서] – [신용카드/현금영수증수취명세서 탭]
→ [기간 : 2021/04 ~ 2021/06] → 조회 → 팝업창 [예] 클릭 – [신용카드등수취명세서 탭]

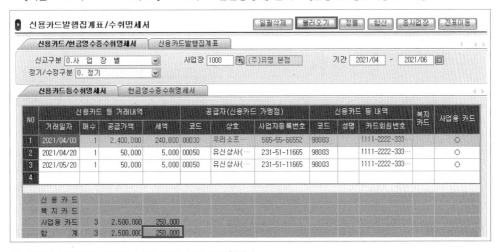

④ 카드를 사용하여 매입한 매입세액은 250,000원이다.

19 [시스템관리] – [회사등록정보] – [사업장등록]
→ ㈜유명 본점 선택 – [기본등록사항 탭]

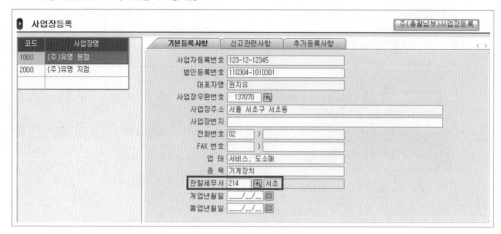

③ 관할세무서는 서초세무서이다.

20 [회계관리] – [부가가치세관리] – [건물등감가상각자산취득명세서]
→ [기간 : 2021/×× ~ 2021/××] → 조회 후 상단 [불러오기] 클릭 → 팝업창 내용 확인

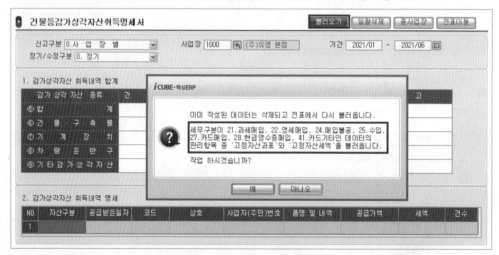

• 해당 세무구분은 '21.과세매입, 22.영세매입, 24.매입불공, 25.수입, 27.카드매입, 28.현금영수증매입, 41.카드기타' 등이다.
① 23.면세매입은 [건물등감가상각자산취득명세서]를 전표에서 불러올 때 해당하는 세무구분이 아니다.

이론문제

01	02	03	04	05	06	07	08	09	10
④	④	①	②	①	②	③	②	③	②
11	12	13	14	15	16	17	18	19	20
②	③	④	①	④	④	③	③	②	③

01 ④ ERP 구축절차 중 구현단계는 실 데이터를 입력한 후 테스트하는 시스템운영 단계이며, 시험가동(prototyping), 데이터전환(data conversion), 시스템평가, 교육, 유지보수, 향후 일정수립 등을 진행한다.

02 ④ 차세대 ERP에는 인공지능이나 빅데이터 등 신기술이 적극적으로 도입된다.
  ① ERP는 다양한 산업에 대한 최적의 업무관행인 Best Practice를 담고 있으며, 비즈니스 프로세스를 혁신할 수 있다.
  ② ERP는 모든 기업의 업무 프로세스를 개별 부서원들이 분산처리하면서도 동시에 중앙에서 개별 기능들을 통합적으로 관리하여 수익성을 개선하고 결산작업과 Cycle Time을 단축한다.
  ③ ERP 구현으로 재고비용 및 생산비용의 절감효과를 통한 효율성을 확보할 수 있으며, 이는 생산성과 경쟁력 향상에 도움이 된다.

03 ① 커스터마이징은 개발된 솔루션이나 기타 서비스를 소비자의 요구에 따라 재구성 및 재설계하여 판매한다는 의미로 확장되었다. 또한 타사의 솔루션을 가져와 자사 제품에 결합하여 서비스하는 것 또한 커스터마이징이라고 한다. ERP 도입의 선택기준에 따르면 ERP 도입 시에는 이러한 커스터마이징이 최소화되는 방향으로 선택해야 한다.

04 ② BPR에 대한 설명이다.

05 ① 재무제표는 업종과 관계없이 기업회계기준에 의거하여 작성된다.

06 • 기업회계기준상 수익은 실현되었거나 또는 실현가능한 시점에 인식하는 실현주의를 원칙으로 하며, 제품·상품 또는 기타 자산이 현금 또는 현금청구권과 교환되는 시점에 실현되었다고 인식한다.
  ② 2021년 12월 29일 납품한 물품(자산)이 2022년 1월 15일 대금을 회수할 수 있는 현금청구권으로 교환된 거래이므로 교환시점인 2021년 12월 29일에 매출(수익)을 인식하여야 한다.

07 ③ 기타의대손상각비는 영업외비용이다.
  ① 감가상각비, ② 복리후생비, ④ 접대비는 판매비와관리비에 속한다.

08 ② 회계의 순환과정 중 가장 먼저 해야 할 것은 분개이다.

※ 회계순환과정 : 전표 작성(분개) → 총계정원장에 전기 → 시산표 작성 → 재무제표 작성

09 ③ 세금과공과, 광고선전비, 대손상각비, 접대비는 모두 판매비와관리비이다.

① 유형자산처분손실, 재해손실은 영업외비용이다.

② 단기매매증권처분손실, 이자비용은 영업외비용이다.

④ 이자비용, 기부금, 단기매매증권처분손실, 기타의대손상각비는 영업외비용이다.

10 (차) 외상매입금(부채의 감소)   2,000,000   (대) 받을어음(자산의 감소)   2,000,000

11 • 기말 대손상각비(보충액) = 기말 대손충당금 설정액 150,000원 − (기초 대손충당금 300,000원 − 기중 대손발생액 280,000원) = 130,000원

12 • 현금및현금성자산 = 현금 1,700,000원 + 당좌예금 3,000,000원 + 보통예금 2,000,000원 = 6,700,000원

13 ④ 업무와 무관한 대여금에 대한 대손상각비는 기타의대손상각비로 영업외비용에 속한다.

14 • 재고자산회전율 = 260,000,000원/130,000,000원 = 2회

15 • 매도가능증권 취득원가 = (주식수 100주 × 시장가액 30,000원) + 수수료 20,000원 + 거래세 20,000원 = 3,025,000원

16 ④ (정액법) 잔존가치 증가 → 감가상각비(비용) 감소 → 당기순이익 증가

① 대손예상률 증가 → 대손상각비(비용) 증가 → 당기순이익 감소

② (정액법) 상각기간 단축 = 감가상각비(비용) 증가 → 당기순이익 감소

③ (정률법) 내용연수 단축 → 당기순이익 변화 없음

> • 정액법에 따른 유형자산 감가상각비 = (취득가액 − 잔존가액) ÷ 내용연수
> • 정액법에 따른 무형자산 감가상각비 = 취득가액 ÷ 상각기간
> • 정률법에 따른 유형자산 감가상각비 = (취득가액 − 감가상각누계액) × 상각률

17 • 자산 = 매출채권 500,000원 + 현금 150,000원 + 미수금 100,000원 + 대여금 200,000원 = 950,000원

• 부채 = 차입금 300,000원 + 매입채무 80,000원 = 380,000원

∴ 자본 = 자산 950,000원 − 부채 380,000원 = 570,000원

18 ③ 주당순이익은 주가수익률(PER) 계산의 기초자료가 된다.

※ 주가수익률(PER) = 현재 주가 ÷ 주당순이익(EPS)

19 • 당해 보험료(4개월분) = 1,500,000원 × 4/12 = 500,000원

20 ③ 매출원가는 손익계산서 구성항목이다.

실무문제

01	02	03	04	05	06	07	08	09	10
③	②	②	①	④	③	①	④	①	②

11	12	13	14	15	16	17	18	19	20
③	④	④	③	③	①	③	③	③	②

01 [시스템관리] – [회사등록정보] – [사원등록]

→ [부서 : 미지정]

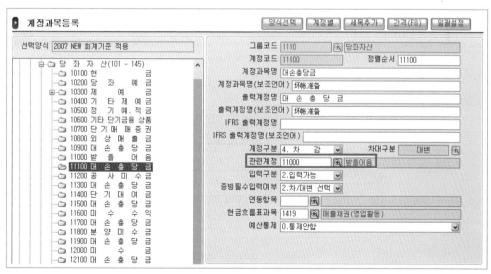

③ [사용자권한설정] 메뉴에서 권한을 부여받기 위해서는 사용자여부가 '여'로 설정되어야 한다. 당사의 사용자여부가 '여'로 설정된 사원은 현재 2명이다.

02 [시스템관리] – [기초정보관리] – [계정과목등록]

→ 해당 계정 확인

② [11100.대손충당금]은 [11000.받을어음] 계정의 차감계정이다.

03 [시스템관리] – [회사등록정보]

- [회사등록] → ① 회사등록
- [사업장등록] → ② 사업장등록
- [부서등록] – 상단 [부문등록] 클릭 → ③ 부문등록 → ④ 부서등록
- [사원등록] → ⑤ 사원등록

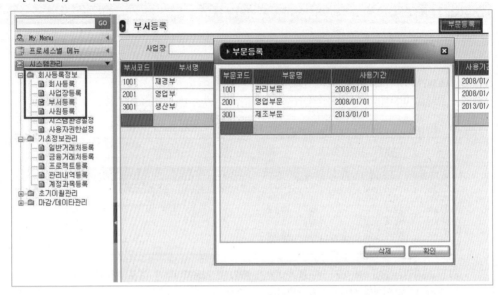

04 [회계관리] – [전표/장부관리] – [관리항목원장] – [잔액 탭]

→ [관리항목 : L1.차량번호] – [기표기간 : 2021/01/01 ～ 2021/06/30] – [계정과목 : 1.계정별/82200.차량유지비 ～ 82200.차량유지비]

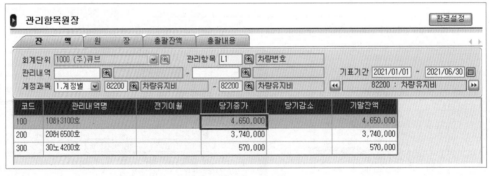

① 지출금액이 가장 큰 차량은 4,650,000원의 10하 3100호이다.

05 [회계관리] – [전표/장부관리] – [총계정원장] – [월별 탭]
→ [기간 : 2021/01 ~ 2021/06] – [계정과목 : 1.계정별/14600.상품 ~ 14600.상품]

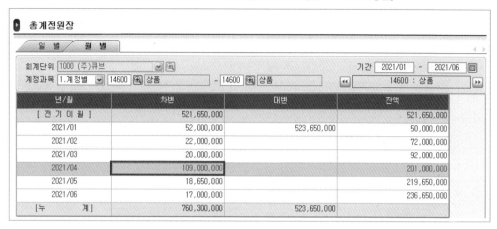

④ 매입금액이 가장 큰 달은 109,000,000원의 4월이다.

06 [회계관리] – [전표/장부관리] – [현금출납장] – [전체 탭]
→ [기표기간 : 2021/05/01 ~ 2021/05/31]

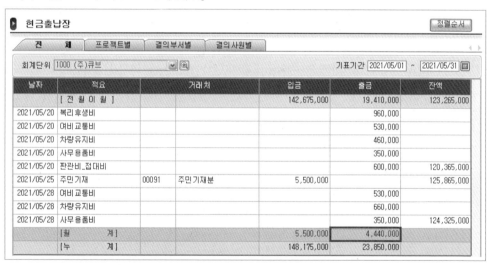

③ 5월 현금출금 누계액은 4,440,000원이다.

07 [회계관리] – [전표/장부관리] – [일월계표] – [월계표 탭]
→ [기간 : 2021/07 ~ 2021/12]

차 변			계정과목	대 변		
계	대체	현금		현금	대체	계
510,000,000	448,370,000	61,630,000	< 판 매 관 리 비 >			
186,000,000	186,000,000		직 원 급 여			
228,000,000	228,000,000		상 여 금			
27,960,000	12,650,000	15,310,000	복 리 후 생 비			
5,580,000		5,580,000	여 비 교 통 비			
17,730,000	13,320,000	4,410,000	접 대 비			
295,000		295,000	통 신 비			
285,000		285,000	수 도 광 열 비			
580,000		580,000	세 금 과 공 과 금			
6,000,000	6,000,000		지 급 임 차 료			
9,180,000		9,180,000	차 량 유 지 비			
5,590,000	500,000	5,090,000	사 무 용 품 비			
22,800,000	1,900,000	20,900,000	소 모 품 비			

① 사무용품비 현금지출액은 5,090,000원이다.

08 [회계관리] – [전표/장부관리] – [거래처원장] – [잔액 탭]
→ [계정과목 : 1.계정별/25100.외상매입금 ~ 25100.외상매입금] – [기표기간 : 2021/01/01 ~ 2021/01/01]

코드	거래처명	사업자번호	전기(월)이월	증가	감소	잔액
00004	(주)형광공업	104-21-40013	98,615,000			98,615,000
00009	(주)신흥전자	777-77-77770	5,500,000			5,500,000
00050	유신상사(주)	231-51-11665	17,280,000			17,280,000
00002	(주)주안실업	105-32-50316	10,600,000			10,600,000
00003	(주)한동테크	204-07-43008	36,623,000			36,623,000
00008	도민실업(주)	555-55-55553	78,000,000			78,000,000
00093	인천세관	444-44-44444	22,000,000			22,000,000

④ ㈜형광공업 : 98,615,000원

① ㈜신흥전자 : 5,500,000원

② ㈜주안실업 : 10,600,000원

③ ㈜한동테크 : 36,623,000원

09 [회계관리] – [결산/재무제표관리] – [재무상태표] – [관리용 탭]

→ [기간 : 2021/03/31]

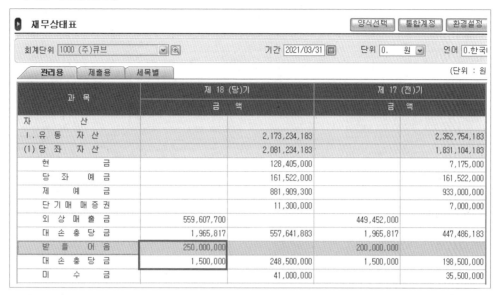

- 대손충당금 설정액 = 받을어음 잔액 250,000,000원 × 1% = 2,500,000원
- 대손상각비 = 설정액 2,500,000원 − 대손충당금 잔액 1,500,000원 = 1,000,000원

∴ (차) 대손상각비   1,000,000   (대) 대손충당금   1,000,000

10 [회계관리] – [자금관리] – [일자별자금계획입력] – [자금계획입력 탭]

→ [계획년월 : 2021/07] → 조회 후 상단 [고정자금] 클릭 – [자금계획입력–고정자금등록] 팝업창 확인

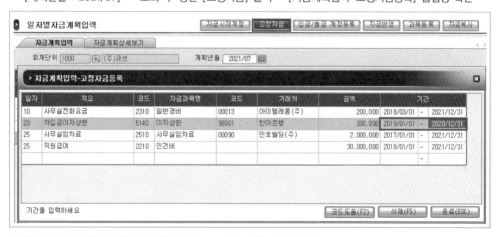

② [5410.이자상환]의 고정자금 반영기간은 2020년 12월 31일까지다.

11 [회계관리] - [결산/재무제표관리] - [기간별손익계산서] - [반기별 탭]
→ [기간 : 상반기 ~ 하반기] - [출력구분 : 0.계정별]

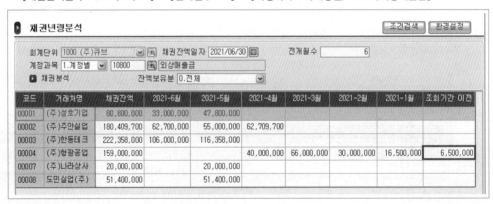

과 목	계	상반기	하반기	증감액	증감율(%)
Ⅳ.판 매 관 리 비	1,074,675,000	564,675,000	510,000,000	-54,675,000	-10
직 원 급 여	492,000,000	306,000,000	186,000,000	-120,000,000	-39
상 여 금	399,000,000	171,000,000	228,000,000	57,000,000	33
복 리 후 생 비	50,755,000	22,795,000	27,960,000	5,165,000	23
여 비 교 통 비	13,510,000	7,930,000	5,580,000	-2,350,000	-30
접 대 비	29,050,000	11,320,000	17,730,000	6,410,000	57
통 신 비	700,000	405,000	295,000	-110,000	-27
수 도 광 열 비	740,000	455,000	285,000	-170,000	-37
세 금 과 공 과 금	1,160,000	580,000	580,000		
지 급 임 차 료	12,000,000	6,000,000	6,000,000		
차 량 유 지 비	18,140,000	8,960,000	9,180,000	220,000	2
사 무 용 품 비	11,170,000	5,580,000	5,590,000	10,000	
소 모 품 비	46,450,000	23,650,000	22,800,000	-850,000	-4

③ 복리후생비의 증감율은 23%이다.

12 [회계관리] - [전표/장부관리] - [채권년령분석]
→ [채권잔액일자 : 2021/06/30] - [전개월수 : 6] - [계정과목 : 1.계정별/10800.외상매출금]

코드	거래처명	채권잔액	2021-6월	2021-5월	2021-4월	2021-3월	2021-2월	2021-1월	조회기간 이전
00001	(주)성호기업	80,800,000	33,000,000	47,800,000					
00002	(주)주안실업	180,409,700	62,700,000	55,000,000	62,709,700				
00003	(주)한동테크	222,358,000	106,000,000	116,358,000					
00004	(주)형광공업	159,000,000			40,000,000	66,000,000	30,000,000	16,500,000	6,500,000
00007	(주)나라상사	20,000,000		20,000,000					
00008	도민실업(주)	51,400,000		51,400,000					

④ 6개월을 초과하여 미회수된 채권은 ㈜형광공업에 존재한다.

13 [회계관리] – [결산/재무제표관리] – [재무상태표] – [관리용 탭]
→ [기간 : 2021/06/30]

- 비용 계상액 = 장부상 잔액 10,000,000원 – 기말 재고액 4,000,000원 = 6,000,000원

∴ (차) 소모품비 6,000,000 (대) 소모품 6,000,000

14 [회계관리] – [전표/장부관리] – [관리내역현황] – [잔액 탭]
→ [관리항목1 : D1.프로젝트] – [관리내역 : 1000.그룹웨어 ~ 1000.그룹웨어] – [관리항목2 : A1.거래처] –
[관리내역 : 00001.㈜성호기업 ~ 00001.㈜성호기업] – [기표기간 : 2021/01/01 ~ 2021/06/30] – [계정
과목 : 1.계정별/40100.상품매출]

③ ㈜성호기업과 거래에서 발생한 금액은 230,000,000원이다.

15 [회계관리] - [전표/장부관리] - [매입매출장] - [거래처별 탭]
→ [조회기간 : 신고기준일/2021/01/01 ~ 2021/03/31] - [출력구분 : 2.매입]

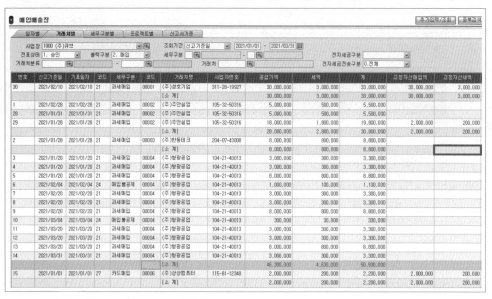

③ 고정자산매입세액이 없는 거래처는 ㈜한동테크이다.

16 [회계관리] - [전표/장부관리] - [매입매출장] - [거래처별 탭]
→ [조회기간 : 신고기준일/2021/04/01 ~ 2021/06/30] - [출력구분 : 1.매출] - [세무구분 : 13.면세매출 ~ 13.면세매출]

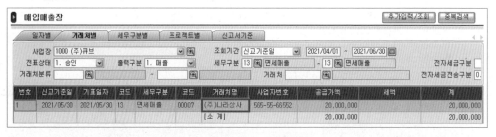

① ㈜나라상사와의 면세매출 거래가 2021년 5월 30일에 발생하였다.

17 [회계관리] – [부가가치세관리] – [건물등감가상각자산취득명세서]
→ [기간 : 2021/xx ~ 2021/xx] → 조회 후 상단 [불러오기] 클릭 → 팝업창 내용 확인

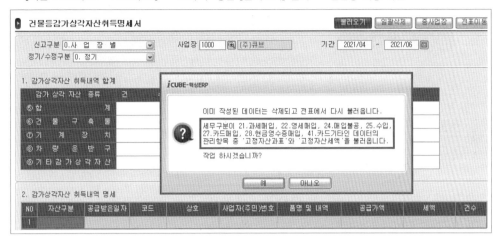

- 해당 세무구분은 '1.과세매입, 22.영세매입, 24.매입불공, 25.수입, 27.카드매입, 28.현금영수증매입, 41.카드기타'
  등이다.
③ 23.면세매입은 [건물등감가상각자산취득명세서]를 전표에서 불러올 때 해당하는 세무구분이 아니다.

18 [회계관리] – [부가가치세관리] – [신용카드발행집계표/수취명세서] – [신용카드/현금영수증수취명세서 탭]
→ [기간 : 2021/04 ~ 2021/06] → 조회 후 상단 [불러오기] 클릭 → 팝업창 [예] 클릭 → [신용카드등수취
명세서 탭]

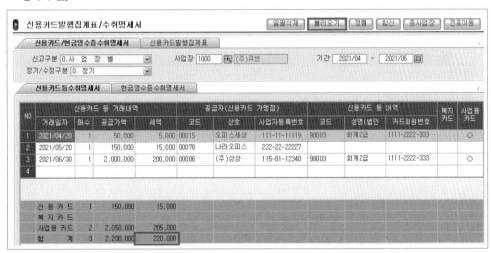

③ 카드매입세액은 220,000원이다.

19 [시스템관리] - [회사등록정보] - [사업장등록] - [기본등록사항 탭]

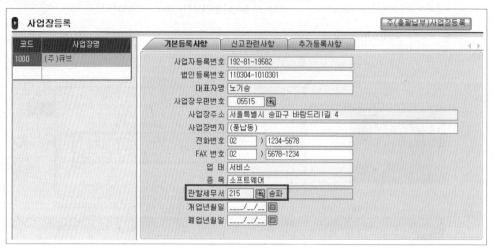

③ 관할세무서는 송파세무서이다.

20 [회계관리] - [전표/장부관리] - [매입매출장] - [신고서기준 탭]
→ [조회기간 : 신고기준일/2021/10/01 ~ 2021/12/31] - [출력구분 : 2.매입] → 조회 후 우측상단 [예정신고 누락분 조회] 클릭

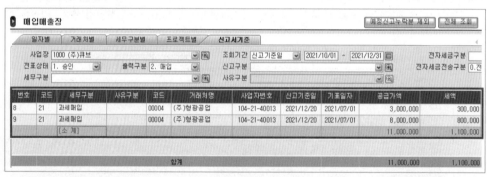

② 예정신고누락분은 2건이다.

이론문제

01	02	03	04	05	06	07	08	09	10
②	③	④	①	①	③	①	①	②	②
11	12	13	14	15	16	17	18	19	20
②	③	④	①	③	②	③	②	①	③

01 ② 상용화 패키지에 의한 ERP 시스템 구축은 이미 개발된 ERP 프로그램을 기업에 맞게 조정하여 사용하는 경우이므로 자체개발인력을 보유하지 않아도 성공적으로 구축할 수 있다.

02 ③ 조직원의 관리, 감독, 통제 기능 강화는 ERP의 목적과 거리가 멀다.
  • ERP의 도입 목적 : ERP 도입의 최종 목적은 고객만족과 이윤의 극대화다. 이 외에도 기업의 다양한 업무를 지원하며, 효율적 의사결정을 위한 지원기능, 통합정보시스템 구축, 선진업무 프로세스(Best Practice) 도입, 재고비용 절감, 정보공유, 투명경영이 가능하도록 하며 기업의 경쟁력을 강화하는 데 도입의 목적이 있다.

03 ④ 정보보호를 위한 닫혀 있는 업무환경 확보는 BPR의 필요성과 거리가 멀다.

BPR의 필요성
• 내·외부의 지속적인 경영환경 변화에 대한 대응
• 정보기술을 통한 새로운 기회 창출
• 조직의 복잡성 증대로 저하되는 경영 효율성에 대한 대처

04 ① ERP는 기업 내 각 단위별로 분산처리함과 동시에 중앙에서 각 단위의 기능들을 통합적으로 관리할 수 있게 해준다.

신기술과 융합한 미래 ERP 기대효과
1. 빅데이터 분석 가능
2. 과학적이고 합리적인 의사결정지원 가능
3. 생산자동화 구현 및 실시간 의사결정
4. 새로운 분야 개척 및 비즈니스 간 융합 지원
5. 상위 계층의 의사결정 지원

05 • 재무제표는 재무상태표, 손익계산서, 현금흐름표, 자본변동표, 주석으로 구성된다.

06 ③ 계약을 체결하는 것만으로는 회계상 거래라 할 수 없다.

07 ① 재무상태표는 일정시점의 재무상황을 나타낸다.

08 • 판매비와관리비 = 판매운송비 400,000원 + 광고선전비 350,000원 + 영업사원급여 200,000원 + 판매창고 임차료 310,000원 = 1,260,000원

※ 임대료 · 단기매매증권처분이익은 영업외수익이고, 이자비용 · 기부금은 영업외비용이다.

매출액	6,000,000원
− 매출원가	3,500,000원
매출총이익	2,500,000원
− 판매비와관리비	1,260,000원
영업이익	1,240,000원

09 • 당기상품순매입액 = 당기상품매입액 900,000원 − 매입에누리 80,000원 − 매입환출 10,000원 = 810,000원

∴ 매출원가 = 기초상품재고액 500,000원 + 당기상품순매입액 810,000원 − 기말상품재고액 250,000원
= 1,060,000원

10 • 기말수정분개

− (차) 보험료(비용)	9,000	(대) 선급보험료(자산)	9,000
− (차) 미수수익(자산)	6,000	(대) 임대료(수익)	6,000

※ 당해 보험료 = 총보험료 12,000원 × 9/12 = 9,000원
② 당기순이익은 3,000원 감소한다.

11 ② 거래처 직원과의 식사비용은 접대비로 처리한다.

12 • 결산수정분개

(차) 소모품	1,050,000	(대) 소모품비	1,050,000

※ 미사용액은 자산으로 결산수정분개한다.

13 • 매출채권처분손실 = 매출채권 2,190,000원 × 할인율 20% × 일할상각 60/365 = 72,000원

14 • 5월 1일 분개 : (차) 대손충당금 200,000 (대) 외상매출금 200,000

15 ③ 도착지인도조건에 대한 설명이다.
• 선적지인도조건의 경우 상품을 선적하는 시점에 해당 재고자산의 소유권이 매입자에게 이전된다.

16 • 1기 결산시점 감가상각비 = (장부가 10,000,000원 − 감가상각누계액 0원) × 상각률 0.45 = 4,500,000원
∴ 2기 결산시점 감가상각비 = (장부가 10,000,000원 − 감가상각누계액 4,500,000원) × 상각률 0.45
= 2,475,000원

17 ③ 감자차손 : 자본조정
① 해외사업환산손익 : 기타포괄손익누계액
②, ④ 주식발행초과금, 자기주식처분이익 : 자본잉여금

18 ② 이익준비금에 대한 설명이다.

19 ① 선수임대료는 기간 미경과분에 대한 임대료를 미리 지급받은 것으로 수익의 이연과 관련 있는 계정과목이다.

20 • 기말자본금 = 기초자본금 20,000,000원 + (당기 발생주식 5,000주 × 액면가 1,000원) = 25,000,000원

실무문제

01	02	03	04	05	06	07	08	09	10
④	③	③	①	④	④	③	③	②	④

11	12	13	14	15	16	17	18	19	20
③	②	②	④	①	④	③	①	①	③

01 [시스템관리] – [회사등록정보] – [사용자권한설정]
→ [모듈구분 : A.회계관리]

④ 현금출납장 메뉴는 사용할 수 없다.

02 [시스템관리] – [기초정보관리] – [계정과목등록]
→ [손익] – [판매관리비] – 해당 계정의 '증빙필수입력여부' 확인

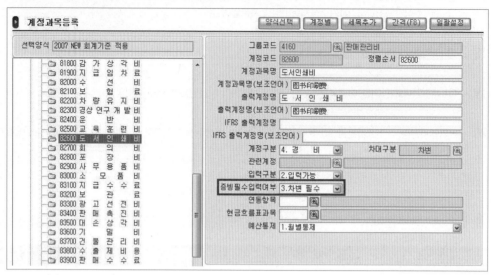

③ 82600.도서인쇄비는 전표입력 시 증빙을 필수로 입력하여야 한다.

03 [시스템관리] – [회사등록정보] – [시스템환경설정]
→ [조회구분 : 2.회계] – [회계/28/다국어재무제표 사용]

조회구분 `0. 전체`   환경요소

구분	코드	환경요소명	유형구분	유형설정	선택범위	비고
회계	21	예산관리여부	여부	1	여:1 부:0	
회계	22	입출금전표사용여부	여부	1	여:1 부:0	
회계	23	예산관리개시월	유형	01	예산개시월:01~12	
회계	24	거래처등록보조화면사용	여부	1	여:1 부:0	
회계	25	거래처코드자동부여	여부	0	0-사용않함, 3~10-자동부여자릿수	
회계	26	자산코드자동부여	여부	0	여:1 부:0	
회계	27	전표출력기본양식	유형	4	전표출력기본양식 1~15	
회계	28	다국어재무제표 사용	유형	3	0.사용안함 1.영어 2.일본어 3.중국어	
회계	29	등록자산상각방법	유형	2	1.상각안함 2.월할상각 3.반년법상각	
회계	30	처분자산상각방법	유형	2	1.상각안함 2.월할상각	

③ 다국어재무제표 유형은 3.중국어로 설정되어 있다.

04 [회계관리] – [고정자산관리] – [감가상각비현황] – [총괄 탭]
→ [경비구분 : 0.800번대] – [기간 : 2021/01 ~ 2021/03]

① 건물의 당기 감가상각비는 8,670,000원이다.

05 [회계관리] – [결산/재무제표관리] – [기간별손익계산서] – [반기별 탭]
→ [기간 : 상반기 ~ 하반기] – [출력구분 : 0.계정별]

① 복리후생비 증감액은 5,785,100원이다.

06 [회계관리] – [전표/장부관리] – [채권년령분석]
→ [채권잔액일자 : 2021/07/31] – [전개월수 : 7] – [계정과목 : 1.계정별/10800.외상매출금]

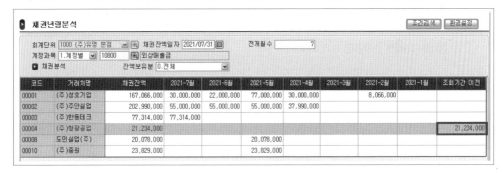

④ ㈜형광공업에 7개월 이상 회수되지 않은 외상매출금 21,234,000원이 존재한다.

07 [회계관리] – [전표/장부관리] – [거래처원장] – [잔액 탭]
→ [계정과목 : 1.계정별/10800.외상매출금 ~ 10800.외상매출금] – [기표기간 : 2021/01/01 ~ 2021/01/01]

코드	거래처명	사업자번호	전기(월)이월	증가	감소	잔액	거래처분류코드
00001	(주)성호기업	311-28-19927	83,366,000			83,366,000	1000
00002	(주)주안실업	105-32-50316	50,240,000			50,240,000	2000
00008	도민실업(주)	555-55-55553	4,678,000			4,678,000	2000
00010	(주)중원	652-11-12114	57,339,000			57,339,000	2000
00003	(주)한동테크	204-07-43008	120,114,000			120,114,000	3000
00004	(주)형광공업	104-21-40013	64,234,000			64,234,000	4000

③ ㈜한동테크가 120,114,000원으로 가장 크다.

08 [회계관리] – [예산관리] – [예산초과현황]
→ [조회기간 : 2021/01 ~ 2021/03] – [집행방식 : 1.결의집행] – [관리항목 : 0.부서별/1001.재경부]

예산초과현황

조회기간 2021/01 ~ 2021/03 / 과목구분 1. 예산과목 / 집행방식 1. 결의집행
관리항목 0.부서별 / 1001 재경부 / 표시구분 1. 모두 표시

코드	계정과목	신청예산	편성예산	실행예산	집행실적	차이	집행율(%)
80200	직원급여		120,000,000	120,000,000	60,000,000	60,000,000	50
80300	상여금		60,000,000	60,000,000		60,000,000	0
81100	복리후생비		9,000,000	9,000,000	5,270,000	3,730,000	59
81200	여비교통비		2,000,000	2,000,000	1,970,000	30,000	99
81300	접대비		5,000,000	5,000,000	3,430,000	1,570,000	69
81400	통신비		850,000	850,000	735,000	115,000	86
81500	수도광열비		900,000	900,000	695,000	205,000	77
81900	지급임차료		2,000,000	2,000,000		2,000,000	0
82100	보험료		10,000,000	10,000,000	5,200,000	4,800,000	52
82200	차량유지비		3,000,000	3,000,000	1,230,000	1,770,000	41
82900	사무용품비		2,000,000	2,000,000	710,000	1,290,000	36
83100	지급수수료		300,000	300,000	17,000	283,000	6

③ 접대비의 예산 집행율은 69%이다.

09 [회계관리] – [결산/재무제표관리] – [재무상태표] – [제출용 탭]
→ [기간 : 2021/06/30]

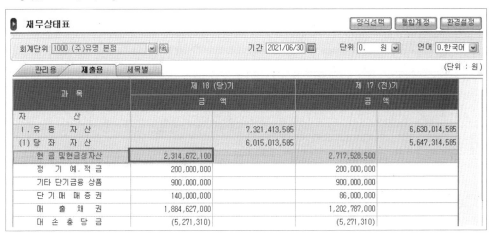

② 현금및현금성자산의 잔액은 2,314,672,100원이다.

10 [회계관리] – [업무용승용차관리] – [업무용승용차 차량등록]
→ 조회

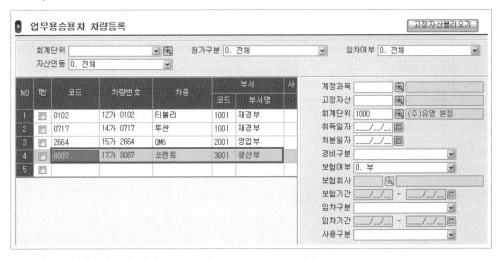

④ 생산부에서 관리하는 업무용승용차는 17가 8087 쏘렌토 차량이다.

11 [회계관리] – [자금관리] – [받을어음명세서] – [만기일별 탭]
→ [만기일 : 2021/04/01 ~ 2021/04/30]

③ 4월 만기 받을어음의 합계액은 30,000,000원이다.

12 [회계관리] – [전표/장부관리] – [전표승인해제]
→ [전표상태 : 미결] – [결의기간 : 2021/06/01 ~ 2021/06/30]

② 미결 전표는 4건이다.

13 [회계관리] – [자금관리] – [자금현황] – [총괄거래현황 탭]
→ [조회기간 : 2021/05/01 ~ 2021/05/31]

NO	구분	계좌번호	거래처	전일말잔액	차월한도	전일말가용	금일입금	금일출금	당일말자금
1	현금		현금	108,775,000		108,775,000	7,200,000	6,100,000	109,875,000
2	소계			108,775,000		108,775,000	7,200,000	6,100,000	109,875,000
3	보통예금		보통예금	2,612,708…		2,612,708…			2,612,708…
4	보통예금		한아은행	-292,439,…		-292,439,…		28,500,000	-320,939,…
5	보통예금	5236-5559-0024-8…	신안은행	-53,932,400		-53,932,400			-53,932,400
6	소계			2,266,337?		2,266,337?		28,500,000	2,237,837?

② 현금 계정의 가용자금금액은 109,875,000원이다.

14 [회계관리] – [전표/장부관리] – [현금출납장] – [전체 탭]
→ [기표기간 : 2021/03/01 ~ 2021/03/31]

날짜	적요	거래처		입금	출금	잔액
	[전 월 이 월]			109,320,000	2,495,000	106,825,000
2021/03/20		98001	한아은행	5,000,000		
2021/03/20	외상매입금 발생	00015	오피스세상		110,000	111,715,000
2021/03/25	판관비_사무용품비				250,000	
2021/03/25	판관비_여비교통비				1,160,000	
2021/03/25	판관비_복리후생비				960,000	
2021/03/25	판관비_통신비	00013	아이텔레콤(주)		330,000	
2021/03/25	판관비_수도광열비				240,000	
2021/03/25					20,000	108,755,000
2021/03/28	판관비_여비교통비				530,000	
2021/03/28	판관비_차량유지비				660,000	
2021/03/28	판관비_사무용품비				350,000	107,215,000
	[월 계]			5,000,000	4,610,000	
	[누 계]			114,320,000	7,105,000	

④ 3월의 입금액은 5,000,000원이고 출금액은 4,610,000원이다.

15 [회계관리] – [전표/장부관리] – [매입매출장] – [신고서기준 탭]
→ [조회기간 : 신고기준일/2021/10/01 ~ 2021/12/31] – [출력구분 : 2.매입] → 조회 후 우측상단 [예정신고누락분 조회] 클릭

번호	코드	세무구분	사유구분	코드	거래처명	사업자번호	신고기준일	기표일자	공급가액	세액	계
14	21	과세매입		00011	(주)현진자동차	565-55-66552	2021/12/14	2021/12/14	3,000,000	300,000	3,300,000
		[소 계]							3,000,000	300,000	3,300,000

① 예정신고누락분은 1건이다.

16 [회계관리] – [부가가치세관리] – [매입세액불공제내역]
→ [기간 : 2021/01 ~ 2021/03] → 조회 후 상단 [불러오기] 클릭 → 팝업창 [예] 클릭

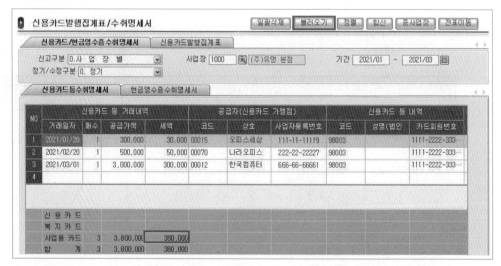

④ 매입세액 불공제 사유는 비영업용소형승용차구입 및 유지이다.

17 [회계관리] – [부가가치세관리] – [신용카드발행집계표/수취명세서] – [신용카드/현금영수증수취명세서 탭]
→ [기간 : 2021/01 ~ 2021/03] → 조회 후 상단 [불러오기] 클릭 → 팝업창 [예] 클릭 → [신용카드등수취
명세서 탭]

③ 사업용 신용카드 매입세액 합계액은 380,000원이다.

18 [회계관리] - [전표/장부관리] - [매입매출장] - [세무구분별 탭]
→ [조회기간 : 신고기준일/2021/01/01 ~ 2021/03/31] - [출력구분 : 1.매출]

① 매출처별 세금계산서합계표에는 '과세매출'과 '영세매출'의 내역이 반영되는데 해당 기간 내에는 '과세매출'만 발생되었다.

📗 세금계산서합계표 자료조회를 통한 세무구분 확인

[회계관리] - [부가가치세관리] - [세금계산서합계표]
→ [해당 문제에 따른 기간 및 구분 입력]

세금계산서합계표 하단에 위치한 [전자세금계산서분 탭]과 [전자세금계산서외 탭]의 각 회사를 지정한 후 상단의 [자료조회]를 클릭하면 각 회사별로 세금계산서합계표와 그 세무구분을 확인할 수 있다.
세무구분이 정확하게 기억나지 않을 경우, 해당 기간과 구분에 따라 조회된 세금계산서합계표의 모든 회사를 자료조회하여 세무구분을 확인하여 사용된 세무구분의 종류를 확인하면 된다.

---

19 [회계관리] – [부가가치세관리] – [건물등감가상각자산취득명세서]
→ [기간 : 2021/×× ~ 2021/××] → 조회 후 상단 [불러오기] 클릭 → 팝업창 내용 확인

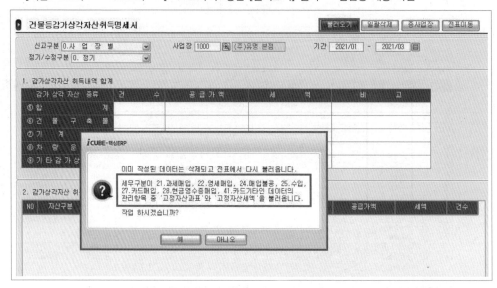

• 해당 세무구분은 '21.과세매입, 22.영세매입, 24.매입불공, 25.수입, 27.카드매입, 28.현금영수증매입, 41.카드기타' 등이다.
① 23.면세매입 [건물등감가상각자산취득명세서]를 전표에서 불러올 때 해당하는 세무구분이 아니다.

20 [회계관리] – [전표/장부관리] – [매입매출장] – [일자별 탭]
→ [조회기간 : 신고기준일/2021/01/01 ~ 2021/03/31] – [출력구분 : 2.매입]

번호	신고기준일	기표일자	적요	세무구분	코드	거래처명	사업자번호	공급가액	세액	계	고정자산매입액	고정자산세액
5	2021/01/28	2021/01/28	매입 부가세	[21]과세매입	00009	(주)신흥	777-77-77770	18,000,000	1,800,000	19,800,000		
6	2021/01/28	2021/01/28	매입 부가세	[21]과세매입	00010	(주)중원	652-11-12114	8,000,000	800,000	8,800,000		
7	2021/01/31	2021/01/31	매입 부가세	[21]과세매입	00050	유신상사(…	231-51-11665	2,000,000	200,000	2,200,000		
8	2021/01/31	2021/01/31	매입 부가세	[22]영세매입	00002	(주)주안	105-32-50316	5,000,000		5,000,000		
				[소 계]				38,300,000	3,330,000	41,630,000		
				[누 계]				38,300,000	3,330,000	41,630,000		
9	2021/02/10	2021/02/10	기계장치 구입	[21]과세매입	00007	나라상사(…	565-55-66552	20,000,000	2,000,000	22,000,000	20,000,000	2,000,000
10	2021/02/20	2021/02/20	매입 부가세	[21]과세매입	00020	정우실업(…	115-81-12340	3,000,000	300,000	3,300,000		
11	2021/02/20	2021/02/20	매입 부가세	[27]카드매입	00070	나라오피스	222-22-22227	500,000	50,000	550,000		
12	2021/02/20	2021/02/20	매입 부가세	[21]과세매입	00090	민호빌딩	111-11-11119	1,000,000	100,000	1,100,000		
13	2021/02/20	2021/02/20	매입 부가세	[21]과세매입	00010	(주)중원	652-11-12114	8,000,000	800,000	8,800,000		
				[소 계]				32,500,000	3,250,000	35,750,000	20,000,000	2,000,000
				[누 계]				70,800,000	6,580,000	77,380,000	20,000,000	2,000,000
14	2021/03/01	2021/03/01	매입 부가세	[27]카드매입	00012	한국컴퓨터	666-66-66661	3,000,000	300,000	3,300,000	3,000,000	300,000
15	2021/03/20	2021/03/20	매입 부가세	[28]현금영	00015	오피스세상	111-11-11119	100,000	10,000	110,000		
16	2021/03/20	2021/03/20	매입 부가세	[21]과세매입	00090	민호빌딩	111-11-11119	1,000,000	100,000	1,100,000		
17	2021/03/20	2021/03/20	매입 부가세	[21]과세매입	00020	정우실업(…	115-81-12340	8,000,000	800,000	8,800,000		
18	2021/03/28	2021/03/28	매입 부가세	[21]과세매입	00050	유신상사(…	231-51-11665	3,000,000	300,000	3,300,000		
19	2021/03/30	2021/03/30	매입 부가세	[21]과세매입	00009	(주)신흥	777-77-77770	130,000,000	13,000,000	143,000,000		
20	2021/03/31	2021/03/31	매입 부가세	[24]매입불	00011	(주)현진	565-55-66552	30,000,000	3,000,000	33,000,000		
21	2021/03/31	2021/03/31	사무용품비	[21]과세매입	00015	오피스세상	111-11-11119	600,000	60,000	660,000		
				[소 계]				175,700,000	17,570,000	193,270,000	3,000,000	300,000
				[누 계]				246,500,000	24,150,000	270,650,000	23,000,000	2,300,000
				[분 기 계]				246,500,000	24,150,000	270,650,000	23,000,000	2,300,000
			합계					246,500,000	24,150,000	270,650,000	23,000,000	2,300,000

③ 고정자산매입세액 합계는 2,300,000원이다.

정답 및 해설

이론문제

01	02	03	04	05	06	07	08	09	10
④	③	④	④	④	③	①	③	④	①

11	12	13	14	15	16	17	18	19	20
③	②	③	③	④	④	④	③	②	③

01 ④ ERP 도입 시에는 사이클 타임(Cycle Time)이 감소한다.

ERP 시스템 도입 시 예상효과
통합 업무시스템 구축, 재고물류비용 감소, 고객서비스 개선, 수익성 개선, 생산성 향상 및 매출증대, 비즈니스 프로세스 혁신, 생산계획의 소요기간 단축, 리드타임 감소, 결산작업 단축, 원가절감, 투명한 경영, 표준화 · 단순화 · 코드화, 사이클 타임 단축, 최신 정보기술 도입

02 ③ IT 아웃소싱 업체에 종속성(의존성)이 생기지 않는다.

ERP 시스템 획득과 IT 아웃소싱
• 기업이 가지고 있지 않은 지식 획득 가능 • 구축, 운영, 유지보수, 인적자원 절약 가능 • 기술력 부족의 위험요소 제거 가능 • 검증된 방법론으로 구현기간 단축 가능 • 검증된 기술과 기능으로 위험부담 감소 • 최신 기술이 적용된 패키지로 업그레이드 가능 • 아웃소싱 업체에 종속성이 생기지는 않음

03 ④ 사용자별로 업무의 범위를 사용권한으로 지정할 수 있다.

04 ④ 현재 업무프로세스를 유지하려 고집하면 안 된다.

ERP의 성공적인 구축을 위한 주요 요인

- 현재 업무프로세스를 유지하려 고집하면 안 된다.
- 사전준비가 철저히 필요하다.
- IT 중심의 프로젝트가 아닌 전사 차원의 프로젝트로 추진해야 한다.
- 소프트웨어 기능을 위주로 적용대상을 판단하면 안 된다.
- 충분한 교육이 필요하다.
- 효과를 단기간으로 측정하면 안 된다.
- 프로젝트 멤버는 현업 중심으로 구성한다.
- 최고 경영진도 적극적으로 참여해야 한다.
- 회사 전체의 통합적 개념으로 접근한다.
- 기업 업무프로세스 표준화가 선행되어야 한다.

05 ④ 제품 광고를 위하여 지급한 금액은 광고선전비로 자산이 아닌 비용이다.

06
- 기말자산 = 현금 500,000원 + 받을어음 800,000원 + 선급금 250,000원 + 상품 700,000원 + 건물 800,000원
  = 3,050,000원
- 기말부채 = 외상매입금 400,000원 + 미지급금 350,000원 + 단기차입금 350,000원 = 1,100,000원
- 기말자본 = 기말자산 3,050,000원 − 기말부채 1,100,000원 = 1,950,000원
∴ 당기순이익 = 기말자본 1,950,000원 − 기초자본 1,500,000원 = 450,000원

07
- 매출원가 = 기초상품재고액 6,000,000원 + 당기상품매입액 1,500,000원 − 기말상품재고액 3,600,000원
  = 3,900,000원
  ∴ 매출총이익 = 총매출액 5,000,000원 − 매출원가 3,900,000원 = 1,100,000원
- 판매비와관리비 = 종업원급여 500,000원 + 광고선전비 230,000원 + 통신비 210,000원 = 940,000원
  ∴ 영업이익 = 매출총이익 1,100,000 − 판매비와관리비 940,000원 = 160,000원

08 ③ 결산 시 단기매매증권의 평가손익은 당기손익 항목으로 계상한다.

09

가. (차) 현 금	450,000	(대) 대손충당금(증가)	450,000
나. (차) 당좌예금	500,000	(대) 선수금(증가)	500,000
다. (차) 외상매입금(감소)	300,000	(대) 받을어음(감소)	300,000

※ 전기 대손에 대한 당기 회수액은 대손충당금으로 처리하며 대손충당금은 자산의 차감계정으로 증가하는 경우 대변에 위치한다.

10
① 미수임대료 : 수익의 예상
② 선급이자 : 비용의 이연
③ 미지급보험료 : 비용의 예상
④ 선수이자 : 수익의 이연

11
- 현금과부족 계정은 그 원인이 밝혀지면 해당 계정으로 대체되게 되는데 결산시점까지 그 원인을 밝히지 못한 경우 잡이익 또는 잡손실 계정으로 대체된다.
- 현금과부족이 결산시점에 확인된 경우에는 현금과부족 계정의 사용을 생략하고 잡손실 또는 잡이익 계정을 바로 사용하게 된다.

  ∴ (차) 현 금　　　　　　　　　70,000　　　(대) 잡이익　　　　　　　　　70,000

12
- 대손충당금 기말잔액(설정액) = 기말 매출채권 잔액 5,000,000원 × 대손추정률 4% = 200,000원
- 대손상각비(보충액) = 기말 대손설정액 200,000원 − (기초 대손충당금 150,000원 − 기중 대손처리 100,000)
  = 150,000원
  ※ 기중 대손충당금을 초과하는 대손이 발생하지 않았으므로 당기 대손상각비는 대손충당금 보충액만큼 발생하였다.

13
- 기말재고수량 = 기초상품재고 100개 + 7일 매입 300개 + 25일 매입 110개 − 15일 매출 250개 = 260개
  ∴ 기말재고액 = (110개 × 530원) + (150개 × 510원) = 134,800원
  ※ 선입선출법을 따라 기말재고 260개는 늦게 매입된 25일 매입 110개와 7일 매입 150개로 구성됨

14
- 2020년 감가상각비 = (취득원가 20,000,000원 − 잔존가치 0원) ÷ 내용연수 5년 = 4,000,000원
- 2021년 감가상각비 = (취득원가 20,000,000원 − 잔존가치 0원) ÷ 내용연수 5년 × 월할상각 6개월/12개월
  = 2,000,000원
- 장부가액 = 취득원가 20,000,000원 − 감가상각누계액 6,000,000원 = 14,000,000원
  ∴ 유형자산처분손익 = 장부가액 14,000,000원 − 처분가액 12,000,000원 = 2,000,000원(손실)

15

> 영업권 = 합병 등의 대가로 지급한 금액 − 취득한 순자산의 공정가치

- 영업권 = 합병에 따른 지급액 20,000,000원 − (합병기업의 자산(공정가치) 13,000,000원 − 합병기업의 부채
  (공정가치) 8,000,000원) = 15,000,000원

16　④ 사채는 액면가액으로 만기상환한다.

17
- 기초자본금 = 기말자본금 50,000,000원 − 추가출자금 5,000,000원 − 당기순이익 4,500,000원 + 인출금
  3,000,000원 = 43,500,000원

18　③ 신입사원의 명함제작에 사용된 비용은 도서인쇄비에 해당한다.

19
- 매출원가 = 총매출액 2,000,000원 − 매출총이익 700,000원 = 1,300,000원
- 매출원가 1,300,000원 = 기초상품재고액 1,190,000원 + 당기상품매입액 610,000원 − 기말상품재고액
  ∴ 기말상품재고액 = 500,000원

20
- 외화환산손익 = (기말 환율 ₩1,200/$ − 입금 시 환율 ₩1,100/$) × 외화예금액 $20,000
  = 2,000,000원(외화환산이익)

실무문제

01	02	03	04	05	06	07	08	09	10
②	④	②	②	②	④	③	②	③	④

11	12	13	14	15	16	17	18	19	20
②	④	②	②	①	③	①	②	③	③

01 [시스템관리] – [회사등록정보] – [사용자권한설정]
→ [모듈구분 : A.회계관리]

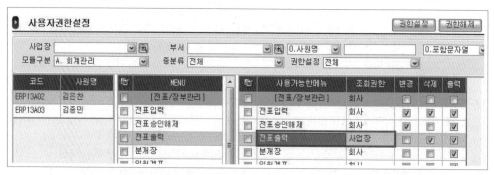

② [전표출력] 메뉴의 조회권한은 사업장에 있다.

02 [시스템관리] – [기초정보관리] – [계정과목등록]
→ [손익] – [판매관리비]

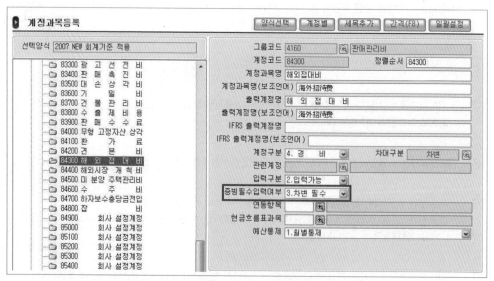

④ [84300.해외접대비] 계정 전표입력 시 증빙을 필수로 입력하여야 한다.

03 [시스템관리] – [회사등록정보]

- [회사등록] → ① 회사등록
- [사업장등록] → ② 사업장등록
- [부서등록] – 상단 [부문등록] 클릭 → ③ 부문등록 → ④ 부서등록
- [사원등록] → ⑤ 사원등록

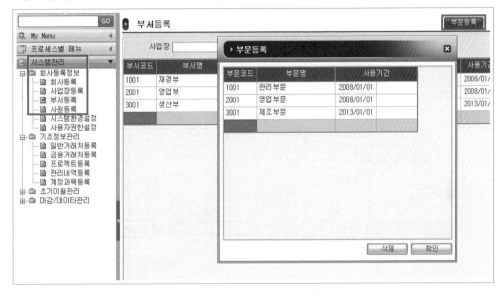

04 [회계관리] – [고정자산관리] – [감가상각비현황] – [총괄 탭]

→ [경비구분 : 0.800번대] – [기간 : 2021/04 ~ 2021/06]

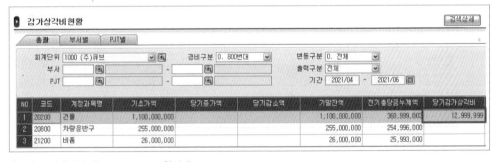

② 건물 감가상각비는 12,999,999원이다.

05 [회계관리] – [결산/재무제표관리] – [재무상태표] – [관리용 탭]
→ [기간 : 2021/03/31]

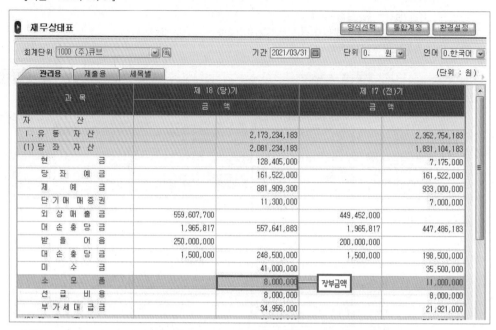

- 사용된 소모품 = 장부금액 8,000,000원 – 실제 재고액 4,500,000원 = 3,500,000원
- 사용된 소모품(자산)은 비용(소모품비)으로 처리

  (차) 소모품비   3,500,000   (대) 소모품   3,500,000

06 [회계관리] – [전표/장부관리] – [채권년령분석]
→ [채권잔액일자 : 2021/06/30] – [전개월수 : 6] – [계정과목 : 1.계정별/10800.외상매출금]

코드	거래처명	채권잔액	2021-6월	2021-5월	2021-4월	2021-3월	2021-2월	2021-1월	조회기간 이전
00001	(주)성호기업	80,800,000	33,000,000	47,800,000					
00002	(주)주안실업	180,409,700	62,700,000	55,000,000	62,709,700				
00003	(주)한동테크	222,358,000	106,000,000	116,358,000					
00004	(주)형광공업	159,000,000			40,000,000	66,000,000	30,000,000	16,500,000	6,500,000
00007	나라상사(주)	20,000,000		20,000,000					
00008	도민실업(주)	51,400,000		51,400,000					

④ ㈜형광공업이 6개월 이상 미회수된 채권 6,500,000원이 있다.

07 [회계관리] – [전표/장부관리] – [지출증빙서류검토표(관리용)] – [집계 탭]
→ [기표기간 : 2021/01/01 ~ 2021/12/31]

| 코드 | 표준과목명 | 계정금액 | 신용카드 | | 현금영수증 | 세금계산서 | 계산서 | 증빙 계 |
			법인	개인				
111	토지	1,000,000,000						
114	건물	240,000,000						
118	구축물	30,000,000				30,000,000		30,000,000
122	기계장치	30,000,000				30,000,000		30,000,000
134	차량운반구	49,500,000				49,500,000		49,500,000
149	기타유형자산	7,000,000	2,000,000			5,000,000		7,000,000
	[대차대조표 소계]	1,356,500,000	2,000,000			114,500,000		116,500,000
045	상품	511,650,000				511,650,000		511,650,000
079	복리후생비	50,755,000	500,000				250,000	750,000
080	여비교통비	13,510,000						
084	기타임차료(리스료포함)	12,000,000				12,000,000		12,000,000
085	접대비	29,050,000				4,980,000		4,980,000
090	세금과공과	1,160,000						
093	차량유지비(유류비 포함)	18,140,000						
108	소모품비	57,620,000	1,000,000		500,000	600,000		2,100,000
109	통신비	700,000						
114	수도광열비(전기료제외)	740,000						
	[손익계산서 소계]	695,325,000	1,500,000		500,000	529,230,000	250,000	531,480,000
051	원재료	2,000,000						
	[500번대 원가 소계]	2,000,000						
	합계	2,053,825,000	3,500,000	0	500,000	643,730,000	250,000	647,980,000

③ 세금계산서 합계액은 643,730,000원이다.

08 [회계관리] – [예산관리] – [예산초과현황]
→ [조회기간 : 2021/01 ~ 2021/03] – [집행방식 : 2.승인집행] – [관리항목 : 0.부서별/1001.재경부]

코드	계정과목	신청예산	편성예산	실행예산	집행실적	차이	집행율(%)
80200	직원급여	18,000,000	120,000,000	120,000,000	150,000,000	-30,000,000	125
81100	복리후생비		6,000,000	6,000,000	4,775,000	1,225,000	80
81200	여비교통비	4,000,000	3,000,000	3,000,000	3,190,000	-190,000	106
81300	접대비		6,000,000	6,000,000	3,530,000	2,470,000	59
81400	통신비				405,000	-405,000	0
81500	수도광열비				455,000	-455,000	0
82100	보험료	5,060,000					0
82200	차량유지비	600,000	1,200,000	1,200,000	1,230,000	-30,000	103
82900	사무용품비	1,200,000	1,600,000	1,600,000	990,000	610,000	62
83000	소모품비		6,000,000	6,000,000	5,950,000	50,000	99

② 2021년 1분기 사무용품비의 예산집행율은 62%이다.

09 [회계관리] – [결산/재무제표관리] – [기간별손익계산서] – [반기별 탭]
→ [기간 : 상반기 ~ 하반기] – [출력구분 : 0.계정별]

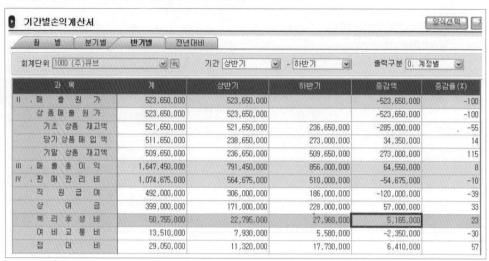

③ 복리후생비에 대한 반기별 증감액은 5,165,000원이다.

10 [회계관리] – [자금관리] – [자금현황] – [총괄거래현황 탭]
→ [조회기간 : 2021/01/01 ~ 2021/06/30]

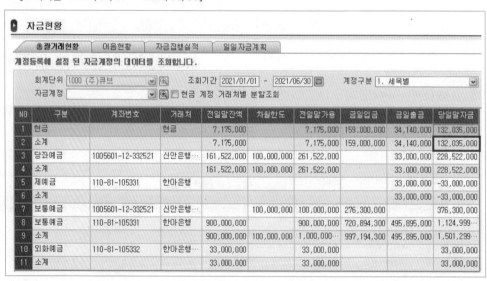

④ 6월 30일 현금 계정의 가용자금 금액은 132,035,000원이다.

11 [회계관리] – [결산/재무제표관리] – [관리항목별손익계산서] – [상단 탭 확인]

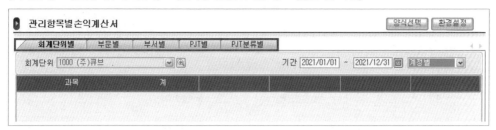

- [관리항목별손익계산서] 메뉴를 이용해 '회계단위별, 부문별, 부서별, 프로젝트별, 프로젝트분류별'로 원가를 산출할 수 있다.
② 비용센터별로는 원가를 산출할 수 없다.

12 [회계관리] – [전표/장부관리] – [일월계표] – [월계표 탭]
→ [기간 : 2021/01 ~ 2021/06]

④ [82200.차량유지비]가 6,840,000원으로 가장 많다.

13 [회계관리] – [전표/장부관리] – [거래처원장] – [잔액 탭]
→ [계정과목 : 1.계정별/10800.외상매출금 ~ 10800.외상매출금] – [기표기간 : 2021/01/01 ~ 2021/03/31]

② ㈜주안실업의 잔액이 234,799,700원으로 가장 많다.

14 [회계관리] – [전표/장부관리] – [현금출납장] – [전체 탭]
→ [기표기간 : 2021/02/01 ~ 2021/02/28]

날짜	적요		거래처	입금	출금	잔액
	[전 월 이 월]			10,175,000	5,300,000	4,875,000
2021/02/05	현금입금	98001	한아은행	500,000		5,375,000
2021/02/15	현금	98001	한아은행	2,000,000		7,375,000
2021/02/20	판관비_차량유지비				660,000	
2021/02/20	판관비_사무용품비				350,000	6,365,000
2021/02/28	현금입금	98001	한아은행	1,000,000		
2021/02/28	제조경비_여비교통비				840,000	
2021/02/28	제조경비_차량유지비				750,000	
2021/02/28	제조경비_사무용품비				350,000	5,425,000
	[월 계]			3,500,000	2,950,000	
	[누 계]			13,675,000	8,250,000	

② 입금액 : 3,500,000원, 출금액 : 2,950,000원

15 [회계관리] – [부가가치세관리] – [의제매입세액공제신청서] – [공제신고서 탭]

의제매입세액공제신청서

구 분 0.사 업 장 별   사 업 장 1000 (주)큐브   기 간 2021/01 ~ 2021/12
정기/수정구분 0. 정기

매입내역 | 공제신고서

2. 면세농산물등 매입가액 및 의제매입세액합계

구 분		매 입 처 수	건 수	매 입 금 액	공 제 율	의제매입세액	공제(납부) 할 세액
합 계							
사업자로부터 매 입 분	계산서						
	신용카드등						
농.어민 등으로부터 매입분							

① 23.면세매입, 26.의제매입세액등이 세무구분으로 사용된다.

16 [회계관리] − [전표/장부관리] − [매입매출장] − [신고서기준 탭]

→ [조회기간 : 신고기준일/2021/10/01 ~ 2021/12/31] − [출력구분 : 1.매출] → 조회 후 우측상단 [예정신고 누락분 조회] 클릭

③ 누락분이 발생한 거래처는 ㈜한동테크이다.

17 [회계관리] − [부가가치세관리] − [건물등감가상각자산취득명세서]

→ [기간 : 2021/×× ~ 2021/××] → 조회 후 상단 [불러오기] 클릭 → 팝업창 내용 확인

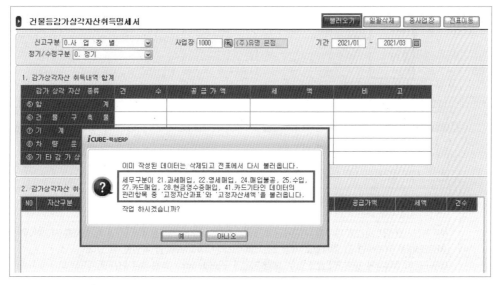

- 해당 세무구분은 '21.과세매입, 22.영세매입, 24.매입불공, 25.수입, 27.카드매입, 28.현금영수증매입, 41.카드기타' 등이다.
③ 23.면세매입은 해당하지 않는다.

18 [회계관리] – [전표/장부관리] – [매입매출장] – [세무구분별 탭]
→ [조회기간 : 신고기준일/2021/01/01 ~ 2021/03/31] – [출력구분 : 1.매출]

번호	코드	세무구분	사유구분	코드	거래처명	사업자번호	신고기준일	가표일자	공급가액	세액	계
1	11	과세매출		00001	(주)성호기업	311-28-19927	2021/01/10	2021/01/10	50,000,000	5,000,000	55,000,000
4	11	과세매출		00003	(주)한동테크	204-07-43008	2021/01/20	2021/01/20	50,000,000	5,000,000	55,000,000
5	11	과세매출		00001	(주)성호기업	311-28-19927	2021/01/25	2021/01/25	30,000,000	3,000,000	33,000,000
7	11	과세매출		00002	(주)주안실업	105-32-50316	2021/01/25	2021/01/25	50,000,000	5,000,000	55,000,000
8	11	과세매출		00002	(주)주안실업	105-32-50316	2021/01/31	2021/01/31	10,000,000	1,000,000	11,000,000
9	11	과세매출		00004	(주)형광공업	104-21-40013	2021/01/31	2021/01/31	5,000,000	1,500,000	6,500,000
10	11	과세매출		00002	(주)주안실업	105-32-50316	2021/01/31	2021/01/31	35,000,000	3,500,000	38,500,000
11	11	과세매출		00001	(주)성호기업	311-28-19927	2021/02/25	2021/02/25	50,000,000	5,000,000	55,000,000
12	11	과세매출		00003	(주)한동테크	204-07-43008	2021/02/25	2021/02/25	90,000,000	9,000,000	99,000,000
13	11	과세매출		00002	(주)주안실업	105-32-50316	2021/02/25	2021/02/25	25,000,000	2,500,000	27,500,000
14	11	과세매출		00002	(주)주안실업	105-32-50316	2021/02/28	2021/02/28	15,000,000	1,500,000	16,500,000
15	11	과세매출		00004	(주)형광공업	104-21-40013	2021/02/28	2021/02/28	25,000,000	5,000,000	30,000,000
16	11	과세매출		00003	(주)한동테크	204-07-43008	2021/02/28	2021/02/28	10,500,000	1,050,000	11,550,000
17	11	과세매출		00001	(주)성호기업	311-28-19927	2021/03/25	2021/03/25	30,000,000	3,000,000	33,000,000
18	11	과세매출		00002	(주)주안실업	105-32-50316	2021/03/25	2021/03/25	25,000,000	2,500,000	27,500,000
19	11	과세매출		00002	(주)주안실업	105-32-50316	2021/03/28	2021/03/28	15,000,000	1,500,000	16,500,000
20	11	과세매출		00003	(주)한동테크	204-07-43008	2021/03/31	2021/03/31	35,000,000	3,500,000	38,500,000
21	11	과세매출		00004	(주)형광공업	104-21-40013	2021/03/31	2021/03/31	60,000,000	6,000,000	66,000,000
		[소 계]							610,500,000	64,550,000	675,050,000
2	12	영세매출		00003	(주)한동테크	204-07-43008	2021/01/10	2021/01/10	5,000,000		5,000,000
6	12	영세매출		00003	(주)한동테크	204-07-43008	2021/01/25	2021/01/25	9,000,000		9,000,000
		[소 계]							14,000,000		14,000,000
3	17	카드매출		98003	신안카드(매입)		2021/01/10	2021/01/10	5,000,000	500,000	5,500,000
		[소 계]							5,000,000	500,000	5,500,000

- [매출처별세금계산서합계표]에는 '11.과세매출'과 '12.영세매출'의 내역이 반영된다. 따라서 해당 기간 내에는 2개의 세무구분이 모두 사용되었다.

📖 세금계산서합계표 자료조회를 통한 세무구분 확인

[회계관리] – [부가가치세관리] – [세금계산서합계표]
→ [해당 문제에 따른 기간 및 구분 입력]

세금계산서합계표 하단에 위치한 [전자세금계산서분 탭]과 [전자세금계산서외 탭]의 각 회사를 지정한 후 상단의 [자료조회]를 클릭하면 각 회사별로 세금계산서합계표와 그 세무구분을 확인할 수 있다.
세무구분이 정확하게 기억나지 않을 경우, 해당 기간과 구분에 따라 조회된 세금계산서합계표의 모든 회사를 자료조회하여 세무구분을 확인하여 사용된 세무구분의 종류를 확인하면 된다.

19 [시스템관리] – [회사등록정보] – [사업장등록] – [신고관련사항 탭]

③ 주업종코드는 722000.정보통신업이다.

20 [회계관리] – [전표/장부관리] – [매입매출장] – [거래처별 탭]
→ [조회기간 : 신고기준일/2021/01/01 ~ 2021/03/31] – [출력구분 : 2.매입]

③ ㈜한동테크는 고정자산매입세액이 존재하지 않는다.

이론문제

01	02	03	04	05	06	07	08	09	10
②	①	④	③	②	③	②	②	②	③

11	12	13	14	15	16	17	18	19	20
②	②	④	①	②	②	①	③	③	①

01 ② BPR : 원가, 품질, 서비스, 속도와 같은 주요 성과측정치의 극적인 개선을 위해 업무프로세스를 급진적으로 재설계하는 것
  ① BSC : 과거의 성과에 대한 재무적인 측정지표에 추가하여 미래성과를 창출하는 동안에 대한 측정지표인 고객, 공급자, 종업원, 프로세스 및 혁신에 대한 지표를 통하여 미래가치를 창출하도록 관리하는 시스템
  ③ CALS : 제품의 계획, 설계, 조달, 생산, 사후관리, 폐기 등 전 과정에서 발생하는 모든 정보를 디지털화해 관련기업 간에 공유할 수 있도록 하는 정보시스템
  ④ EIS : 최고 경영진에게 전략적인 의사 결정에 필요한 정보를 제공하는 체계를 일컫는 사업용어

02 ① 성과측정관리(BSC)는 전략적기업경영(SEM) 시스템을 지원하기 위한 단위시스템이다.

e-Business 지원시스템을 구성하는 단위시스템	
• 지식경영시스템(KMS)	• 의사결정지원시스템(DDS)
• 경영자정보시스템(ELS)	• 고객관계관리시스템(CRM)
• 공급체인관리시스템(SCM)	• 전자상거래시스템(EC)

03 ④ 통합시스템의 효율적 관리가 가능해진다.

04 ③ 데이터베이스 클라우드 서비스와 스토리지 클라우드 서비스는 IaaS에 속한다.

05 ② 소액인 업무용 비품 구입 시 비용으로 처리하나 자산으로 처리하나 손익에 미치는 영향이 미미하며, 도리어 구입 시 자산으로 처리한 후 사용분을 비용으로 구분처리하는 경우에는 그 효익이 떨어지므로 중요성 원칙에 따라 구입 시 비용으로 처리한다.
  ※ 중요성의 원칙 : 의사결정에 영향을 미치는 중요성이 큰 정보에 대해서는 엄격한 회계기준을 적용하지만 상대적으로 중요성이 적은 정보에 대해서는 간단하고 명료하게 기록한다.

06 ③ 재무상태표 : 일정시점을 중심으로 기업의 정보를 불특정 다수의 이해관계자들에게 전달하는 보고서
① 자본변동표 : 일정기간 동안 자기자본 총액의 변동내역을 한눈에 볼 수 있게 만든 재무제표
② 손익계산서 : 일정기간 동안 회사가 달성한 경영성과를 나타내는 보고서
④ 현금흐름표 : 일정기간 동안 기업의 영업활동, 투자활동, 재무활동별 현금성자산 변동에 관한 정보를 제공하는 재무제표

07 • 기초자본 = 기초자산 5,000,000원 − 기초부채 4,000,000원 = 1,000,000원
• 기말자본 = 기말자산 15,000,000원 − 기말부채 6,200,000원 = 8,800,000원
• 당기순이익 = 기말자본 8,800,000원 − 기초자본 1,000,000원 = 7,800,000원
∴ 총비용 = 총수익 8,100,000원 − 당기순이익 7,800,000원 = 300,000원

08 • 상품매출원가(가) = 기초상품재고액 200,000원 + 상품매입액 450,000원 − 기말상품재고액 150,000원
= 500,000원
• 당기순이익(나) = 매출액 630,000원 − 매출원가 500,000원 − 판매비와관리비 30,000원
= 100,000원

09 ② 계약, 주문, 채용 등 자산, 부채, 자본의 변동이 없는 거래는 회계상의 거래가 아니다.

10 • 보충액 = 기말추계액 12,000,000원 − (기초 10,000,000원 − 당기지급 8,000,000원) = 10,000,000원
∴ 결산 시   (차) 퇴직급여   10,000,000   (대) 퇴직급여충당부채   10,000,000

11 ② 주요 장부는 분개장, 총계정원장이 해당한다.

12 • 기타의대손상각비는 일반적인 상거래 이외에서 발생한 채권을 대상으로 한다.
∴ 기타의대손상각비 = (미수금 600,000원 + 대여금 2,000,000원) × 대손상각률 1% = 26,000원

13 ④ 당점발행수표는 당좌예금 계정으로 처리한다.

14 • 당좌예금 잔액 = (기초 5,000,000원 + 입금 3,000,000원) − 출금 3,400,000원 = 4,600,000원
∴ 당좌차월(단기차입금) = 수표발행 6,000,000원 − 당좌예금 잔액 4,600,000원 = 1,400,000원

15 • 단기매매증권처분손익 = 처분가액 100,000원 − 장부가액 180,000원 = △80,000원(손실)

16 • 대손충당금 설정액 = 매출채권 50,000,000원 × 1% = 500,000원
• 대손상각비 = 대손충당금 설정액 500,000원 − 대손충당금 잔액 300,000원 = 200,000원
∴ (차) 대손상각비   200,000   (대) 대손충당금   200,000

17 • 기말재고 = 기초재고 5억원 + 매입액 10억원 − 매출원가 12억원 = 3억원

18 ③ 난방장치의 설치는 해당 자산의 가치를 증대시키는 자본적지출이다.
• 타이어의 교체, 페인트 공사, 마모된 부품 교체는 일반적으로 능률유지(현상유지)를 위한 지출로 보아 수익적
지출로 처리한다.

19 ③ 미지급금, 선수금, 선수수익, 예수금은 모두 부채이다.
① 선급금은 자산이다.
②, ④ 미수금은 자산이다.

20 ① 기타의대손상각비는 영업외비용으로 처리한다.
② 도서인쇄비와 ④ 보험료는 판매비와관리비로 처리한다.
③ 매입 시 발생한 부대비용은 매입원가에 포함된다.

실무문제

01	02	03	04	05	06	07	08	09	10
④	④	③	②	①	①	①	③	②	④

11	12	13	14	15	16	17	18	19	20
④	③	①	④	④	①	①	④	②	②

01 [시스템관리] − [회사등록정보] − [사용자권한설정]
→ [모듈구분 : A.회계관리] − [김종민 사원 선택]

④ [사용가능한메뉴]란에 [현금출납장] 메뉴는 없다.

02 [시스템관리] – [기초정보관리] – [계정과목등록]
→ [당좌자산(101 ~ 145) 선택] – [11100.대손충당금 선택]

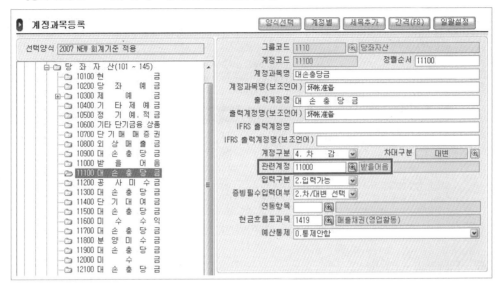

④ [11100.대손충당금] 계정은 [11000.받을어음] 계정의 차감계정이다.

03 [시스템관리] – [회사등록정보] – [시스템환경설정]
→ [조회구분 : 2.회계]

시스템환경설정

조회구분 2. 회계   환경요소

구분	코드	환경요소명	유형구분	유형설정	선택범위	비고
회계	20	예산통제구분	유형	1	0.결의부서 1.사용부서 2.프로젝트	
회계	21	예산관리여부	여부	0	여:1 부:0	
회계	22	입출금전표사용여부	여부	1	여:1 부:0	
회계	23	예산관리개시월	유형	01	예산개시월 :01~12	
회계	24	거래처등록보조화면사용	여부	1	여:1 부:0	
회계	25	거래처코드자동부여	여부	0	0-사용않함, 3~10-자동부여자릿수	
회계	26	자산코드자동부여	여부	0	여:1 부:0	
회계	27	전표출력기본양식	유형	4	전표출력기본양식 1~15	
회계	28	다국어재무제표 사용	유형	3	0.사용안함 1.영어 2.일본어 3.중국어	
회계	29	등록자산상각방법	유형	2	1.상각안함 2.월할상각 3.반년법상각	
회계	30	처분자산상각방법	유형	2	1.상각안함 2.월할상각	
회계	31	부가가치세 신고유형	유형	0	0.사업장별 신고 1.사업자단위 신고(페…	
회계	32	전표입력 품의내역검색 조회…	여부	0	0-사용자 조회권한 적용,1-미적용	
회계	34	전표복사사용여부	여부	1	0.미사용1.사용	
회계	35	금융CMS연동	유형	88	00.일반,03.기업,05.KEB하나(CMS플러스)…	
회계	37	거래처코드자동부여 코드값…	유형	0	0 - 최대값 채번, 1 - 최소값 채번	
회계	39	고정자산 비망가액 존재여부	여부	1	여:1 부:0	
회계	41	고정자산 상각완료 시점까지…	여부	0	1.여 0.부	
회계	45	거래처등록의 [프로젝트/부…	유형	2	0.적용안함, 1.[빠른부가세]입력만 적용…	

③ 사용부서별로 예산을 통제한다.

04 [회계관리] – [전표/장부관리] – [거래처원장] – [잔액 탭]
→ [계정과목 : 1.계정별/10800.외상매출금 ~ 10800.외상매출금] – [기표기간 : 2021/01/01 ~ 2021/03/31]

코드	거래처명	사업자번호	전기(월)이월	증가	감소	잔액
00001	(주)성호기업	311-28-19927	83,366,000	66,000,000	25,000,000	124,366,000
00002	(주)주안실업	105-32-50316	50,240,000	123,750,000	45,000,000	128,990,000
00008	도민실업(주)	555-55-55553	15,200,000		4,800,000	10,400,000
00010	(주)중원	652-11-12114	123,590,000	38,500,000	105,600,000	56,490,000
00003	(주)한동테크	204-07-43008	120,114,000	63,200,000	90,000,000	93,314,000
00004	(주)형광공업	104-21-40013	-12,539,000		26,500,000	-39,039,000

② 외상매출금의 잔액이 가장 큰 거래처는 ㈜주안실업(128,990,000원)이다.

05 [회계관리] – [예산관리]

① 예산관리는 [예산신청] → [예산편성] → [예산조정] 프로세스 순으로 진행된다.

06 [회계관리] – [결산/재무제표관리] – [재무상태표] – [관리용 탭]
→ [기간 : 2021/06/30]

재무상태표

회계단위 1000 (주)유명 본점   기간 2021/06/30   단위 0. 원   언어 0.한국(

관리용 | 제출용 | 세목별   (단위 : 원)

과 목	제 18 (당)기		제 17 (전)기	
	금 액		금 액	
자 산				
Ⅰ.유 동 자 산		7,321,413,585		6,630,014,585
(1) 당 좌 자 산		6,015,013,585		5,647,314,585
현 금		114,335,000		104,820,000
제 예 금		2,200,337,100		2,612,708,500
정 기 예. 적 금		200,000,000		200,000,000
기타 단기금융 상품		900,000,000		900,000,000
단 기 매 매 증 권		140,000,000		86,000,000
외 상 매 출 금	776,011,000		379,971,000	
대 손 충 당 금	2,951,310	773,059,690	2,951,310	377,019,690
받 을 어 음	674,300,000		394,000,000	
대 손 충 당 금	2,320,000	671,980,000	2,320,000	391,680,000

- 대손충당금 설정액 = 받을어음 잔액 674,300,000원 × 2% = 13,486,000원
- 대손상각비 = 대손충당금 설정액 13,486,000원 − 대손충당금 잔액 2,320,000원 = 11,166,000원

∴ (차) 대손상각비   11,166,000   (대) 대손충당금   11,166,000

07 [회계관리] − [전표/장부관리] − [관리항목원장] − [잔액 탭]
→ [관리항목 : L1.업무용승용차] − [기표기간 : 2021/01/01 ~ 2021/06/30] − [계정과목 : 1.계정별/82200.차량유지비 ~ 82200.차량유지비]

코드	관리내역명	전기이월	당기증가	당기감소	기말잔액
[코드없음]			800,000		800,000
0102	12가 0102		1,240,000		1,240,000
0717	14가 0717		810,000		810,000
2664	15가 2664		400,000		400,000
8087	17가 8087		720,000		720,000

① [12가 0102] 차량이 1,240,000원으로 지출금액이 가장 크다.

08 [회계관리] − [결산/재무제표관리] − [재무상태표] − [제출용 탭]
→ [기간 : 2021/03/31]

과 목	제 18 (당)기 금 액	제 17 (전)기 금 액
자 산		
Ⅰ. 유 동 자 산	6,739,473,585	6,630,014,585
(1) 당 좌 자 산	5,562,773,585	5,647,314,585
현금및현금성자산	2,380,172,100	2,717,528,500
정 기 예, 적 금	200,000,000	200,000,000
기타 단기금융 상품	900,000,000	900,000,000

③ 현금및현금성자산의 잔액은 2,380,172,100원이다.

09 [회계관리] – [전표/장부관리] – [지출증빙서류검토표(관리용)] – [집계 탭]
→ [기표기간 : 2021/01/01 ～ 2021/12/31]

지출증빙서류검토표(관리용)   계정설정 증빙설정 비고설정

| 집계 | 상세내역 |

회계단위 1000 (주)유명 본점　　기표기간 2021/01/01 ～ 2021/12/31
결의부서　　　작성자　　　재무제표 0. 전체

코드	표준과목명	계정금액	신용카드 법인	신용카드 개인	현금영수증	세금계산서	계산서
122	기계장치	20,000,000				20,000,000	
134	차량운반구	104,500,000				104,500,000	
149	기타유형자산	6,000,000	1,000,000			2,000,000	
	[대차대조표 소계]	130,500,000	1,000,000			126,500,000	
045	상품	972,300,000				912,300,000	
078	보험료	50,680,000					
079	복리후생비	52,955,100	230,000				
080	여비교통비	12,910,000	100,000				
084	기타임차료(리스료포함)	11,350,000				11,350,000	
085	접대비	28,130,000				2,200,000	
090	세금과공과	456,000					456,000
093	차량유지비(유류비 포함)	15,700,000		1,670,000			
105	국내지급수수료	17,000					
108	소모품비	19,300,000	1,300,000			600,000	
109	통신비	2,795,000					
110	운반비	330,000					
114	수도광열비(전기료제외)	1,998,000					
	[손익계산서 소계]	1,168,921,100	1,630,000	1,670,000		926,450,000	456,000
051	원재료	2,400,000					
	[500번대 원가 소계]	2,400,000					
	합계	1,301,821,100	2,630,000	1,670,000	0	1,052,950,000	456,000

② 세금계산서 합계금액은 1,052,950,000원이다.

10 [회계관리] – [고정자산관리] – [고정자산변동현황]
→ [기간 : 2021/01 ～ 2021/01]

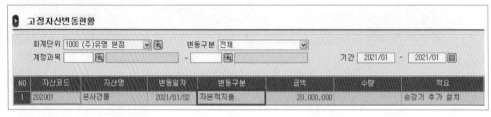

④ 변동구분은 자본적지출이다.

11 [회계관리] – [결산/재무제표관리] – [재무상태표] – [관리용 탭]
→ [기간 : 2021/03/31]

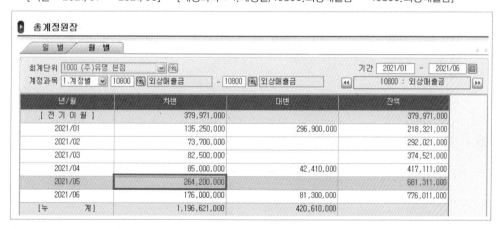

• 사용된 소모품 = 장부금액 10,500,000원 – 실제 잔액 4,500,000원 = 6,000,000원

④ 결산수정분개 : (차) 소모품비　　　　　6,000,000　　　(대) 소모품　　　　　　6,000,000

12 [회계관리] – [전표/장부관리] – [총계정원장] – [월별 탭]
→ [기간 : 2021/01 ~ 2021/06] – [계정과목 : 1.계정별/10800.외상매출금 ~ 10800.외상매출금]

년/월	차변	대변	잔액
[전 기 이 월]	379,971,000		379,971,000
2021/01	135,250,000	296,900,000	218,321,000
2021/02	73,700,000		292,021,000
2021/03	82,500,000		374,521,000
2021/04	85,000,000	42,410,000	417,111,000
2021/05	264,200,000		681,311,000
2021/06	176,000,000	81,300,000	776,011,000
[누　　　계]	1,196,621,000	420,610,000	

③ 5월이 264,200,000원으로 가장 크다.

13 [회계관리] – [전표/장부관리] – [일월계표] – [월계표 탭]
→ [기간 : 2021/07 ~ 2021/09]

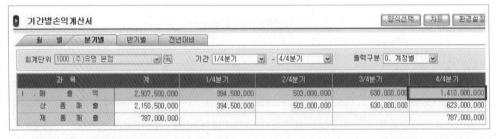

차 변			계정과목	대 변		
계	대체	현금		현금	대체	계
324,196,100	307,886,100	16,310,000	< 판 매 관 리 비 >			
78,000,000	78,000,000		직 원 급 여			
199,500,000	199,500,000		상 여 금			
14,190,100	6,800,100	7,390,000	복 리 후 생 비			
3,180,000	1,590,000	1,590,000	여 비 교 통 비			
6,520,000	6,520,000		접 대 비			
1,060,000	400,000	660,000	통 신 비			
400,000		400,000	수 도 광 열 비			
456,000	456,000		세 금 과 공 과 금			
2,350,000	2,350,000		지 급 임 차 료			
11,400,000	9,500,000	1,900,000	보 험 료			
4,640,000	1,320,000	3,320,000	차 량 유 지 비			
2,500,000	1,450,000	1,050,000	사 무 용 품 비			
2,378,561,100	2,358,936,100	19,625,000	< 금 월 소 계 >	14,000,000	2,358,936,100	2,372,936,100

① [81100.복리후생비]의 현금지출이 7,390,000원으로 가장 많았다.

14 [회계관리] – [결산/재무제표관리] – [기간별손익계산서] – [분기별 탭]
→ [기간 : 1/4분기 ~ 4/4분기] – [출력구분 : 0.계정별]

과 목	계	1/4분기	2/4분기	3/4분기	4/4분기
Ⅰ. 매 출 액	2,937,500,000	394,500,000	503,000,000	630,000,000	1,410,000,000
상 품 매 출	2,150,500,000	394,500,000	503,000,000	630,000,000	623,000,000
제 품 매 출	787,000,000				787,000,000

④ 4/4분기가 1,410,000,000원으로 가장 높다.

15 ④ 신용(법인)카드로 결제한 사항은 신용카드매출전표등 수령명세서를 첨부하여야 한다.

16 [회계관리] - [부가가치세관리] - [의제매입세액공제신청서] - [공제신고서 탭]

① 23.면세매입, 26.의제매입세액등이 세무구분으로 사용된다.

17 [회계관리] - [전표/장부관리] - [매입매출장] - [세무구분별 탭]
→ [조회기간 : 신고기준일/2021/07/01 ~ 2021/09/30] - [출력구분 : 1.매출] - [세무구분 : 12.영세매출 ~ 12.영세매출]

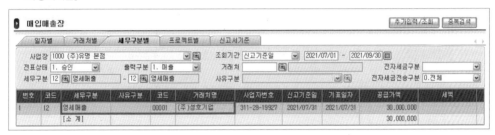

① 영세매출이 발생한 거래처는 ㈜성호기업이다.

18 [회계관리] – [부가가치세관리] – [매입세액불공제내역]
→ [기간 : 2021/01 ~ 2021/03] → 조회 후 상단 [불러오기] 클릭 → 팝업창 [예] 클릭

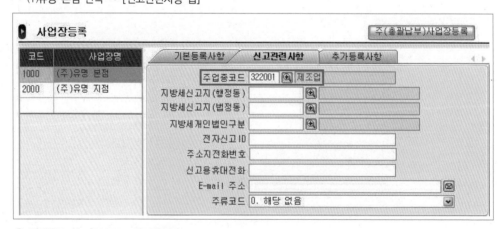

④ [비영업용소형승용차구입 및 유지] 사유로 불공제되었다.

19 [시스템관리] – [회사등록정보] – [사업장등록]
→ ㈜유명 본점 선택 → [신고관련사항 탭]

② 주업종코드는 [322001.제조업]이다.

20 [회계관리] – [부가가치세관리] – [건물등감가상각자산취득명세서]
→ [기간 : 2021/01 ~ 2021/03] → 조회 후 상단 [불러오기] 클릭 → 팝업창 [예] 클릭

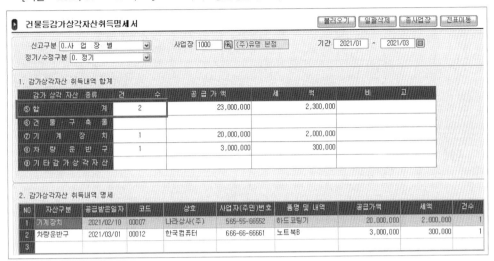

② 2건이다.

제4편

최신 기출

▶ 정답 및 해설 p.254

이론문제

01 ERP 도입의 예상효과로 가장 적절하지 않은 것은?

① 투명한 경영
② 결산작업의 단축
③ 사이클 타임(Cycle Time) 감소
④ 개별 업무시스템 효율적 운영

02 다음 중 ERP의 기능적 특징으로 적절하지 않은 것은?

① 객체지향기술 사용
② 경영정보 제공 및 경영조기경보체계 구축
③ 중복업무 배제 및 실시간 정보처리체계 구축
④ 표준을 지향하는 선진화된 최고의 실용성을 수용

03 ERP의 특징에 관한 설명 중 가장 적절하지 않은 것은?

① 세계적인 표준업무절차를 반영하여 기업 조직구성원의 업무수준이 상향 평준화된다.
② ERP시스템의 안정적인 운영을 위하여 특정 H/W와 S/W업체를 중심으로 개발되고 있다.
③ 정확한 회계데이터 관리로 인하여 분식결산 등을 사전에 방지하는 수단으로 활용이 가능하다.
④ Parameter 설정에 의해 기업의 고유한 업무환경을 반영하게 되어 단기간에 ERP 도입이 가능하다.

04 ERP 도입 기업의 사원들을 위한 ERP 교육을 계획할 때 고려사항으로 가장 적절하지 않은 것은?

① 전사적인 참여가 필요함을 강조한다.
② 지속적인 교육이 필요함을 강조한다.
③ 최대한 ERP 커스터마이징이 필요함을 강조한다.
④ 자료의 정확성을 위한 철저한 관리가 필요함을 강조한다.

05 현금흐름표에 관한 설명으로 가장 적절하지 않은 것은?

① 현금흐름은 영업활동, 재무활동, 투자활동으로 구분하여 보고한다.

② 현금흐름표는 일정기간 동안 기업의 현금흐름과 일정시점의 현금보유액을 나타내는 재무제표다.

③ 재무활동이란 현금의 차입 및 상환활동, 신주발행이나 배당금의 지급활동과 같이 부채 및 자본 계정에 영향을 미치는 거래다.

④ 영업활동이란 현금의 대여와 회수활동, 유가증권, 투자자산, 유형자산 및 무형자산의 취득과 처분과 같이 영업을 준비하는 활동이다.

06 재무상태표의 기본구조에 관한 설명으로 가장 적절하지 않은 것은?

① 유동자산은 당좌자산과 재고자산으로 구분한다.

② 비유동자산은 투자자산, 유형자산, 무형자산으로만 구분한다.

③ 자산과 부채는 유동성이 큰 항목부터 배열하는 것을 원칙으로 한다.

④ 자본은 자본금, 자본잉여금, 자본조정, 기타포괄손익누계액, 이익잉여금(또는 결손금)으로 구분한다.

07 [보기]는 ㈜생산의 손익계산서 자료다. ㈜생산의 영업이익은 얼마인가? [보기]에서 제시한 자료만 가지고 정답을 구하시오.

[보기]

손익계산서

비 용	금액(원)	수 익	금액(원)
매출원가	200,000	제품매출	500,000
급 여	150,000		
복리후생비	20,000		
기부금	40,000		
당기순이익	90,000		
합 계	500,000	합 계	500,000

① 90,000원

② 130,000원

③ 150,000원

④ 300,000원

08 차변과 대변에 기록될 계정과목으로 가장 적절하지 않은 것은?

① (차) 선급금　　　　(대) 선수금
② (차) 미수금　　　　(대) 미지급금
③ (차) 대여금　　　　(대) 차입금
④ (차) 임대보증금　　(대) 임차보증금

09 [보기]의 거래내용을 나타내는 계정과목으로 가장 적절한 것은?

┌─ [보기] ──────────────────────────────────────
│ A : 사무실에서 사용하는 사무용품 등의 구매금액
│ B : 사무용으로 활용하는 컴퓨터, 프린터, 책상 등의 구매금액
└──

① A : 소모품비　　　B : 비 품
② A : 접대비　　　　B : 비 품
③ A : 미수금　　　　B : 광고선전비
④ A : 복리후생비　　B : 단기차입금

10 회계용어에 대한 설명 중 가장 적절하지 않은 것은?

① 회계 기말에 모든 장부를 마감하여 일정시점의 재무상태와 일정기간 동안의 경영성과를 정확하게 파악하는 것을 결산이라 한다.
② 자산, 부채, 자본의 증감변화와 수익, 비용의 발생을 구체적인 항목을 세워 기록, 계산, 정리하기 위하여 설정된 단위를 계정이라 한다.
③ 거래가 발생하여 어느 계정에 기입하고, 그 계정의 어느 (차/대)변에 기입할 것인가, 얼마의 금액을 기입할 것인가를 미리 결정하는 절차를 전기라 한다.
④ 모든 거래는 어떤 계정의 차변과 다른 계정의 대변에 같은 금액을 기입하므로, 많은 거래가 기입되더라도 차변합계액과 대변합계액이 항상 일치하는 것을 대차평균의 원리라 한다.

11 자산항목 중 유동성이 높은 순서대로 나열한 것을 고르시오.

① 상 품 > 토 지 > 미수금
② 상 품 > 미수금 > 토 지
③ 외상매출금 > 토 지 > 제 품
④ 외상매출금 > 제 품 > 기계장치

12 [보기]의 내용을 결산 시 회계처리로 가장 적절한 것은?

┌─ [보기] ────────────────────────────────────┐
│ • 결산 시 현재 보유 중인 단기매매증권은 2023년 3월 1일 주식 50주다. │
│ • 취득금액이 주당 5,000원이고 결산일 현재 공정가치가 주당 4,500원이다. │
└──┘

① (차) 단기매매증권   25,000원   (대) 단기매매증권평가이익   25,000원
② (차) 단기매매증권평가손실   225,000원   (대) 단기매매증권   225,000원
③ (차) 단기매매증권   225,000원   (대) 단기매매증권평가이익   225,000원
④ (차) 단기매매증권평가손실   25,000원   (대) 단기매매증권   25,000원

13 [보기]는 ㈜생산의 대손충당금 자료다. ㈜생산의 결산시점 대손충당금 잔액은 얼마인가?

┌─ [보기] ────────────────────────────────────┐
│ • 기초 대손충당금 잔액은 50,000원 │
│ • 당기 중 매출채권 20,000원 대손처리 │
│ • 기말결산 시 대손상각비 15,000원 추가계상 │
└──┘

① 10,000원   ② 15,000원
③ 30,000원   ④ 45,000원

14 [보기]는 ㈜생산의 5월 중 상품매매 관련 자료다. 선입선출법에 의해 계산한 ㈜생산의 5월말 재고 금액은 얼마인가? 단, 계속기록법에 의한다.

┌─[보기]───┐

일 자	내 역	수 량	단 가
5월 1일	전월이월	200개	2,000원
5월 2일	매 입	300개	3,000원
5월 3일	매 출	400개	4,000원

└───┘

① 200,000원　　　　　　　　　② 300,000원
③ 400,000원　　　　　　　　　④ 500,000원

15 ㈜생산성은 회사사옥 건립을 목적으로 기존건물이 있는 토지를 400,000원에 취득했다. 해당 토지의 취득과정에서 [보기]와 같이 추가지출과 수입이 발생을 때 토지의 취득원가는 얼마인가?

┌─[보기]───┐

• 기존건물 철거비용 　　　 : 15,000원
• 취득세와 등록세 　　　 : 9,000원
• 철거건물 부산물 매각액 : 5,000원
• 토지의 구획정리비용 　　 : 4,000원

└───┘

① 403,000원　　　　　　　　　② 423,000원
③ 443,000원　　　　　　　　　④ 473,000원

16 [보기]에서 제시된 상품매매와 관련된 자료를 활용하여 계산한 매입채무 잔액은 얼마인가? 단, 기초 매입채무는 잔액이 없었다.

┌─[보기]───┐

• 현금매입액 　　　　　　　　 : 　 80,000원
• 외상매입액 　　　　　　　　 : 500,000원
• 외상대금 현금상환액 　　　 : 200,000원
• 외상대금 조기상환에 따른 할인액 : 　 10,000원

└───┘

① 210,000원　　　　　　　　　② 280,000원
③ 290,000원　　　　　　　　　④ 500,000원

17 자본의 구성요소에 관한 설명으로 가장 적절하지 않은 것은?

① 자본금은 발행주식 액면금액의 합계액이다.
② 자본조정에는 주식할인발행차금, 자기주식 등이 있다.
③ 자본잉여금은 자본거래로 인한 자본의 증가분으로서 주식발행초과금, 감자차손 등이 있다.
④ 이익잉여금은 손익거래에서 벌어들인 이익 중 배당 등으로 유출되지 않고 사내에 남아 있는 것이다.

18 수익과 비용에 대한 설명으로 가장 옳지 않은 것은?

① 수익은 실현주의에 따라 인식한다.
② 비용은 수익비용 대응의 원칙에 따라 인식한다.
③ 수익은 기업의 통상적인 경영활동에서 발생하는 경제적 효익의 총유출을 의미한다.
④ 비용은 기업의 주된 영업활동에서 발생한 비용과 일시적 또는 우연적인 거래로부터 발생하는 손실로 분류된다.

19 [보기]에 제시된 자료 중 영업외비용은 총 얼마인가?

┌─[보기]───┐
│   │
│ • 급 여   : 1,000,000원   • 배당금수익   : 200,000원 │
│ • 감가상각비   :   180,000원   • 이자비용   : 150,000원 │
│ • 외화환산손실 :   240,000원   • 단기매매증권평가손실 : 300,000원 │
│ • 접대비   :   200,000원   • 기부금   : 250,000원 │
│   │
└──┘

① 450,000원   ② 540,000원
③ 690,000원   ④ 940,000원

20 [보기]의 자료를 근거로 회계처리할 경우 감자차익은 얼마인가?

┌─[보기]───┐
│   │
│ • 감자주식 수 : 100주   │
│ • 주당 액면가액 : 7,000원   │
│ • 주식구입 현금지급액 : 500,000원   │
│   │
└──┘

① 200,000원   ② 500,000원
③ 700,000원   ④ 1,200,000원

실무문제

로그인 정보

회사코드	1005	사원코드	ERP13A02
회사명	회계2급 회사B	사원명	김은찬

01 당사의 회계 관련 시스템환경설정으로 옳지 않은 것을 고르시오.

① 중국어로 된 재무제표를 조회할 수 있다.
② 고정자산 처분 시 월할상각 방식으로 상각한다.
③ [전표입력] 메뉴에서 전표복사 기능을 사용할 수 있다.
④ 자산등록 시 코드는 자동부여하지 않고 사용자가 직접 입력한다.

02 다음 사원 중 [1001.재경부]에 소속되지 않은 사원을 고르시오.

① [ERP13A03.김종민]   ② [ERP13A04.신서율]
③ [ERP13A05.박혜수]   ④ [ERP13A06.김지중]

03 당사의 계정과목에 대한 설명 중 옳지 않은 것을 고르시오

① [11100.대손충당금]은 [11000.받을어음]의 차감계정이다.
② [81300.접대비] 계정은 세목으로 세분화하여 관리하고 있다.
③ [10800.외상매출금] 계정은 거래처별로 이월하도록 설정했다.
④ [96100.자산수증이익] 계정은 전표입력 시 금융거래처를 필수로 등록하도록 설정했다.

04 다음 [보기]의 내용을 참고하여 [고정자산등록] 메뉴에 입력한 후 해당 입력자산의 당기 일반상각비 금액을 조회하면 얼마인가?

┌─ [보기] ─────────────────────────────────┐
│ • 회계단위 : ㈜큐브   • 자산유형 : 비 품   │
│ • 자산코드 : 21203   • 자산명   : 복합기   │
│ • 취득금액 : 5,000,000원   • 취득일   : 2023/01/01   │
│ • 상각방법 : 정액법   • 내용연수 : 5년   │
│ • 경비구분 : 800번대   • 관리부서 : 재경부   │
└──────────────────────────────────────┘

① 416,000원   ② 1,000,000원
③ 4,000,000원   ④ 5,000,000원

05 당사는 여비교통비(판매관리비) 입력 시 관리항목으로 프로젝트와 사용부서를 입력했다. ㈜큐브의 2023년 1분기 사용된 여비교통비(판매관리비) 중 프로젝트가 [1000.그룹웨어]이며 사용부서가 [1001.재경부]로 관리항목이 입력된 금액은 얼마인가?

① 830,000원   ② 1,700,000원
③ 2,740,000원   ④ 4,750,000원

06 ㈜큐브는 선급비용에 대해서 기간비용을 관리하고 있다. ㈜큐브의 2023년 12월 말 결산 시 당기비용으로 인식해야 할 금액은 얼마인가?

① 611,516원   ② 5,976,968원
③ 6,588,484원   ④ 7,200,000원

07 ㈜큐브의 2023년 1분기 손익계산서에 대한 설명 중 옳지 않은 것은 무엇인가?

① 제품매출액은 651,500,000원이다.
② 2023년 1분기에 발생한 영업외수익은 없다.
③ 2022년에서 이월된 상품이 509,650,000원 존재한다.
④ 판매관리비 중 복리후생비는 9,735,000원 발생했다.

08 ㈜큐브의 2023년 상반기 중 외상매출금 회수금액이 발생하지 않은 월은 언제인가?

① 1월   ② 2월
③ 3월   ④ 4월

09 ㈜큐브의 2023년 3월 31일 기준 외상매출금의 대손충당금 잔액은 얼마인가?

① 1,500,000원   ② 1,965,817원

③ 2,280,000원   ④ 6,965,817원

10 ㈜큐브는 2023년 1년간의 지출증빙서류검토표를 작성하려고 한다. 각 증빙별 합계금액으로 옳지 않은 것을 고르시오.

① 계산서 : 250,000원   ② 현금영수증 : 500,000원

③ 세금계산서 : 531,480,000원   ④ 신용카드(법인) : 3,500,000원

11 ㈜큐브는 업무용승용차를 사원별로 관리하고 있다. 다음 중 [ERP13A04.신서율] 사원이 관리하고 있는 업무용승용차의 차량번호를 고르시오.

① 12A 8087   ② 12B 0927

③ 12B 0316   ④ 13B 0717

12 ㈜큐브는 2023년 10월 2일 우리소프트㈜ 거래처에 상품매출 후 받을어음(자가202302200003)을 받았다. 해당 어음의 만기일은 언제인가?

① 2023년 10월 2일   ② 2023년 11월 11일

③ 2023년 12월 16일   ④ 2023년 12월 25일

13 ㈜큐브는 매월 수입 및 지출에 대해 일자별 자금계획을 수립하고 있다. 2023년 5월 고정적으로 지출되는 금액은 2023년 4월과 비교하여 얼마나 감소했는가?

① 200,000원
② 300,000원
③ 500,000원
④ 2,200,000원

14 당사는 예산을 사용부서별로 관리하고 있다. '재경부'에 예산편성된 계정과목 중 2023년 1월의 편성예산이 신청예산보다 큰 계정과목을 고르시오.

① [81100.복리후생비]
② [81200.여비교통비]
③ [81400.통신비]
④ [83000.소모품비]

15 ㈜큐브의 2023년 2기 부가가치세 확정신고 시 매입에 대한 예정신고누락분이 발생한 거래처는 어디인가?

① ㈜성호기업
② ㈜신흥전자
③ ㈜주안실업
④ ㈜형광공업

16 ㈜큐브의 2023년 1기 부가가치세 확정신고기간에 발생한 매출거래 중 대금을 현금으로 받아 현금 영수증을 발행해준 거래처는 어디인가?

① ㈜성호기업
② ㈜신흥전자
③ ㈜주안실업
④ ㈜형광공업

17 ㈜큐브의 2023년 2기 부가가치세 예정신고에 대한 설명으로 옳지 않은 것은 무엇인가?

① 고정자산 매입세액이 존재한다.
② 영세매출 후 세금계산서를 발행한 내역이 존재한다.
③ 관할세무서인 송파세무서에 부가가치세 신고 및 납부한다.
④ 매입세액보다 매출세액이 더 많아 부가가치세 납부대상이다.

18 ㈜큐브의 2023년 1기 부가가치세 예정신고 시 수출실적명세서에 작성될 수출재화의 외화금액은 얼마인가?

① 10,000달러
② 12,000달러
③ 20,000달러
④ 41,000달러

19 ㈜큐브의 2023년 2기 부가가치세 예정신고 시 [매입처별 세금계산서합계표]에 반영될 세무구분은 몇 개인가?

① 1개
② 2개
③ 3개
④ 4개

20 다음 중 ㈜큐브의 2023년 2기 부가가치세 확정신고기간에 '사업용신용카드'로 분류된 카드를 사용하여 매입한 매입세액은 얼마인가?

① 10,000원
② 12,000원
③ 22,000원
④ 40,000원

정답 및 해설

이론문제

01	02	03	04	05	06	07	08	09	10
④	①	②	③	④	②	②	④	①	③
11	12	13	14	15	16	17	18	19	20
④	④	④	②	②	③	③	③	④	①

01 ④ 통합 업무시스템 구축으로 효율적 운영이 가능해진다.

ERP 도입의 예상 효과	
• 통합 업무시스템 구축	• 생산성 향상 및 매출 증대
• 효율적인 재고관리 가능	• 비즈니스 프로세스 혁신
• 물류비용 감소	• 리드타임(Lead Time) 감소
• 원가 절감	• 결산작업 단축
• 고객서비스 개선	• 사이클타임(Cycle Time) 감소
• 수익성 개선	• 경영투명성 확보
• 필요 인력 및 자원 절약	• 표준화, 단순화, 코드화

02 ① 객체지향기술(Object Oriented Technology)의 사용은 ERP의 기능적 특징이 아닌 기술적 특징으로서 공통된 속성과 형태를 가진 데이터와 프로그램을 결합하여 모듈화한 뒤 이를 다시 결합해 소프트웨어를 개발하는 기술이다.

기능적 특징	기술적 특성
• 다국적, 다통화, 다언어 지원	• 4세대 언어 사용
• 중복업무의 배제 및 실시간 정보처리체계 구축	• 관계형 데이터베이스 채택
• 표준을 지향하는 선진화된 최고의 실용성 수용	• 객체지향기술 사용
• BPR 지원	• 인터넷환경의 E-Biz 수용
• 파라미터 지정에 의한 프로세스의 정의	
• 경영정보 제공 및 경영조기경보체제 구축	
• 투명경영의 수단으로 활용	
• 오픈 멀티-벤더	

03 ② ERP 시스템의 안정적인 운영을 위해 사용자 중심으로 개발되고 있다.

04 ③ ERP 선택 및 도입 시 커스터마이징(Customizing)을 최소화해야 한다.

05 ④ 현금의 대여와 회수활동, 유가증권, 투자자산, 유형자산 및 무형자산의 취득과 처분과 같이 영업을 준비하는 활동은 투자활동이다.

06 ② 비유동자산은 투자자산, 유형자산, 무형자산, 기타비유동자산으로 구분한다.

07 ·   매출액
   – 매출원가
      매출총이익
   – 판매비와관리비
     영업이익
   + 영업외손익
      법인세차감전순이익
   – 법인세비용
      당기순이익

- 매출총이익 = 매출액 500,000원 – 매출원가 200,000원 = 300,000원
- 판매비와관리비 = 급여 150,000원 + 복리후생비 20,000원 = 170,000원
- ② 영업이익 = 매출총이익 300,000원 – 판매비와관리비 170,000원 = 130,000원

08 ④ 임대보증금은 부채로 대변, 임차보증금은 자산으로 차변에 기록한다.

09 ① 사무실에서는 구입하는 사무용품 등의 구입금액은 소모품비(비용) 계정, 사무용으로 사용하는 컴퓨터·프린터·책상·의자 등의 구매금액은 비품(자산) 계정으로 회계처리한다.

10 ③ 거래가 발생했을 때 어느 계정을 어느 (차,대)변에 기입하며 얼마의 금액을 기입할 것인가를 미리 결정하는 절차를 분개라고 한다.
- 전기란 각 분개를 해당 원장에 옮겨 적는 것으로서 분개의 차변에 있는 계정을 당해 계정의 차변에 기입하고, 대변에 있는 계정을 당해 계정 대변에 기입한다.

11 ④ 자산의 유동성은 '당좌자산 > 재고자산 > 유형자산' 순이다.
- 유동성이 높은 자산으로는 현금과 요구불예금, 저축성예금, 매출채권 등이 있고, 2년 이상 금융상품과 채권, 주식, 부동산 등은 유동성이 낮은 자산이다.

12 · 단기매매증권 평가손익 = 50주 × (취득금액 5,000원 – 공정가치 4,500원) = 25,000원(손실)
④ 단기매매증권의 평가손실은 비용처리(영업외비용, 차변)한다.

13 ④ 기말 대손충당금 잔액 = 기초 50,000원 – 당기 대손 20,000원 + 기말 추가계상 15,000원
                 = 45,000원

14 ② 5월 말 재고금액 = 100개 × 3,000원 = 300,000원
- 판매된 400개 중 200개는 전월이월된 수량에서 판매되었고, 나머지 200개는 5월 2일 매입분에서 판매된 것이므로 남은 수량은 5월 2일 100개다.

15 ② 토지의 취득원가 = 매입액 + 취득세·등록세 + 구획정리비 + (철거비 − 부산물 매각액)
= 400,000원 + 9,000원 + 4,000원 + (15,000원 − 5,000원)
= 423,000원
- 철거비용은 토지 취득원가에 가산하되, 만일 철거건물의 부산물 매각액이 있을 경우 이를 상계하고 남은 금액으로 한다.

16 ③ 매입채무 잔액 = 외상매입액 − 외상대금 현금상환액 − 외상대금 조기상환에 따른 할인액
= 500,000원 − 200,000원 − 10,000원
= 290,000원

17 ③ 자본잉여금에는 주식발행초과금, 자기주식처분이익, 감자차익 등이 있다.

18 ③ 수익은 기업의 통상적인 경영활동에서 발생하는 경제적 효익의 총유입을 의미하고, 비용은 경제적 효익의 총유출을 의미한다.

19 ④ 영업외비용 = 이자비용 + 외화환산손실 + 단기매매증권평가손실 + 기부금
= 150,000원 + 240,000원 + 300,000원 + 250,000원
= 940,000원
- 급여·접대비는 판매비와관리비이며, 배당금수익은 영업외수익이다.

20 ① 감자차익 = 감자할 자본금 700,000원 − 감자할 주식매입액 500,000원
= 200,000원

01	02	03	04	05	06	07	08	09	10
①	④	④	②	①	①	①	④	④	③
11	12	13	14	15	16	17	18	19	20
③	③	②	③	④	③	②	①	③	④

01 [시스템관리] – [회사등록정보] – [시스템환경설정]
→ [조회구분 : 2.회계]

① 일본어로 된 재무제표를 조회할 수 있다.

02 [시스템관리] – [회사등록정보] – [사원등록]

④ [ERP13A06.김지중] 사원은 재경부 소속이 아니다.

03 [시스템관리] – [기초정보관리] – [계정과목등록]
→ [손익] – 해당 계정 확인

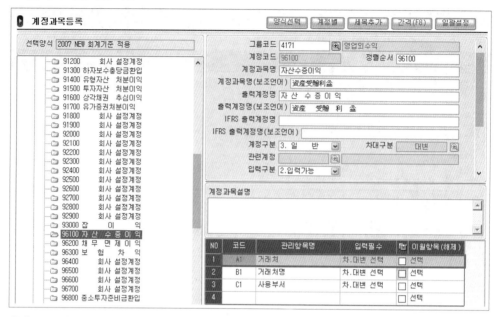

④ [96100.자산수증이익] 계정은 전표입력 시 거래처 등록이 필수가 아니다.

04 [회계관리] – [고정자산관리] – [고정자산등록]
→ [자산유형 : 21200.비품] – 해당 자산내역 입력

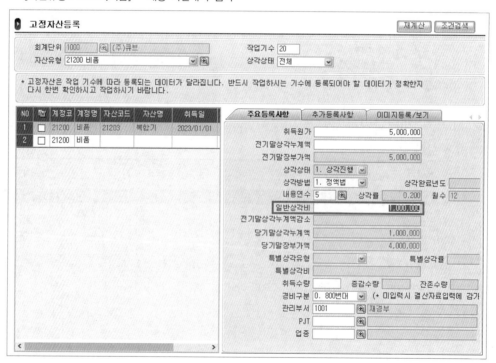

② [21203.복합기]의 일반상각비는 1,000,000원이다.

05 [회계관리] – [전표/장부관리] – [관리내역현황] – [잔액] 탭

→ [관리항목1 : C1.사용부서] – [관리내역 : 1001.재경부 ~ 1001.재경부] – [관리항목2 : D1.프로젝트] – [관리내역 : 1000.그룹웨어 ~ 1000.그룹웨어] – [기표기간 : 2023/01/01 ~ 2023/03/31] – [계정과목 : 1.계정별/81200.여비교통비]

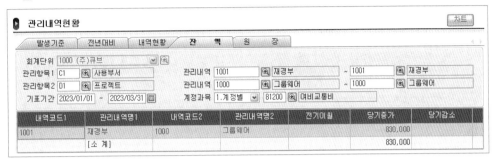

① 해당 내용의 [81200.여비교통비] 당기증가분은 830,000원이다.

06 [회계관리] – [전표/장부관리] – [기간비용현황] – [기간비용현황] 탭

→ [구분 : 1.선급비용] – [계약기간 : 2023/01 ~ 2023/12]

① 결산 시 당기 비용으로 인식해야 할 금액(조회기간비용)은 611,516원이다.

07 [회계관리] – [결산/재무제표관리] – [손익계산서] – [관리용] 탭
→ [기간 : 2023/03/31]

손익계산서			주식입력 양식선택 통합계정 환경설정

회계단위 1000 (주)큐브　　기간 2023/03/31　단위 0. 원　언어 0.한국어

관리용　제출용　세목별　　　　　　(단위 : 원)

과 목	제 20 (당)기		제 19 (전)기	
	금　액		금　액	
Ⅰ. 매　출　액		651,500,000		2,186,100,000
상 품 매 출	639,500,000		2,174,100,000	
제 품 매 출	12,000,000		12,000,000	
Ⅱ. 매　출　원　가		523,650,000		523,650,000
상 품 매 출 원 가		523,650,000		523,650,000
기초 상품 재고액	509,650,000		521,650,000	
당기 상품 매입액	94,000,000		511,650,000	
기말 상품 재고액	80,000,000		509,650,000	
Ⅲ. 매　출　총　이　익		127,850,000		1,662,450,000
Ⅳ. 판　매　관　리　비		253,845,000		1,074,675,000
직　원　급　여	150,000,000		492,000,000	
상　여　금	57,000,000		399,000,000	
복 리 후 생 비	9,735,000		50,755,000	
여 비 교 통 비	4,750,000		13,510,000	
접　대　비	5,110,000		29,050,000	
통　신　비	405,000		700,000	
수 도 광 열 비	455,000		740,000	
세 금 과 공 과 금			1,160,000	
지 급 임 차 료	3,000,000		12,000,000	
차 량 유 지 비	3,080,000		18,140,000	
사 무 용 품 비	2,780,000		11,170,000	
소　모　품　비	12,530,000		46,450,000	
대 손 상 각 비	5,000,000			
Ⅴ. 영　업　손　실		125,995,000		-587,775,000
Ⅵ. 영　업　외　수　익				

① 손익계산서상 1분기 제품매출액은 12,000,000원이다.

08 [회계관리] – [전표/장부관리] – [총계정원장] – [월별] 탭
→ [기간 : 2023/01 ~ 2023/06] – [계정과목 : 1.계정별/10800.외상매출금]

총계정원장			

일 별　**월 별**

회계단위 1000 (주)큐브　　　　　　기간 2023/01 ~ 2023/06
계정과목 1.계정별 10800 외상매출금 ~ 10800 외상매출금　　10800 : 외상매출금

년/월	차변	대변	잔액
[전 기 이 월]	683,967,700		683,967,700
2023/01	290,000,000	130,077,300	843,890,400
2023/02	239,550,000	337,817,000	745,623,400
2023/03	181,500,000	121,000,000	806,123,400
2023/04	140,760,000		946,883,400
2023/05	369,200,000	281,000,000	1,035,083,400
2023/06	201,700,000	276,300,000	960,483,400
[누　　계]	2,106,677,700	1,146,194,300	

④ 4월에 회수된 외상매출금 금액이 없다.

09 [회계관리] – [결산/재무제표관리] – [재무상태표] – [관리용] 탭
→ [기간 : 2023/03/31]

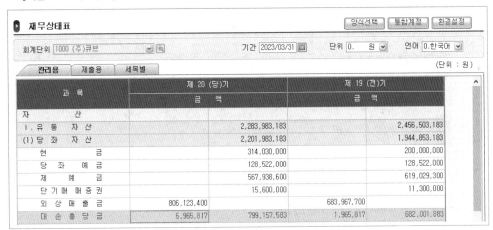

④ 3월 31일 기준 외상매출금의 대손충당금 잔액은 6,965,817원이다.

10 [회계관리] – [전표/장부관리] – [지출증빙서류검토표(관리용)] – [집계] 탭
→ [기표기간 : 2023/01/01 ~ 2023/12/31]

코드	표준과목명	계정금액	신용카드 법인	신용카드 개인	현금영수증	세금계산서	계산서	증빙 계	수취제외대상	차이 (금액-계-제외)
111	토지	1,000,000,000							1,000,000,000	
114	건물	240,000,000							240,000,000	
118	구축물	30,000,000				30,000,000		30,000,000		
122	기계장치	30,000,000				30,000,000		30,000,000		
134	차량운반구	49,500,000				49,500,000		49,500,000		
149	기타유형자산	7,000,000	2,000,000			5,000,000		7,000,000		
	[대차대조표 소계]	1,356,500,000	2,000,000			114,500,000		116,500,000	1,240,000,000	
045	상품	511,650,000				511,650,000		511,650,000		
079	복리후생비	50,755,000	500,000				250,000	750,000	50,005,000	
080	여비교통비	13,510,000							13,510,000	
084	기타임차료(리스료…	12,000,000				12,000,000		12,000,000		
085	접대비	29,050,000				4,980,000		4,980,000	24,070,000	
090	세금과공과	1,160,000							1,160,000	
093	차량유지비(유류비…	18,140,000							18,140,000	
108	소모품비	57,620,000	1,000,000		500,000	600,000		2,100,000	55,520,000	
109	통신비	700,000							700,000	
114	수도광열비(전기료…	740,000							740,000	
	[손익계산서 소계]	695,325,000	1,500,000		500,000	529,230,000	250,000	531,480,000	163,845,000	
051	원재료	2,000,000							2,000,000	
	[500번대 원가 소…	2,000,000							2,000,000	
	합계	2,053,825,000	3,500,000	0	500,000	643,730,000	250,000	647,980,000	1,405,845,000	0

③ 세금계산서 합계액은 643,730,000원이다.

11 [회계관리] – [업무용승용차관리] – [업무용승용차 차량등록]

③ [ERP13A04.신서율] 사원이 관리하고 있는 업무용승용차는 [20800003.12B 0316_싼타페]다.

12 [회계관리] – [자금관리] – [받을어음명세서] – [어음조회] 탭
→ [만기일 : 2023/10/02 ~ 2023/10/02]

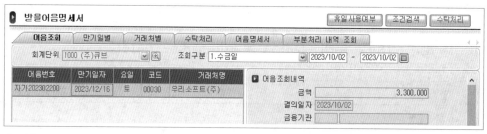

③ 받을어음(자가202302200003)의 만기일은 2023년 12월 16일이다.

13 [회계관리] – [자금관리] – [일자별자금계획입력] – [자금계획입력] 탭
→ [계획년월 : 2023/05] – 조회 후 상단 [고정자금] 클릭 – [자금계획입력–고정자금등록] 팝업창 확인

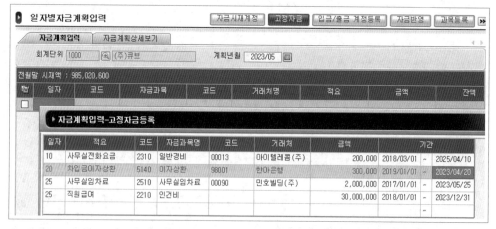

③ 차입금이자상환이 2023년 4월로 종료되었으므로 차입금이자상환액 300,000원이 감소했다.

14 [회계관리] – [예산관리] – [예산초과현황]
→ [조회기간 : 2023/01 ～ 2023/01] – [집행방식 : 2.승인집행]

③ [81400.통신비]의 편성예산은 700,000원으로 신청예산 500,000원보다 많다.

15 [회계관리] – [전표/장부관리] – [매입매출장] – [신고서기준] 탭
→ [조회기간 : 신고기준일/2023/10/01 ～ 2023/12/31] – [출력구분 : 2.매입] → 조회 후 상단 [예정신고누락분 조회] 클릭

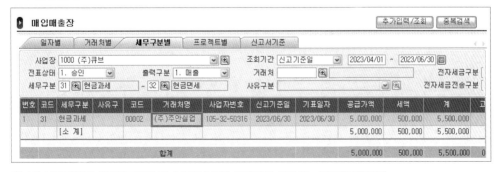

④ 2건의 예정신고누락분의 거래처는 모두 ㈜형광공업이다.

16 [회계관리] – [전표/장부관리] – [매입매출장] – [세무구분별] 탭
→ [조회기간 : 신고기준일/2023/04/01 ～ 2023/06/30] – [출력구분 : 1.매출] – [세무구분 : 31.현금과세 ～ 32.현금면세]

번호	코드	세무구분	사유구	코드	거래처명	사업자번호	신고기준일	기표일자	공급가액	세액	계	고
1	31	현금과세		00002	(주)주안실업	105-32-50316	2023/06/30	2023/06/30	5,000,000	500,000	5,500,000	
		[소 계]							5,000,000	500,000	5,500,000	
		합계							5,000,000	500,000	5,500,000	0

③ 1기 부가가치세 확정신고기간 중 현금영수증을 발행해준 거래처는 ㈜주안실업이다.

17 [회계관리] – [부가가치세관리] – [부가세신고서] – [일반과세] 탭
→ [기간 : 2023/07/01 ~ 2023/09/30] – 상단 [불러오기] 클릭 – 팝업창 [예] 클릭

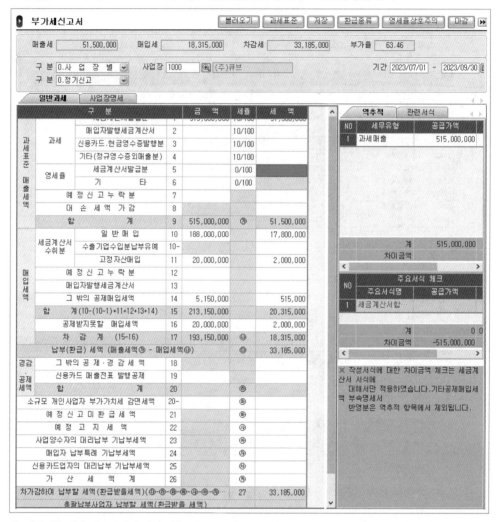

② 영세매출 관련 세금계산서 발행 건은 없다.

18 [회계관리] – [부가가치세관리] – [수출실적명세서]
→ [거래기간 : 2023/01 ~ 2023/03] – 상단 [불러오기] 클릭 – 팝업창 [불러오기] 클릭

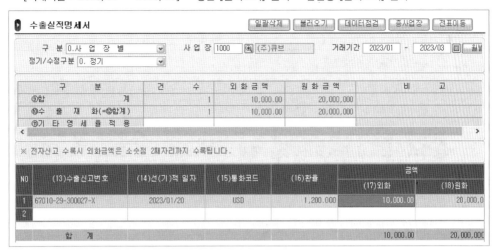

① 부가가치세 예정신고 시 수출실적명세서에 작성될 수출재화의 외화금액은 10,000달러다.

19 [회계관리] – [전표/장부관리] – [매입매출장] – [세무구분별] 탭
→ [조회기간 : 신고기준일/2023/07/01 ~ 2023/09/30] – [출력구분 : 2.매입]

번호	코드	세무구분	사유구	코드	거래처명	사업자번호	신고기준일	기표일자	공급가액	세액	계
1	21	과세매입		00008	도민실업(주)	555-55-55553	2023/07/20	2023/07/20	60,000,000	6,000,000	66,000,000
2	21	과세매입		00090	민호빌딩(주)	111-11-11119	2023/07/20	2023/07/20	1,000,000	100,000	1,100,000
3	21	과세매입		00090	민호빌딩(주)	111-11-11119	2023/08/20	2023/08/20	1,000,000	100,000	1,100,000
4	21	과세매입		00090	민호빌딩(주)	111-11-11119	2023/09/20	2023/09/20	1,000,000	100,000	1,100,000
11	21	과세매입		00004	(주)형광공업	104-21-40013	2023/09/20	2023/09/20	25,000,000	2,500,000	27,500,000
12	21	과세매입		00004	(주)형광공업	104-21-40013	2023/07/20	2023/07/20	50,000,000	5,000,000	55,000,000
13	21	과세매입		00003	(주)한동테크	204-07-43008	2023/08/20	2023/08/20	40,000,000	4,000,000	44,000,000
		[소 계]							178,000,000	17,800,000	195,800,000
5	22	영세매입		00004	(주)형광공업	104-21-40013	2023/09/20	2023/09/20	10,000,000		10,000,000
		[소 계]							10,000,000		10,000,000
6	24	매입불…	비영…	00011	(주)현진자…	565-55-66552	2023/08/31	2023/08/31	20,000,000	2,000,000	22,000,000
		[소 계]							20,000,000	2,000,000	22,000,000
7	27	카드매입		00006	(주)상상컴…	115-81-12340	2023/09/30	2023/09/30	5,000,000	500,000	5,500,000
8	27	카드매입		00015	오피스세상	111-11-11119	2023/07/20	2023/07/20	50,000	5,000	55,000
9	27	카드매입		00015	오피스세상	111-11-11119	2023/08/20	2023/08/20	50,000	5,000	55,000
10	27	카드매입		00015	오피스세상	111-11-11119	2023/09/20	2023/09/20	50,000	5,000	55,000
		[소 계]							5,150,000	515,000	5,665,000

③ 매입처별 세금계산서합계표에 반영되는 '과세매입', '영세매입', '매입불공제', '수입'의 세무구분 중 2기 부가가치세 예정신고기간 내에서는 '수입'을 제외한 3개의 세무구분이 사용되었다.

• '카드매입'은 세금계산서 발행대상이 아니다.

20 [회계관리] – [부가가치세관리] – [신용카드발행집계표/수취명세서] – [신용카드/현금영수증수취명세서] 탭
→ [기간 : 2023/10 ~ 2023/12] → 조회 후 상단 [불러오기] 클릭 – 팝업창 [예] 클릭 – [신용카드등수취명세서] 탭

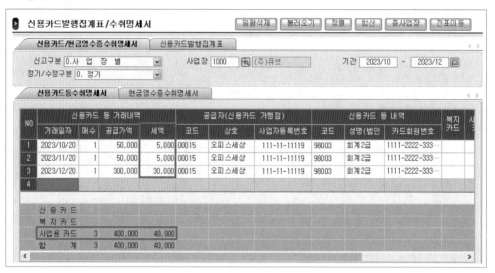

④ 2기 부가가치세 확정신고기간에 '사업용신용카드'로 분류된 카드를 사용하여 매입한 내역은 3건으로 관련 매입세액은 총 40,000원이다.

➡ 정답 및 해설 p.276

이론문제

01 e-Business 지원시스템을 구성하는 단위시스템으로 가장 적절하지 않은 것은?

① 성과측정관리(BSC)
② EC(전자상거래) 시스템
③ 의사결정지원시스템(DSS)
④ 고객관계관리시스템(CRM)

02 ERP에 대한 설명 중 가장 적절하지 않은 것은?

① 신속한 의사결정을 지원하는 경영정보시스템이다.
② 기능 최적화에서 전체 최적화를 목표로 한 시스템이다.
③ 인사, 영업, 구매, 생산, 회계 등 기업의 업무가 통합된 시스템이다.
④ 모든 사용자들은 사용권한 없이도 쉽게 기업의 정보에 접근할 수 있다.

03 클라우드서비스 기반 ERP와 관련된 설명으로 가장 적절하지 않은 것은?

① PaaS에는 데이터베이스 클라우드서비스와 스토리지 클라우드서비스가 있다.
② ERP 소프트웨어 개발을 위한 플랫폼을 클라우드서비스로 제공받는 것을 PaaS라고 한다.
③ ERP 구축에 필요한 IT인프라 자원을 클라우드서비스로 빌려 쓰는 형태를 IaaS라고 한다.
④ 기업의 핵심 애플리케이션인 ERP, CRM 솔루션 등의 소프트웨어를 클라우드서비스를 통해 제공받는 것을 SaaS라고 한다.

04 효과적인 ERP 교육을 위한 고려사항으로 가장 적절하지 않은 것은?

① 다양한 교육도구를 이용하라.
② 교육에 충분한 시간을 배정하라.
③ 비즈니스 프로세스가 아닌 트랜잭션에 초점을 맞춰라.
④ 조직 차원의 변화관리활동을 잘 이해하도록 교육을 강화하라.

05 재무상태표에 대한 설명으로 가장 적절하지 않은 것은?

① 유동성 배열법에 의해 작성한다.
② 채권자 및 소유주 청구권을 표시한다.
③ '자산 = 부채 + 자본'을 재무상태표 등식이라고 한다.
④ 회사장부상의 잔액과 은행장부상 액의 차이를 조정하는 표이다.

06 [보기]는 무엇에 대한 설명인가?

┌─[보기]──┐
│ • 일정기간 동안의 기업의 경영성과를 한눈에 나타내기 위한 재무제표다. 즉, 기업이 어떤 활동을 │
│ 통하여 발생된 이익과 그 이익을 발생하게 한 수익과 비용을 알기 쉽게 기록한 재무제표를 말한다. │
└──┘

① 현금흐름표   ② 손익계산서
③ 자본변동표   ④ 제조원가명세서

07 기업의 손익계산서에 영업외비용으로 가장 적절하지 않은 것은?

① 사채상환손실   ② 외화환산손실
③ 단기투자자산처분손실   ④ 원가성 있는 재고자산감모손실

08 회계의 순환과정으로 가장 적절한 것은?

① 거래식별 → 전기 → 분개 → 수정전합계잔액시산표 작성 → 집합손익계정의 마감 → 기말 수정분개 → 자산·부채·자본계정의 마감 → 재무제표 작성
② 수정후합계잔액시산표 작성 → 기말 수정분개 → 자산·부채·자본계정의 마감 → 집합손익계정의 마감 → 수익·비용계정의 마감 → 재무제표 작성
③ 수정전합계잔액시산표 작성 → 수익·비용계정의 마감 → 수정후합계잔액시산표 작성 → 기말 수정분개 → 집합손익계정의 마감 → 자산·부채·자본계정의 마감 → 재무제표 작성
④ 거래식별 → 분개 → 전기 → 수정전합계잔액시산표 작성 → 기말 수정분개 → 수정후합계잔액시산표 작성 → 수익·비용계정의 마감 → 집합손익계정의 마감 → 자산·부채·자본계정의 마감 → 재무제표 작성

09 [보기]의 자료에서 기타의대손상각비를 1% 계상하면 얼마인가?

> ─[보기]────────────────────────────────────
> • 외상매출금 : 4,000,000원   • 미수금 :   450,000원
> • 받을어음 : 6,000,000원   • 선급금 : 1,500,000원
> • 선수금   : 5,000,000원
> ───

① 19,500원   ② 100,000원
③ 120,000원   ④ 189,500원

10 미결산계정으로 결산확정 시에는 재무제표에 존재하면 안 되는 계정으로 올바로 묶인 것은?

① 선급금, 선수금   ② 가수금, 가지급금
③ 미수금, 미지급금   ④ 외상매출금, 외상매입금

11 ㈜생산은 임차료 1년분을 5월 1일에 240,000원을 현금으로 지급하고 비용처리했다. 12월 31일 기말결산 시의 선급임차료는 얼마인가? 단, 월할계산으로 구하시오.

① 50,000원   ② 60,000원
③ 80,000원   ④ 120,000원

12 ㈜생산은 매출채권잔액의 1%를 대손충당금으로 설정한다. [보기]에 제시된 자료에 의할 경우 2022년 말 대손충당금 추가설정액은?

> ─[보기]────────────────────────────────────
> • 2022년 1월 1일 대손충당금 잔액 :   1,000,000원
> • 2022년 7월 1일 대손발생액   :   800,000원
> • 2022년 12월 31일 매출채권 잔액   : 100,000,000원
> ───

① 700,000원   ② 800,000원
③ 900,000원   ④ 1,000,000원

13 일반기업회계기준에 의한 유가증권 관련 계정 중 당기손익에 영향을 주는 계정으로 가장 적절하지 않은 것은?

① 단기매매증권평가손실
② 단기매매증권처분이익
③ 매도가능증권평가손실
④ 매도가능증권처분이익

14 ㈜생산은 기말에 퇴직금추계액 전액을 퇴직급여충당부채로 설정하고 있다. [보기] 자료를 참고하면 당기 생산팀의 퇴직급여충당부채는 얼마인가?

[보기]

구 분	전기말	당기 퇴직금 지급액	당기말 퇴직금 추계액
생산팀	30,000,000원	18,000,000원	45,000,000원
관리팀	45,000,000원	22,000,000원	55,000,000원

① 32,000,000원
② 33,000,000원
③ 65,000,000원
④ 100,000,000원

15 사채발행에 대한 설명으로 가장 옳지 않은 것은?

① 만기일 전에 사채를 상환하는 것을 조기상환이라 한다.
② 사채를 할인발행한 경우에는 만기에는 액면금액이 아닌 발행금액을 상환해야 한다.
③ 액면이자율이 시장이자율보다 큰 경우에는 액면금액보다 많은 금액으로 할증발행을 하게 된다.
④ 액면이자율이 시장이자율보다 작은 경우에는 액면금액보다 작은 금액으로 할인발행을 하게 된다.

16 제조기업 ㈜생산의 손익계산서에서 영업외비용으로 분류되는 계정과목은 무엇인가?

① 보험료
② 도서인쇄비
③ 기타의대손상각비
④ 매입 시 발생한 부대비용

17 [보기]를 자료를 참고하여 2022년 12월 31일 결산 이후 재무상태표에 표기될 선급보험료를 구하시오.

> ┌ [보기] ─────────────────────
> - 회사는 9월 1일 보유 중인 자동차에 대한 보험료로 1,500,000원을 현금으로 지불했다(회계처리는 선급비용으로 처리했다).
> - 보험기간 : 2022년 9월 1일 ~ 2023년 8월 31일(월할계산)
> └─────────────────────────

① 375,000원   ② 500,000원

③ 1,000,000원   ④ 1,125,000원

18 다음 회계연도로 이월되는(차기이월로 마감) 계정과목은?

① 개발비   ② 기부금

③ 대손상각비   ④ 기타의감가상각비

19 [보기]에서 도소매업을 영위하는 기업의 판매비와관리비로 분류할 수 있는 것은 몇 개인가?

> ┌ [보기] ─────────────────────
> - 교육훈련비, 기타의 대손상각비, 선급비용, 수도광열비, 이자비용, 기부금, 접대비, 미지급비용, 복리후생비, 재해손실
> └─────────────────────────

① 1개   ② 3개

③ 4개   ④ 6개

20 [보기]의 제시된 자료를 이용하여 결산 시 인식해야 하는 외화환산이익(손실)을 계산하면 얼마인가?

> ┌ [보기] ─────────────────────
> - 2022/09/10 : $20,000(만기 2년) 외화예금 가입
> - 환율정보
> − 2022/09/10 : ₩1,100/ $
> − 2022/12/31 : ₩1,200/ $
> └─────────────────────────

① 외화환산이익 1,000,000원   ② 외화환산손실 1,000,000원

③ 외화환산이익 2,000,000원   ④ 외화환산손실 2,000,000원

실무문제

로그인 정보

회사코드	1002	사원코드	ERP13A02
회사명	회계2급 회사A	사원명	김은찬

01 당사의 회계 관련 시스템환경설정으로 옳지 않은 설명을 고르시오.

① 고정자산 등록 시 자산코드가 자동채번된다.
② 외화소숫점자리수는 2자리까지 입력할 수 있다.
③ 예산통제는 사용부서를 구분으로 통제하고 있다.
④ [전표입력] 메뉴에서 전표복사 기능을 사용할 수 있다.

02 당사의 [계정과목등록]을 조회하여 보기의 계정과목 중 거래처별로 이월되는 계정과목을 고르시오.

① [10700. 단기매매증권]　　　　② [10800. 외상매출금]
③ [11400. 단기대여금]　　　　　④ [11600. 미수수익]

03 김종민 사원의 'A.회계관리' 모듈 [총계정원장] 메뉴의 조회권한으로 옳은 것을 고르시오.

① 회 사　　　　　　　　　　② 사업장
③ 부 서　　　　　　　　　　④ 사 원

04 ㈜유명 본점의 2023년 3월 31일 기준 현금및현금성자산 잔액은 얼마인가?

① 101,835,000원　　　　　② 1,100,000,000원
③ 1,709,177,000원　　　　④ 3,555,600,600원

05 당사는 예산을 사용부서별로 관리하고 있다. 2023년 1분기 동안 재경부에서 사용한 예산 중 집행율이 가장 큰 계정과목은 무엇인가? 단, 집행방식은 승인집행으로 조회한다.

① [81400. 통신비]　　　　　② [81500. 수도광열비]
③ [82100. 보험료]　　　　　④ [82200. 차량유지비]

06 ㈜유명 본점의 2023년 3월 말 결산 시 소모품의 기말 재고액은 7,500,000원이다. 장부의 금액을 확인 후 이와 관련된 2023년 3월말 결산수정분개로 가장 옳은 것을 고르시오. 단, 소모품은 취득시 자산처리했다.

① (차) 소모품   2,500,000원   (대) 소모품비 2,500,000원
② (차) 소모품비 2,500,000원   (대) 소모품   2,500,000원
③ (차) 소모품   3,000,000원   (대) 소모품비 3,000,000원
④ (차) 소모품비 3,000,000원   (대) 소모품   3,000,000원

07 ㈜유명 본점은 2023년 1월 31일 ㈜한동테크 거래처에 상품매출 후 받을어음(자가2023013101)을 받았다. 해당 어음의 만기일을 고르시오.

① 2023년 3월 30일   ② 2023년 4월 30일
③ 2023년 5월 31일   ④ 2023년 9월 27일

08 ㈜유명 본점의 손익계산서에서 2023년 한 해 동안 [81300.접대비]가 가장 많이 발생한 분기를 고르시오.

① 1/4분기   ② 2/4분기
③ 3/4분기   ④ 4/4분기

09 2023년 4월 한 달간 ㈜유명 본점에서 현금지출이 가장 많았던 판매관리비 계정과목은 무엇인가?

① [81100.복리후생비]   ② [81200.여비교통비]
③ [82100.보험료]   ④ [82200.차량유지비]

10 ㈜유명 본점의 2023년 6월 한 달 동안 발생한 전표 중 전표상태가 '미결'인 전표는 몇 건인지 고르시오.

① 4건   ② 5건
③ 6건   ④ 7건

11 ㈜유명 본점은 채권 발생 후 회수까지의 기간을 통상 3개월로 가정하여 채권관리를 하고 있다. 선입선출법에 따라 외상매출금 잔액을 확인할 경우 아래 보기 중 2023년 7월 31일 기준 3개월 전개월수 안에 채권이 전액 회수된 거래처를 고르시오.

① [00001.㈜성호기업] ② [00002.㈜주안실업]
③ [00003.㈜한동테크] ④ [00004.㈜형광공업]

12 ㈜유명 본점은 업무용승용차를 사원별로 관리하고 있다. 다음 중 [ERP13A03.전윤호] 사원이 관리하고 있는 업무용승용차의 차량번호는 무엇인가?

① 12가 0102 ② 14가 0717
③ 15가 2664 ④ 17가 8087

13 ㈜유명 본점은 고정자산을 사용부서별로 관리하고 있다. [21200.비품] 자산유형에 대해서 다음 보기 중 재경부에서 관리하지 않는 자산은 무엇인가?

① [21200001.컴퓨터] ② [21200002.책상]
③ [21200003.노트북A] ④ [21200004.책장]

14 2023년 ㈜유명 본점의 [82200.차량유지비] 계정의 상반기 지출액 대비 하반기 지출액의 증감율은 얼마인가? 단, 증감율 계산 시 소수점 첫째자리에서 반올림한다.

① 21% ② 24%
③ 27% ④ 31%

15 ㈜유명 본점의 부가가치세 신고유형에 대한 설명으로 옳은 것을 고르시오.

① 각 사업장별로 신고 및 납부한다.
② 사업자 단위과세자로 신고 및 납부를 주사업장에서 모두 한다.
③ 총괄납부 사업자로 주사업장에서 모두 총괄하여 신고 및 납부한다.
④ 총괄납부 사업자로 신고는 각 사업장별로 하고 납부는 주사업장에서 총괄하여 납부한다.

16 ㈜유명 본점의 2023년 1기 부가가치세 예정신고기간에 현금영수증을 수취하여 매입한 매입세액은 얼마인가?

① 10,000원
② 30,000원
③ 50,000원
④ 100,000원

17 ㈜유명 본점의 2023년 1기 부가가치세 예정신고기간에 발생한 매입거래 중 '비영업용소형승용차 구입 및 유지' 사유로 불공제되는 매입세액은 얼마인가?

① 1,200,000원
② 2,000,000원
③ 2,300,000원
④ 3,000,000원

18 ㈜유명 본점의 2023년 1기 부가가치세 확정신고 시 매입에 대한 예정신고누락분이 있음을 확인했다. 위 예정신고누락분의 총 부가세액 합계금액은 얼마인가?

① 200,000원
② 400,000원
③ 600,000원
④ 800,000원

19 ㈜유명 본점의 2023년 1기 부가가치세 예정신고 시 신고할 고정자산매입세액은 얼마인가?

① 1,200,000원
② 2,000,000원
③ 2,300,000원
④ 3,000,000원

20 ㈜유명 본점은 부동산임대업도 하고 있어 부가가치세 신고 시 간주임대료를 포함하여 신고하려고 한다. 2023년 1기 부가가치세 확정신고 시 다음 [부동산임대내역]의 자료를 입력한 후 보증금이자 (간주임대료)를 계산하면 얼마인가? 단, 보증금이자(간주임대료) 계산 시 이자율은 1.2%로 계산하며 소수점 이하는 절사한다.

┌─ [부동산임대내역] ─────────────────────────────────────┐
│ • 동 : 1174060000.서울특별시 강동구 천호제1동   • 층 / 호수 : 지상 4층 / 402호
│ • 상호(성명) : ㈜우리보험   • 면적 / 용도 : 150㎡ / 사무실
│ • 임대기간 : 2023/04/02 ~ 2024/04/01   • 보증금 : 200,000,000원
│ • 월 세 : 2,000,000원   • 관리비 : 300,000원
└──┘

① 159,506원
② 211,547원
③ 324,383원
④ 591,780원

이론문제

01	02	03	04	05	06	07	08	09	10
①	④	①	③	④	②	④	④	①	②

11	12	13	14	15	16	17	18	19	20
③	②	③	②	②	③	③	①	③	③

01 ① 성과측정관리(BSC)는 SEM 시스템(전략적 기업경영)의 단위시스템이다.

e-Business 지원시스템의 단위시스템	SEM 시스템의 단위시스템
• 지식경영시스템(KMS) • 의사결정지원시스템(DDS) • 경영자정보시스템(ELS) • 고객관계관리시스템(CRM) • 공급체인관리시스템(SCM) • 전자상거래시스템(EC)	• 성과측정관리(BSC) • 부가가치경영(VBM) • 전략계획수립 및 시뮬레이션(SFS) • 활동기준경영(ABN)

02 ④ 사용자별로 업무의 범위를 사용권한으로 지정할 수 있다.

03 ① 데이터베이스 클라우드서비스와 스토리지 클라우드서비스는 IaaS에 속한다.

04 ③ 트랜잭션이 아닌 비즈니스 프로세스가에 초점을 맞춰야 한다.

05 ④ 회사 장부상의 잔액과 은행 장부상의 잔액의 차이를 조정하는 표는 '은행계정조정표'다.

06 ② 일정기간 동안의 기업의 경영성과를 한눈에 나타내기 위한 재무제표는 '손익계산서'다.

07 ④ 원가성 있는 재고자산감모손실은 매출원가에 포함된다.

08 ④ 회계의 순환과정(Accounting cycle)은 반복적으로 수행되는 거래의 인식부터 재무제표가 작성되기까지 모든 과정으로 거래인식 후 분개 및 전기에 이어 시산표를 작성하여 수익·비용, 집합손익, 자산·부채·자본을 정리함으로써 재무제표가 완성된다.

09 ① 기타의대손상각비 1% = (미수금 450,000원 + 선급금 1,500,000원) × 1%
= 19,500원

10 ② 가수금, 가지급금은 임시계정으로 결산확정 시 존재하면 안 되는 계정과목이다.

11 ③ 선급임차료 = 1년 치 임차료 240,000원 × $\dfrac{\text{차기 4개월}}{\text{12개월}}$ = 80,000원

- 5월 1일 회계처리
  (차) 임차료   240,000   (대) 현 금   240,000
- 12월 31일 회계처리
  (차) 선급임차료   80,000   (대) 임차료   80,000

12 · 결산 시 대손충당금 잔액 = 기초 1,000,000원 − 당기 대손발생액 800,000원 = 200,000원
② 대손충당금 추가설정액 = 매출채권 100,000,000원 × 1% − 대손충당금 잔액
= 1,000,000원 − 200,000원
= 800,000원

13 ③ 매도가능증권평가손실은 일반기업회계기준에서 자본항목인 기타포괄수정누계액으로 분류되기 때문에 당기손익에 영향을 미치지 않는다.

14 ② 생산팀 퇴직급여충당부채 = 당기말 추계액 − (전기말 추계액 − 당기 지급액)
= 45,000,000원 − (30,000,000원 − 18,000,000원)
= 33,000,000원

15 ② 회사의 신용도에 따라 시장이자율이 결정되므로 액면금액과 액면이자율이 동일하더라도 발행회사의 신용도에 의해 발행금액이 달라지게 된다

16 ③ 기타의대손상각비는 영업외비용이다.

17 ③ 선급보험료 = 1년 치 보험료 1,500,000원 × $\dfrac{\text{차기 8개월}}{\text{12개월}}$ = 1,000,000원

- 9월 1일 회계처리
  (차) 보험료   1,500,000   (대) 현 금   1,500,000
- 12월 31일 회계처리
  (차) 선급보험료   1,000,000   (대) 보험료   1,000,000

18 ① 자산, 부채, 자본은 차기로 이월되므로 회계연도로 이월되는 계정과목은 자산인 개발비(무형자산)이다.

19 ③ 판매비와관리비는 교육훈련비, 복리후생비, 접대비, 수도광열비 등 모두 4개다
- 기타의대손상각비, 이자비용, 기부금, 재해손실은 영업외비용이다.

20 ③ 외화환산손익 = ($20,000 × ₩1,200/$) − ($20,000 × ₩1,100/$) = 2,000,000원(이익)
- 9월 10일 회계처리

(차) 외화예금	22,000,000	(대) 현금 등	22,000,000

- 12월 31일 회계처리

(차) 외화예금	2,000,000	(대) 외화환산이익	2,000,000

실무문제

01	02	03	04	05	06	07	08	09	10
①	②	④	④	①	④	②	②	③	①

11	12	13	14	15	16	17	18	19	20
③	②	④	①	④	①	④	③	③	④

01 [시스템관리] – [회사등록정보] – [시스템환경설정]
→ [조회구분 : 0.전체]

시스템환경설정

조회구분 [0. 전체]   환경요소 [   ]

구분	코드	환경요소명	유형구분	유형설정	선택범위	비고
공통	02	수량소숫점자리수	자리수	2	선택범위:0-6	
공통	03	원화단가소숫점자리수	자리수	2	선택범위:0-4	
공통	04	외화단가소숫점자리수	자리수	2	선택범위:0-4	
공통	05	비율소숫점자리수	자리수	0	선택범위:0-6	
공통	06	금액소숫점자리수	자리수	0	선택범위:0-4	
공통	07	외화소숫점자리수	자리수	2	선택범위:0-4	
공통	08	환율소숫점자리수	자리수	3	선택범위:0-6	
공통	10	끝전 단수처리 유형	유형	1	0.반올림, 1.절사, 2 절상	
공통	11	비율%표시여부	여부	0	여:1 부:0	
공통	14	거래처코드도움창	유형	0	0. 표준코드도움 1.대용량코드도움	
회계	20	예산통제구분	유형	1	0.결의부서 1.사용부서 2.프로젝트	
회계	21	예산관리여부	여부	1	여:1 부:0	
회계	22	입출금전표사용여부	여부	1	여:1 부:0	
회계	23	예산관리개시월	유형	01	예산개시월:01~12	
회계	24	거래처등록보조화면사용	여부	1	여:1 부:0	
회계	25	거래처코드자동부여	여부	0	0-사용않함, 3~10-자동부여자릿수	
회계	26	자산코드자동부여	여부	0	여:1 부:0	
회계	27	전표출력기본양식	유형	4	전표출력기본양식 1~15	
회계	28	다국어재무제표 사용	유형	1	0.사용안함 1.영어 2.일본어 3.중국어	
회계	29	등록자산상각방법	유형	2	1.상각안함 2.월할상각 3.반년법상각	
회계	30	처분자산상각방법	유형	2	1.상각안함 2.월할상각	
회계	31	부가가치세 신고유형	유형	0	0.사업장별 신고 1.사업자단위 신고(폐…	
회계	32	전표입력 품의내역검색 조회…	여부	0	0-사용자 조회권한 적용,1-미적용	
회계	34	전표복사사용여부	여부	1	0.미사용1.사용	

① 당사는 고정자산 등록 시 '자산코드자동부여'를 사용하지 않는다.

02 [시스템관리] – [기초정보관리] – [계정과목등록]
→ [자산] – [유동자산] – [당좌자산] – 해당 계정 확인

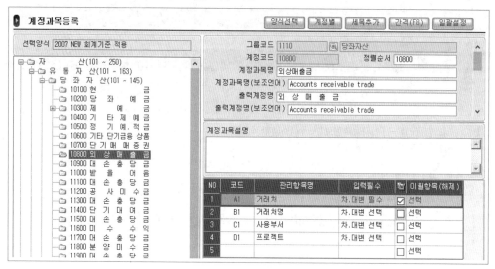

② [10800.외상매출금]은 거래처별로 이월된다.

03 [시스템관리] – [회사등록정보] – [사용자권한설정]
→ [모듈구분 : A.회계관리]

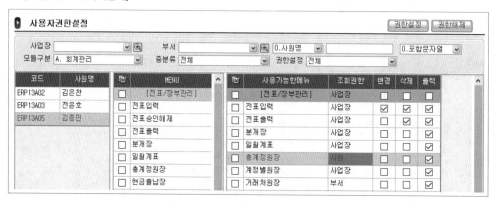

④ 김종민 사원의 'A.회계관리' 모듈 [총계정원장] 메뉴의 조회권한은 '사원'이다.

04 [회계관리] – [결산/재무제표관리] – [재무상태표] – [제출용] 탭
→ [기간 : 2023/03/31]

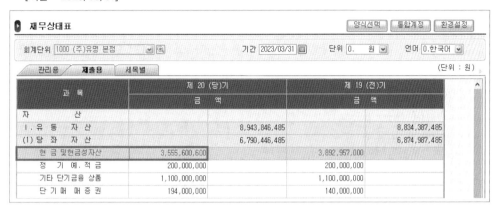

④ 3월 31일 기준 현금및현금성자산의 잔액은 3,555,600,600원이다.

05 [회계관리] – [예산관리] – [예산초과현황]
→ [조회기간 : 2023/01 ~ 2023/03] – [집행방식 : 2.승인집행] – [관리항목 : 0.부서별/1001.재경부]

코드	계정과목	신청예산	편성예산	실행예산	집행실적	차이	집행율(%)
80200	직원급여		120,000,000	120,000,000	60,000,000	60,000,000	50
80300	상여금		60,000,000	60,000,000		60,000,000	0
81100	복리후생비		9,000,000	9,000,000	5,270,000	3,730,000	59
81200	여비교통비		2,000,000	2,000,000	1,970,000	30,000	99
81300	접대비		5,000,000	5,000,000	3,430,000	1,570,000	69
81400	통신비		400,000	400,000	735,000	-335,000	184
81500	수도광열비		400,000	400,000	695,000	-295,000	174
81900	지급임차료		2,000,000	2,000,000		2,000,000	0
82100	보험료		10,000,000	10,000,000	5,200,000	4,800,000	52
82200	차량유지비		3,000,000	3,000,000	1,230,000	1,770,000	41
82900	사무용품비		2,000,000	2,000,000	710,000	1,290,000	36
83100	지급수수료		200,000	200,000	17,000	183,000	9

① [81400.통신비]의 집행율(%)이 184로 가장 크다.

06 [회계관리] – [결산/재무제표관리] – [재무상태표] – [제출용] 탭
→ [기간 : 2023/03/31]

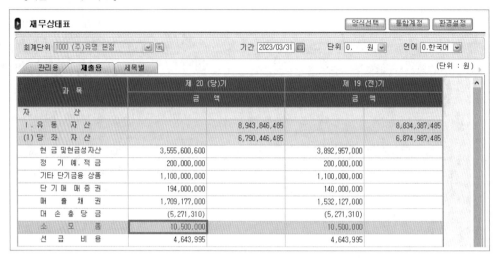

• 3월 말까지 소모품 사용액(비용) = 10,500,000원 − 7,500,000원 = 3,000,000원

④ 3월 31일 결산수정분개

(차) 소모품비　　　　　　3,000,000　　(대) 소모품　　　　　　3,000,000

07 [회계관리] – [자금관리] – [받을어음명세서] – [어음조회] 탭
→ [조회구분 : 1.수금일/2023/01/31 ～ 2023/01/31]

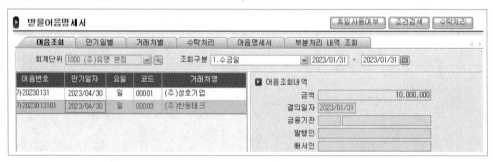

② ㈜한동테크로부터 받은 어음(자가2023013101)의 만기일은 2023년 4월 30일이다.

08 [회계관리] – [결산/재무제표관리] – [기간별손익계산서] – [분기별] 탭
→ [기간 : 1/4분기 ~ 4/4분기] – [출력구분 : 0.계정별]

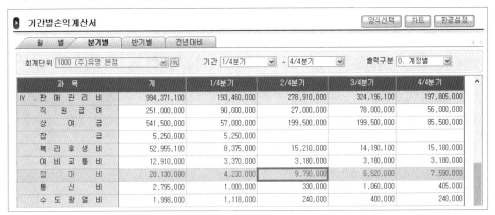

② [81300.접대비]는 2/4분기에 9,790,000원으로 가장 많이 발생했다.

09 [회계관리] – [전표/장부관리] – [일월계표] – [월계표] 탭
→ [기간 : 2023/04 ~ 2023/04]

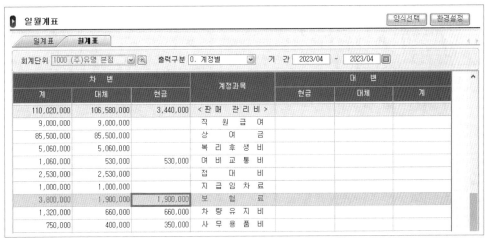

③ 판매관리비 중 현금 지출은 [82100.보험료]가 1,900,000원으로 가장 많다.

10 [회계관리] – [전표/장부관리] – [전표승인해제]

→ [전표상태 : 미결] – [결의기간 : 2023/06/01 ～ 2023/06/30]

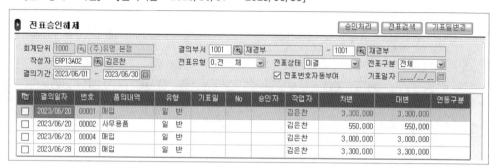

① 6월 한 달 동안 발생한 전표 중 전표상태가 '미결'인 것은 모두 4건이다.

11 [회계관리] – [전표/장부관리] – [채권년령분석]

→ [채권잔액일자 : 2023/07/31] – [전개월수 : 3] – [계정과목 : 1.계정별/10800.외상매출금]

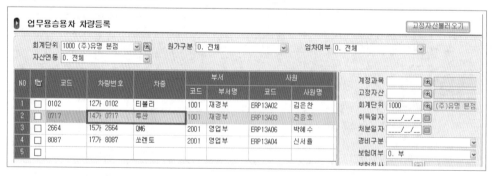

③ 7월 31일 기준 3개월 전개월수 안에 채권이 전액 회수된 거래처는 ㈜한동테크다.

12 [회계관리] – [업무용승용차관리] – [업무용승용차 차량등록]

→ [회계단위 : 1000.㈜유명 본점]

NO	☑	코드	차량번호	차종	부서 코드	부서명	사원 코드	사원명
1	☐	0102	12가 0102	티볼리	1001	재경부	ERP13A02	김은찬
2	☐	0717	14가 0717	투싼	1001	재경부	ERP13A03	전윤호
3	☐	2664	15가 2664	QM6	2001	영업부	ERP13A06	박혜수
4	☐	8087	17가 8087	쏘렌토	2001	영업부	ERP13A04	신서율
5	☐							

② [ERP13A03.전윤호] 사원이 관리하고 있는 업무용승용차는 [0717.14가 0717_투싼]이다.

13 **[회계관리] – [고정자산관리] – [고정자산관리대장]**
→ [기계정과목 : 21200.비품 ~ 21200.비품]

④ [21200004.책장]의 관리부서는 영업부다.

14 **[회계관리] – [결산/재무제표관리] – [기간별손익계산서] – [반기별] 탭**
→ [기간 : 상반기 ~ 하반기] – [출력구분 : 0.계정별]

과 목	계	상반기	하반기	증감액	증감율(%)
Ⅳ. 판 매 관 리 비	994,371,100	472,370,000	522,001,100	49,631,100	11
직 원 급 여	251,000,000	117,000,000	134,000,000	17,000,000	15
상 여 금	541,500,000	256,500,000	285,000,000	28,500,000	11
잡 급	5,250,000	5,250,000		-5,250,000	-100
복 리 후 생 비	52,955,100	23,585,000	29,370,100	5,785,100	25
여 비 교 통 비	12,910,000	6,550,000	6,360,000	-190,000	-3
접 대 비	28,130,000	14,020,000	14,110,000	90,000	1
통 신 비	2,795,000	1,330,000	1,465,000	135,000	10
수 도 광 열 비	1,998,000	1,358,000	640,000	-718,000	-53
세 금 과 공 과 금	456,000		456,000	456,000	
지 급 임 차 료	11,350,000	6,000,000	5,350,000	-650,000	-11
보 험 료	50,680,000	27,880,000	22,800,000	-5,080,000	-18
차 량 유 지 비	15,700,000	7,100,000	8,600,000	1,500,000	21
운 반 비	330,000	330,000		-330,000	-100

① [82200.차량유지비] 계정의 하반기 지출액이 상반기 대비 21% 증가했다.

15 (1) 총괄납부사업자 확인

[시스템관리] – [회사등록정보] – [사업장등록]

→ 상단 [주(총괄납부)사업장등록] 클릭 – [주(총괄납부)사업장 등록] 팝업창에서 주사업장 확인

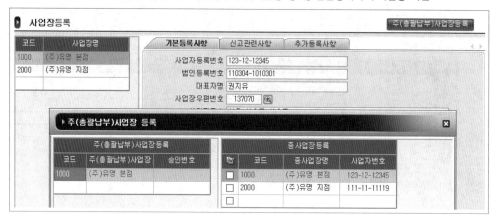

(2) 부가가치세 신고유형 확인

[시스템관리] – [회사등록정보] – [시스템환경설정]

→ [조회구분 : 2.회계] – [회계/31/부가가치세 신고유형] 확인

시스템환경설정

조회구분 2. 회계   환경요소

구분	코드	환경요소명	유형구분	유형설정	선택범위	비고
회계	20	예산통제구분	유형	1	0.결의부서 1.사용부서 2.프로젝트	
회계	21	예산관리여부	여부	1	여:1 부:0	
회계	22	입출금전표 사용여부	여부	1	여:1 부:0	
회계	23	예산관리개시월	유형	01	예산개시월 :01~12	
회계	24	거래처등록보조화면사용	여부	1	여:1 부:0	
회계	25	거래처코드자동부여	여부	0	0-사용않함, 3~10-자동부여자릿수	
회계	26	자산코드자동부여	여부	0	여:1 부:0	
회계	27	전표출력기본양식	유형	4	전표출력기본양식 1~15	
회계	28	다국어재무제표 사용	유형	1	0.사용안함 1.영어 2.일본어 3.중국어	
회계	29	등록자산상각방법	유형	2	1.상각안함 2.월할상각 3.반년법상각	
회계	30	처분자산상각방법	유형	2	1.상각안함 2.월할상각	
회계	31	부가가치세 신고유형	유형	0	0.사업장별 신고 1.사업자단위 신고(폐…	
회계	32	전표입력 품의내역검색 조회…	여부	0	0-사용자 조회권한 적용,1-미적용	

④ 당사는 총괄납부사업자이고 부가가치세 신고유형이 [0.사업장별 신고]이므로, 신고는 각 사업장별로 하고 납부는 주사업장에서 총괄하여 납부한다.

16 [회계관리] – [부가가치세관리] – [신용카드발행집계표/수취명세서] – [신용카드/현금영수증수취명세서] 탭
→ [기간 : 2023/01 ~ 2023/03] → 조회 후 상단 [불러오기] 클릭 – 팝업창 [예] 클릭 – 하단 [현금영수증수취
명세서] 탭

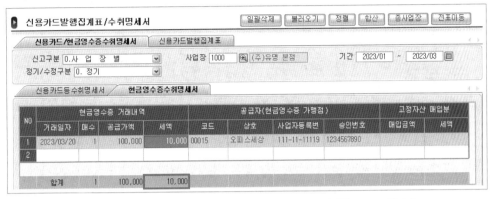

① 1기 부가가치세 예정신고기간에 현금영수증을 수취하여 매입한 매입세액은 10,000원이다.

17 [회계관리] – [부가가치세관리] – [매입세액불공제내역]
→ [기간 : 2023/01 ~ 2023/03] – 조회 후 상단 [불러오기] 클릭 – 팝업창 [예] 클릭

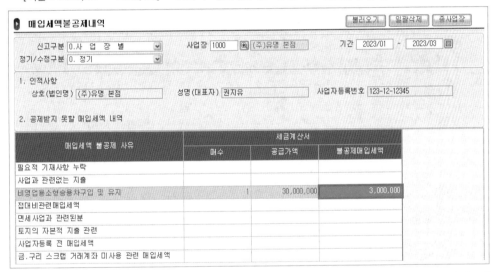

④ 1기 부가가치세 예정신고기간에 발생한 매입거래 중 '비영업용소형승용차구입 및 유지' 사유로 불공제되는 매
입세액은 3,000,000원이다.

18 [회계관리] – [전표/장부관리] – [매입매출장] – [신고서기준] 탭
→ [조회기간 : 신고기준일/2023/04/01 ~ 2023/06/30] – [출력구분 : 2.매입] – 조회 후 상단 [예정신고누락분 조회] 클릭

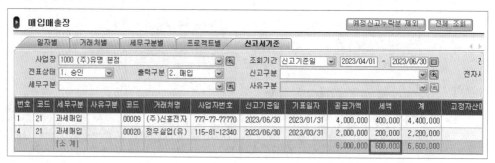

③ 1기 부가가치세 확정신고 시 매입에 대한 2건의 예정신고누락분 매입세액은 총 600,000원이다.

19 [회계관리] – [전표/장부관리] – [매입매출장] – [일자별] 탭
→ [조회기간 : 신고기준일/2023/01/01 ~ 2023/03/31] – [출력구분 : 2.매입]

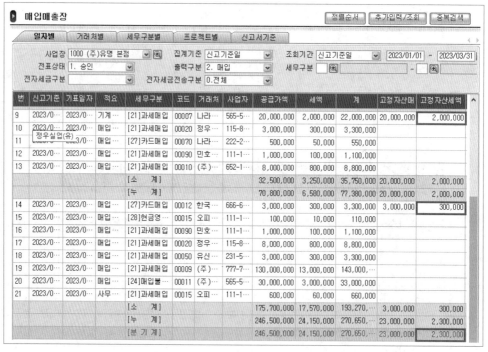

③ 1기 부가가치세 예정신고 시 신고할 고정자산매입세액은 과세매입분 2,000,000원과 카드매입분 300,000원으로 총 2,300,000원이다.

20 [회계관리] – [부가가치세관리] – [부동산임대공급가액명세서]
→ [기간 : 2023/04 ~ 2023/06] – 조회 후 팝업창 [아니오] 클릭

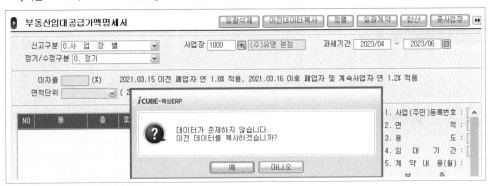

→ 부동산임대내역 입력

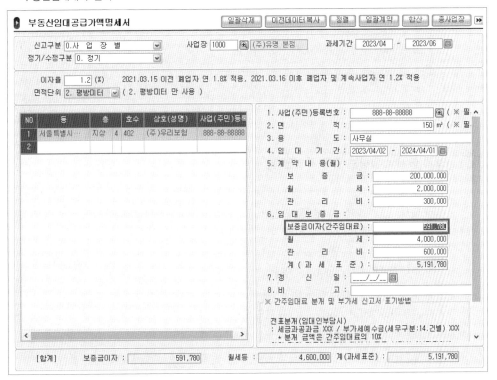

④ 1기 부가가치세 확정신고 시 보증금이자(간주임대료)는 591,780원이다.

↪ 정답 및 해설 p.301

이론문제

---

01 시간의 흐름에 따라 비즈니스 프로세스를 단계적으로 개선해가는 점증적 방법론은 무엇인가?

① ERD(Entity Relationship Diagram)
② BPI(Business Process Improvement)
③ MRP(Material Requirement Program)
④ BPR(Business Process Re-Engineering)

02 [보기]에서 설명하는 것은 무엇인가?

┌─[보기]───
• ERP시스템에 대한 투자비용에 관한 개념으로 시스템의 전체 라이프사이클(life-cycle)을 통해
발생하는 전체 비용을 계량화한 비용
└──

① 유지보수비용(Maintenance Cost)
② 시스템 구축비용(Construction Cost)
③ 총소유비용(Total Cost of Ownership)
④ 소프트웨어 라이선스비용(Software License Cost)

03 ERP 도입전략 중 ERP 자체개발방법에 비해 ERP패키지를 선택하는 방법의 장점으로 가장 적절하지 않은 것은?

① 검증된 방법론 적용으로 구현기간의 최소화가 가능하다.
② 검증된 기술과 기능으로 위험 부담을 최소화할 수 있다.
③ 시스템의 수정과 유지보수가 지속적으로 이루어질 수 있다.
④ 향상된 기능과 최신의 정보기술이 적용된 버전(version)으로 업그레이드(upgrade)가 가능하다.

04 상용화 패키지에 의한 ERP 시스템 구축 시 성공과 실패를 좌우하는 요인으로 가장 적절하지 않은 것은?

① 시스템 공급자와 기업 양쪽에서 참여하는 인력의 자질
② 기업환경을 최대한 고려하여 개발할 수 있는 자체개발인력 보유 여부
③ 제품이 보유한 기능을 기업의 업무환경에 얼마만큼 잘 적용하는지에 대한 요인
④ 사용자 입장에서 ERP 시스템을 충분히 이해하고 사용할 수 있는 반복적인 교육훈련

05 다음 중 재무제표상 자본에 해당하지 않는 것은?

① 자본조정
② 자본잉여금
③ 장기성예금
④ 기타포괄손익누계액

06 [보기]는 일반 기업회계기준 관련 내용이다. [보기] (   )에 들어갈 내용은 무엇인가?

┌─ [보기] ─────────────────────────────────────
• 매출액 − 매출원가 = 매출총이익
• 매출총이익 − (   ) = 영업이익
• 영업이익 + 영업외수익 − 영업외비용 = 법인세비용차감전순이익
• 법인세비용차감전순이익 − 법인세비용 = 당기순이익
└───

① 영업이익
② 매출원가
③ 영업외수익
④ 판매비 및 일반관리비

07 [보기]는 현금흐름표에 대한 설명이다. [보기]의 (   )에 포함되지 않은 것은?

┌─ [보기] ─────────────────────────────────────
• 현금흐름표는 "일정기간 현금흐름의 변동내용을 표시하는 재무보고서"로 현금흐름에 영향을 미치는 (   )활동, (   )활동, (   )활동으로 구분표시된다.
└───

① 영 업
② 손 익
③ 재 무
④ 투 자

08 ㈜생산성은 2020년 1월 1일 취득원가 20,000,000원, 잔존가치 0원, 내용연수 5년인 기계장치를 취득했다. 정액법을 적용하여 감가상각하던 중 2022년 6월 30일 15,000,000원에 처분했다. ㈜생산성이 2022년 손익계산서에 계상해야 할 유형자산처분손익은 얼마인가?

① 이 익 3,000,000원

② 이 익 5,000,000원

③ 손 실 3,000,000원

④ 손 실 5,000,000원

09 [보기]의 거래에 대한 분개처리로 옳은 것은?

┌─[보 기]───
│ • 실제 현금잔액이 장부상의 현금잔액보다 1,200,000원이 부족하여 현금과부족 계정으로 처리했으
│   며 기말결산 시까지 그 원인을 발견하지 못했다.
└──

① (차) 잡손실 1,200,000원 (대) 현금과부족 1,200,000원

② (차) 잡손실 1,200,000원 (대) 현 금 1,200,000원

③ (차) 현 금 1,200,000원 (대) 잡이익 1,200,000원

④ (차) 현금과부족 1,200,000원 (대) 잡이익 1,200,000원

10 다음 회계연도로 이월되는(차기이월로 마감) 계정으로 옳지 않은 것은?

① 예수금

② 미수금

③ 기부금

④ 미지급금

11 [보기] 자료 중 현금및현금성자산을 계산하면 얼마인가?

┌─[보 기]───
│ • 현 금 : 1,800,000원   • 우 표 : 35,000원
│ • 보통예금 : 2,000,000원   • 당좌예금 : 3,000,000원
│ • 부도수표 : 500,000원   • 외상매출금 : 1,200,000원
│ • 수입인지 : 200,000원
└──

① 5,000,000원

② 6,500,000원

③ 6,800,000원

④ 6,900,000원

12 [보기]의 내용을 결산 시 회계처리로 옳은 것은?

┌─ [보기] ───
│ • 결산 시 현재 보유 중인 단기매매증권은 2022년 9월 1일 주식 50주다.
│ • 취득금액이 주당 7,000원이고 결산일 현재 공정가치가 주당 7,500원이다.
└──

① (차) 단기매매증권　　　　　　25,000원　　　(대) 단기매매증권평가이익　　　25,000원

② (차) 단기매매증권평가손실　　25,000원　　　(대) 단기매매증권　　　　　　25,000원

③ (차) 단기매매증권　　　　　350,000원　　　(대) 단기매매증권평가이익　　350,000원

④ (차) 단기매매증권　　　　　375,000원　　　(대) 단기매매증권평가이익　　375,000원

13 [보기]의 거래자료를 기반으로 한 분개로 옳은 것은?

┌─ [보기] ───
│ • 5월 1일 외상매출금 200,000원이 거래처 파산으로 회수불능채권으로 확정되었다.
│ • 대손충당금 잔액은 50,000원 있다.
└──

① (차) 대손충당금　　　200,000원　　　(대) 외상매출금　　　200,000원

② (차) 대손상각비　　　250,000원　　　(대) 외상매출금　　　250,000원

③ (차) 대손충당금　　　250,000원　　　(대) 외상매출금　　　250,000원

④ (차) 대손충당금　　　　50,000원　　　(대) 외상매출금　　　200,000원
　　　대손상각비　　　150,000원

14 재고자산의 포함내용으로 옳지 않은 것은?

① 판매목적으로 보유하고 있는 상품
② 새로 발명한 발명품에 대한 특허권
③ 생산이 완료되어 창고에 보관 중인 제품
④ 판매목적으로 보유하고 있는 상품제품생산에 투입되기 위하여 보관 중인 원재료

15 업종별 경영활동 관련 내역이다. 각 회사의 입장에서 수익으로 인식되는 거래로 옳지 않은 것은?

① 호텔은 고객으로부처 객실료를 현금으로 받다.

② 상사는 거래처로부터 외상매입금 전액을 면제받다.

③ 부동산임대을 하는 부동산은 기일이 도래한 건물 임대료를 현금으로 받다.

④ 거래처와 상품 판매계약을 체결하는 회사는 계약금액의 20%를 현금으로 먼저 받다.

16 [보기] 사채 발행가액에 따른 변동내역에 대한 내용이다. [보기]의 ㉠, ㉡, ㉢, ㉣에 들어갈 내용을 바르게 짝지은 것은?

```
┌─[보 기]──────────────────────────────────────┐
│  • 사채발행구분 : ( ㉠ ) 발행        • 상각액   : 매년 ( ㉡ )  │
│  • 이자비용    : 매년 ( ㉢ )        • 장부가액 : 매년 ( ㉣ )  │
└──────────────────────────────────────────────┘
```

① ㉠ 할인, ㉡ 증가, ㉢ 감소, ㉣ 감소

② ㉠ 할인, ㉡ 감소, ㉢ 증가, ㉣ 증가

③ ㉠ 할증, ㉡ 증가, ㉢ 감소, ㉣ 감소

④ ㉠ 할증, ㉡ 감소, ㉢ 증가, ㉣ 증가

17 ㈜생산성의 자산과 부채가 [보기]와 같을 경우 순자산(자본)은 얼마인가?

```
┌─[보 기]──────────────────────────────────────┐
│  • 외상매출금 : 700,000원       • 미수금    : 100,000원  │
│  • 단기차입금 : 300,000원       • 외상매입금 : 150,000원  │
│  • 현 금     : 150,000원       • 단기대여금 : 120,000원  │
└──────────────────────────────────────────────┘
```

① 380,000원

② 620,000원

③ 780,000원

④ 980,000원

18 [보기]의 자료를 회계처리할 경우 감자차익은 얼마인가?

> ┌─[보기]─────────────────────────────────
> • 감자주식 수 : 600주
> • 주당 액면가액 : 5,000원
> • 주식구입 현금지급액 : 800,000원
> └───────────────────────────────────────

① 800,000원   ② 1,500,000원

③ 2,200,000원   ④ 3,000,000원

19 ㈜생산성의 회계담당자가 12월 1일 외상으로 상품을 판매하고 장부상에 회계처리를 누락했다. 이때 자산, 부채, 자본, 수익, 비용에 미치는 영향에 대한 설명으로 가장 적절한 것은?

① 자산 과대, 부채 과소, 자본 과소, 당기순이익 과소

② 자산 과대, 부채 과대, 자본 과소, 당기순이익 과대

③ 자산 과소, 부채 과소, 자본 과대, 당기순이익 변화없음

④ 자산 과소, 부채 변화없음, 자본 과소, 당기순이익 과소

20 재무상태표에 나타나는 계정과목으로 가장 옳지 않은 것은?

① 사 채   ② 토 지

③ 당좌예금   ④ 광고선전비

실무문제

로그인 정보

회사코드	1005	사원코드	ERP13A02
회사명	회계2급 회사B	사원명	김은찬

01 당사는 거래처에 여신한도액을 설정하여 관리하려고 한다. [00020.정우실업(유)] 거래처에 현재 설정된 여신한도액은 얼마인가?

① 100,000,000원

② 129,270,000원

③ 300,000,000원

④ 500,000,000원

02 다음 사원 중 [1001.재경부]에 소속되지 않은 사원은 누구인가?

① ERP13A03.김종민

② ERP13A04.신서율

③ ERP13A05.박혜수

④ ERP13A06.김지중

03 당사의 계정과목에 대한 설명 중 옳지 않은 것은 무엇인가?

① [11100.대손충당금]은 [11000.받을어음]의 차감계정이다.

② [10300.제예금] 계정에 대해 세목으로 세분화하여 관리하고 있다.

③ [10800.외상매출금] 계정은 프로젝트별로 이월하도록 설정했다.

④ [10400.기타제예금] 계정은 전표입력 시 금융거래처를 필수로 등록하도록 설정했다.

04 ㈜큐브는 선급비용에 대해서 기간비용을 관리하고 있다. ㈜큐브의 2022년 12월말 결산 시 당기비용으로 인식해야 할 금액은 얼마인가?

① 611,516원

② 5,976,968원

③ 6,588,484원

④ 7,200,000원

05 ㈜큐브의 2022년 하반기에 발생한 전표 중 전표상태가 '미결'인 전표는 몇 건인가?

① 1건   ② 2건

③ 3건   ④ 4건

06 ㈜큐브의 고정자산 중 [202004.복지2동]에 2022년 10월 1일 12,000,000원 자본적 지출이 발생했다. 해당 자본적 지출을 입력 후 ㈜큐브의 2022년 결산 시 손익계산서에 계상할 건물의 감가상각비를 조회하면 얼마인가? 당사는 상각비를 프로그램 계산에 따른다.

① 15,500,000원   ② 68,200,000원

③ 68,700,000원   ④ 91,656,000원

07 당사는 사용부서를 [C1.사용부서] 관리항목으로 사용하여 관리하고 있다. ㈜큐브의 2022년 상반기 중 [82200.차량유지비] 계정의 지출금액이 가장 큰 부서는 어디인가?

① 1001.재경부   ② 2001.영업부

③ 3001.생산부   ④ 4001.총무부

08 ㈜큐브의 2022년 2분기 판매관리비 중 직원급여 지출액은 1분기에 비해 얼마나 증가했는가?

① 1,500,000원   ② 2,500,000원

③ 3,000,000원   ④ 6,000,000원

09 ㈜큐브는 2022년 6월 30일 결산 시 받을어음에 대해 2%의 대손충당금을 설정하려고 한다. 다음 중 회계처리가 옳은 것은 무엇인가?

① (차) 대손상각비   3,060,000원   (대) 대손충당금   3,060,000원

② (차) 대손상각비   3,126,000원   (대) 대손충당금   3,126,000원

③ (차) 대손상각비   4,560,000원   (대) 대손충당금   4,560,000원

④ (차) 대손상각비   5,293,860원   (대) 대손충당금   5,293,860원

10 ㈜큐브의 2022년 9월 한 달 동안 발생한 현금 출금액은 얼마인가?

① 12,745,000원   ② 15,000,000원

③ 60,000,000원   ④ 72,745,000원

11 2022년 상반기 동안 [00001.㈜성호기업] 거래처와의 거래에서 발생한 외상매출금과 받을어음의 합계액은 얼마인가?

① 168,800,000원   ② 316,000,000원

③ 350,377,300원   ④ 552,500,000원

12 ㈜큐브는 2022년 10월 2일 우리소프트㈜ 거래처에 상품매출 후 받을어음(자가202202200003)을 받았다. 해당 어음의 만기일은 언제인가?

① 2022년 10월 2일   ② 2022년 11월 11일

③ 2022년 12월 2일   ④ 2022년 12월 16일

13 ㈜큐브는 채권회수가 되지 않은 기간이 3개월을 초과한 거래처를 파악하고자 한다. 선입선출법에 따라 거래처별 외상매출금 잔액을 확인할 경우 2022년 3월 31일 현재 3개월을 초과하여 회수되지 않은 금액이 존재하는 거래처는 몇 곳인가?

① 1개   ② 2개
③ 3개   ④ 6개

14 ㈜큐브의 업무용승용차 [12A 8087_쏘렌토] 차량에 대하여 운행기록부를 작성했다. 2022년 1월 한 달 동안 해당 차량의 업무사용비율은 얼마인가?

① 70%   ② 80%
③ 85%   ④ 90%

15 ㈜큐브의 2022년 2기 부가가치세 확정신고에 대한 설명으로 옳지 않은 것은 무엇인가?

① 고정자산 매입세액이 존재하지 않는다.
② 관할세무서인 송파세무서에 부가가치세 신고 및 납부한다.
③ 매출세액보다 매입세액이 더 많아 부가가치세 환급대상이다.
④ ㈜성호기업 거래처에게 세금계산서가 발급되는 매출을 했다.

16 ㈜큐브의 2022년 1기 부가가치세 예정 신고기간에 매입한 자산 중 기계장치의 세액은 얼마인가?

① 2,500,000원   ② 3,000,000원
③ 3,500,000원   ④ 3,600,000원

17 ㈜큐브의 2022년 1기 부가가치세 확정신고기간에 발생한 신용카드매출액 중 세금계산서가 발급된 금액은 얼마인가?

① 25,000,000원
② 30,000,000원
③ 50,250,000원
④ 66,410,000원

18 ㈜큐브의 2022년 2기 부가가치세 예정신고기간에 발생한 매입거래 중 '비영업용소형승용차구입 및 유지' 사유로 불공제되는 매입세액은 얼마인가?

① 1,500,000원
② 2,000,000원
③ 2,500,000원
④ 3,000,000원

19 ㈜큐브의 2022년 1기 부가가치세 확정신고기간에 발생한 매출거래 중 대금을 현금으로 받아 현금 영수증을 발행해준 거래처는 어디인가?

① ㈜나라상사
② ㈜성호기업
③ ㈜주안실업
④ ㈜한동테크

20 ㈜큐브의 부가가치세 신고유형에 대한 설명으로 옳은 것은 무엇인가?

① 각 사업장별로 신고 및 납부한다.
② 사업자 단위과세자로 신고 및 납부를 주사업장에서 모두 한다.
③ 총괄납부사업자로 주사업장에서 모두 총괄하여 신고 및 납부한다.
④ 총괄납부사업자로 신고는 각 사업장별로 하고 납부는 주사업장에서 총괄하여 납부한다.

정답 및 해설

이론문제

01	02	03	04	05	06	07	08	09	10
②	③	③	②	③	④	②	②	①	③
11	12	13	14	15	16	17	18	19	20
③	①	④	②	④	③	②	③	④	④

01   ② BPI에 대한 설명이다.
  • BPR과 BPI의 차이점

BPR	BPI
극적인 성과를 위해 기업의 업무프로세스를 기본적으로 다시 생각하고 급진적으로 재설계하는 것	단계적·점진적으로 시간의 흐름에 따라 업무프로세스를 개선해나가는 것

02   ③ 총소유비용(Total Cost of Ownership)에 대한 설명이다.

03   ③ ERP 자체개발의 경우 아웃소싱에 의한 패키지 여부와 상관없이 시스템의 수정과 유지보수가 지속적으로 이루어질 수 있다.

04   ② 상용화패키지에 의한 ERP 구축 시의 성공과 실패는 ▲ 제품이 보유한 기능을 기업의 업무환경에 얼마만큼 잘 적용하는지에 대한 요인 ▲ 시스템 공급자와 기업 양쪽에서 참여하는 인력의 자질 ▲ 사용자 입장에서 ERP 시스템을 충분히 이해하고 사용할 수 있는 반복적인 교육 및 훈련 등이 좌우하며, 항상 거론되는 기업 최고 경영자의 관심과 구성원의 이해가 추가요인으로 작용한다.

05   ③ 장기성예금은 투자자산에 해당한다.

06 ④ 영업이익은 매출총이익에서 판매비및일반관리비(비용)을 뺀 것으로 기업의 수익성을 나타낸다.

- 매출액 − 매출원가 = 매출총이익
  - → 매출총이익 − 판매비및일반관리비 = 영업이익
  - → 영업이익 + 영업외수익 − 영업외비용 = 법인세비용차감전순이익
  - → 법인세비용차감전순이익 − 법인세비용 = 당기순이익

-     매출액
  - − 매출원가
  -    매출총이익
  - − 판매비와관리비
  -    **영업이익**
  - + 영업외손익
  -    법인세차감전순이익
  - − 법인세비용
  -    당기순이익

07 ② 현금흐름표는 현금흐름에 영향을 미치는 영업활동, 투자활동, 재무활동으로 구분표시된다.

08 ② 유형자산처분손익 = 처분가액 − 장부가액

$$= 15,000,000원 − 10,000,000원 = 5,000,000원(이익)$$

- 매년 감가상각비 $= \dfrac{취득원가 − 잔존가액}{내용연수} = \dfrac{20,000,000원 − 0원}{5년} = 4,000,000원$

  → 장부가액 = 취득원가 − 감가상각비 = 20,000,000원 − (400,000원 × 2.5년) = 10,000,000원

09 ① 현금과부족은 기말결산 시까지 원인을 찾지 못한 경우 부족분은 잡손실, 잉여분은 잡이익으로 계상한다.

- 발생 시 회계처리

  (차) 현금과부족   1,200,000   (대) 현 금   1,200,000
- 결산 시 회계처리

  (차) 잡손실   1,200,000   (대) 현금과부족   1,200,000

10 ③ 자산(미수금 등), 부채(예수금. 미지급금 등), 자본은 차기로 이월되고, 비용(기부금 등)과 수익은 차기로 이월 되지 않는다.

11 ③ 현금및현금성자산 = 현금 1,800,000원 + 보통예금 2,000,000원 + 당좌예금 3,000,000원

$$= 6,800,000원$$

12 ① 단기매매증권 평가손익 = 50주 × (공정가치 7,500원 − 취득금액 7,000원) = 25,000원(이익)

- (차) 단기매매증권   25,000   (대) 단기매매증권평가이익   25,000

13 ④ (차) 대손충당금   50,000 (대) 외상매출금   200,000
    대손상각비   150,000
  • 대손충당금 잔액이 남아 있는 경우 대손충당금을 먼저 상계하고 나머지 차액을 대손상각비로 처리한다.

14 ② 발명품에 대한 특허권은 무형자산에 속한다.

15 ④ 거래처와 상품 판매계약을 체결 시 계약금액의 20%를 현금으로 먼저 받는 것은 선수금으로 부채다.
  ① 객실료 : 매출(수익)
  ② 외상매입금 전액면제 : 채무면제이익(수익)
  ③ 부동산임대업 임대료 : 매출(수익)

16 ③ 사채의 할증발행과 할인발행 여부와 관계없이 상각액은 매년 증가하며, 할증발행할 경우 이자비용과 장부가액
  은 매년 감소하다.

17 • 자 산 = 외상매출금 700,000원 + 미수금 100,000원 + 현 금 150,000원 + 단기대여금 120,000원
     = 1,070,000원
  • 부 채 = 단기차입금 300,000원 + 외상매입금 150,000원 = 450,000원
  ② 순자산(자본) = 자산 1,070,000원 − 부채 450,000원 = 620,000원

18 ③ 감자차익 = 감자할 자본금 − 감자할 주식매입액
      = (600주 × 액면가액 5,000원) − 800,000원
      = 2,200,000원

19 ④ 상품매출(수익)과 외상매출채권(자산)을 장부에 기재하지 않았으므로, 수익 과소, 자산 과소, 자본 과소, 부채
  '변화없음'이다.

20 ④ 광고선전비는 손익계산서 구성항목이다.

실무문제

01	02	03	04	05	06	07	08	09	10
④	④	③	③	①	③	②	④	①	①
11	12	13	14	15	16	17	18	19	20
②	④	③	②	③	②	②	②	③	①

01 [시스템관리] - [기초정보관리] - [일반거래처등록]
→ [00020.정우실업(유)] 선택 - [거래등록사항] 탭

④ [00020.정우실업(유)]에 현재 설정된 여신한도액은 500,000,000원이다.

02 [시스템관리] - [회사등록정보] - [사원등록]

④ 김은찬·김종민·신서율·박혜수 사원은 재경부 소속이고, 김지중 사원은 생산부 소속이다.

03 [시스템관리] – [기초정보관리] – [계정과목등록]
→ [자산] – [유동자산] – [당좌자산] – 해당 계정 확인

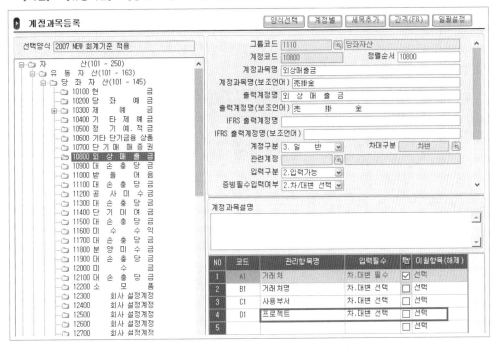

③ [10800.외상매출금] 계정은 프로젝트별로 이월하도록 설정되어 있지 않다.

04 [회계관리] – [전표/장부관리] – [기간비용현황] – [기간비용현황] 탭
→ [구분 : 1.선급비용] – [계약기간 : 2022/01 ~ 2022/12]

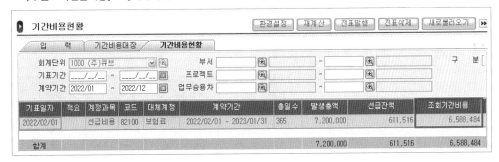

③ 발생총액 7,200,000원 중 6,588,484원이 당기비용이다.

05 [회계관리] – [전표/장부관리] – [전표승인해제]

→ [전표상태 : 미결] – [결의기간 : 2022/07/01 ~ 2022/12/31]

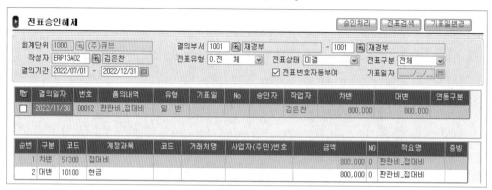

① 하반기에 발생한 전표 중 '미결'인 전표는 1건이다.

06 (1) 자본적 지출 반영

[회계관리] – [고정자산관리] – [고정자산등록]

→ [자산유형 : 20200.건물] – [202004.복지2동] 선택 – [추가등록사항] 탭 – [자산변동처리 : 날짜
(2022/10/01), 구분(자본적 지출), 금액(12,000,000)] 입력

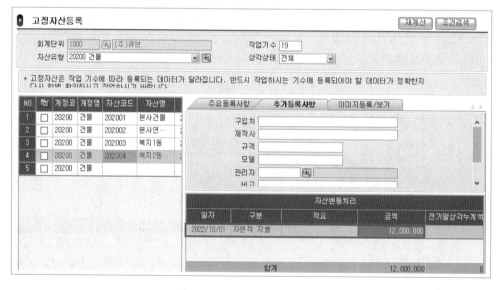

(2) 당기 감가상각비 확인
[회계관리] – [고정자산관리] – [감가상각비현황] – [총괄] 탭
→ [경비구분 : 0.800번대] – [기간 : 2022/01 ~ 2022/12]

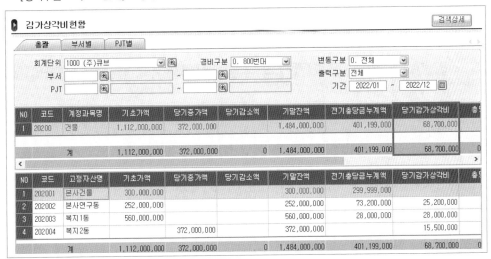

③ 결산 시 손익계산서에 계상할 건물의 감가상각비는 68,700,000원이다.

07　[회계관리] – [전표/장부관리] – [관리항목원장] – [잔액] 탭
→ [관리항목 : C1.사용부서] – [기표기간 : 2022/01/01 ~ 2022/06/30] – [계정과목 : 1.계정별/82200.차량
유지비 ~ 82200.차량유지비]

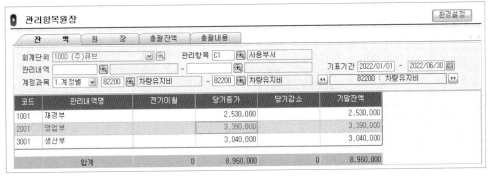

② 상반기 중 [82200.차량유지비] 계정의 지출금액이 가장 큰 부서는 3,390,000원을 사용한 [2001.영업부]다.

08 [회계관리] – [결산/재무제표관리] – [기간별손익계산서] – [분기별] 탭
→ [기간 : 1/4분기 ~ 2/4분기] – [출력구분 : 0.계정별]

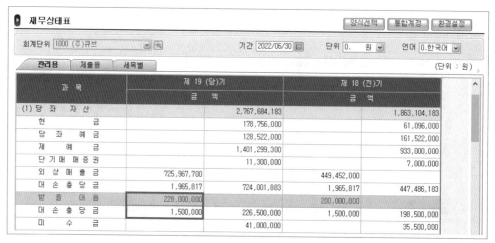

④ 2분기 판매관리비 중 직원급여 지출액은 1분기에 비해 6,000,000원 증가했다.

09 [회계관리] – [결산/재무제표관리] – [재무상태표] – [관리용] 탭
→ [기간 : 2022/06/30]

- 대손충당금 설정액 = 받을어음 잔액 228,000,000원 × 2% = 4,560,000원
- 대손상각비 = 설정액 4,560,000원 – 대손충당금 잔액 1,500,000원 = 3,060,000원

① (차) 대손상각비 　　　　3,060,000 　　(대) 대손충당금 　　　　3,060,000

10 [회계관리] – [전표/장부관리] – [현금출납장] – [전체] 탭
→ [기표기간 : 2022/09/01 ~ 2022/09/30]

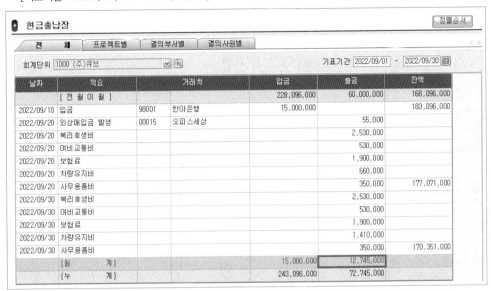

① 9월 한 달 동안 발생한 현금 출금액은 12,745,000원이다.

11 [회계관리] – [전표/장부관리] – [거래처원장] – [총괄잔액] 탭
→ [계정과목 : 1.계정별/10800.외상매출금 ~ 11000.받을어음] – [기표기간 : 2022/01/01 ~ 2022/06/30]
　 – [거래처 : 00001 ~ 00001.㈜성호기업]

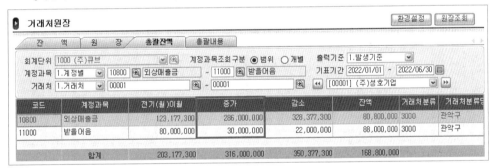

② 상반기 동안 [00001.㈜성호기업]과의 거래에서 발생한 외상매출금은 286,000,000원, 받을어음은 30,000,000으로 합계액은 316,000,000원이다.

12 [회계관리] – [자금관리] – [받을어음명세서] – [어음조회] 탭
→ [조회구분 : 1.수금일/2022/10/02 ~ 2022/10/02]

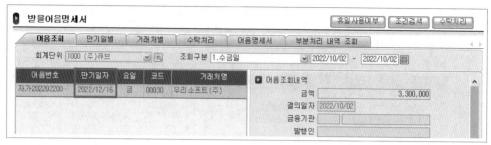

④ 2022년 10월 2일 받은 받을어음(자가202202200003)의 만기일은 2022년 12월 16일이다.

13 [회계관리] – [전표/장부관리] – [채권년령분석]
→ [채권잔액일자 : 2022/03/31] – [전개월수 : 3] – [계정과목 : 1.계정별/10800.외상매출금]

코드	거래처명	채권잔액	2022-3월	2022-2월	2022-1월	조회기간 이전
00001	(주)성호기업	104,100,000	33,000,000	55,000,000	16,100,000	
00002	(주)주안실업	234,799,700	44,000,000	44,000,000	104,500,000	42,299,700
00003	(주)한동테크	40,508,000	38,500,000	2,008,000		
00004	(주)형광공업	169,000,000	66,000,000	30,000,000	16,500,000	56,500,000
00008	도민실업(주)	11,200,000				11,200,000
00010	(주)중원	12,000,000			12,000,000	

③ 3월 31일 현재 3개월을 초과하여 회수되지 않은 금액이 존재하는 거래처는 ㈜주안실업, ㈜형광공업, 도민실업 ㈜로 모두 3개다.

14 [회계관리] – [업무용승용차관리] – [업무용승용차 운행기록부]
→ [사용기간(과세기간) : 2022/01/01 ~ 2022/01/31]

코드	사업장명	코드	차량번호	차종	업무구분	코드	부서	코드	사원명	총주행 거리	업무용 사용거리	업무사용비율(%)
1000	(주)큐브	2080…	12A 8087	쏘렌토	일반 업무용			ERP13…	박혜수	300	240	80
1000	(주)큐브	2080…	12B 0927	카니발	일반 업무용			ERP13…	김은찬			
1000	(주)큐브	2080…	12B 0316	싼타페	일반 업무용			ERP13…	신서율			
1000	(주)큐브	2080…	13B 0717	스타…	일반 업무용			ERP13…	김종민			

② [20800001.12A 8087_쏘렌토]의 2022년 1월 한 달 동안 업무사용비율은 80%다.

15 [회계관리] – [부가가치세관리] – [부가세신고서] – [일반과세] 탭
→ [기간 : 2022/10/01 ~ 2022/12/31] – 상단 [불러오기] 클릭

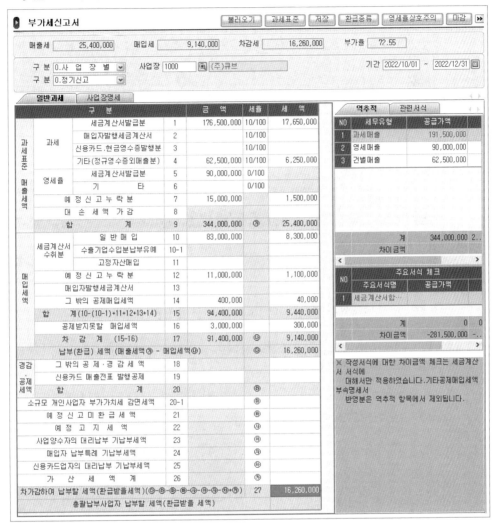

③ 환급이 아니라 16,260,000원을 납부해야 한다.

16 [회계관리] − [부가가치세관리] − [건물등감가상각자산취득명세서]
→ [기간 : 2022/01 ~ 2022/03] − 조회 후 상단 [불러오기] 클릭

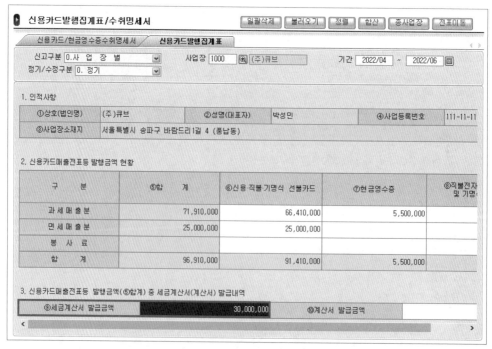

② 1기 부가가치세 예정 신고기간에 매입한 자산 중 기계장치의 세액은 3,000,000원이다.

17 [회계관리] − [부가가치세관리] − [신용카드발행집계표/수취명세서] − [신용카드발행집계표] 탭
→ [기간 : 2022/04 ~ 2022/06]

② 1기 부가가치세 확정신고기간에 발생한 신용카드매출액 중 세금계산서가 발급된 금액은 30,000,000원이다.

18 [회계관리] – [부가가치세관리] – [매입세액불공제내역]
→ [기간 : 2022/07 ~ 2022/09] – 조회 후 상단 [불러오기] 클릭 – 팝업창 [예] 클릭

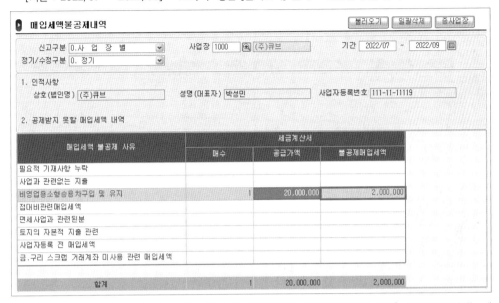

② 2기 부가가치세 예정신고기간에 발생한 매입거래 중 '비영업용소형승용차구입 및 유지' 사유로 불공제되는 매입세액은 2,000,000원이다.

19 [회계관리] – [전표/장부관리] – [매입매출장] – [세무구분별] 탭
→ [조회기간 : 신고기준일/2022/04/01 ~ 2022/06/30] – [출력구분 : 1.매출] – [세무구분 : 31.현금과세 ~ 32.현금면세]

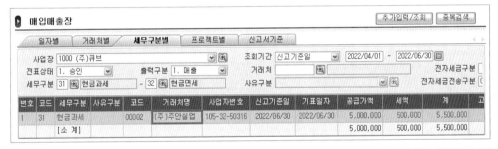

③ 부가가치세 확정 신고기간에 발생한 매출거래 중 대금을 현금으로 받아 현금영수증을 발행해준 거래처는 ㈜주안실업이다.

20 [시스템관리] – [회사등록정보] – [시스템환경설정]
→ [조회구분 : 2.회계] – [회계/31/부가가치세 신고유형]

시스템환경설정

조회구분 `2. 회계` ▼   환경요소 `_____`

구분	코드	환경요소명	유형구분	유형설정	선택범위	비고
회계	20	예산통제구분	유형	1	0.결의부서 1.사용부서 2.프로젝트	
회계	21	예산관리여부	여부	1	여:1 부:0	
회계	22	입출금전표사용여부	여부	1	여:1 부:0	
회계	23	예산관리개시월	유형	01	예산개시월 :01~12	
회계	24	거래처등록보조화면사용	여부	1	여:1 부:0	
회계	25	거래처코드자동부여	여부	0	0-사용않함, 3~10-자동부여자릿수	
회계	26	자산코드자동부여	여부	0	여:1 부:0	
회계	27	전표출력기본양식	유형	3	전표출력기본양식 1~15	
회계	28	다국어재무제표 사용	유형	2	0.사용안함 1.영어 2.일본어 3.중국어	
회계	29	등록자산상각방법	유형	2	1.상각안함 2.월할상각 3.반년법상각	
회계	30	처분자산상각방법	유형	2	1.상각안함 2.월할상각	
회계	31	부가가치세 신고유형	유형	0	0.사업장별 신고 1.사업자단위 신고(폐…	
회계	32	전표입력 품의내역검색 조회…	여부	0	0-사용자 조회권한 적용,1-미적용	
회계	34	전표복사사용여부	여부	1	0.미사용1.사용	
회계	35	금융CMS연동	유형	88	00.일반,03.기업,05.KEB하나(CMS플러스)…	
회계	37	거래처코드자동부여 코드값…	유형	0	0 - 최대값 채번 , 1 - 최소값 채번	
회계	39	고정자산 비망가액 존재여부	여부	1	여:1 부:0	
회계	41	고정자산 상각완료 시점까지…	여부	0	1.여 0.부	
회계	45	거래처등록의 [프로젝트/부…	유형	2	0.적용안함, 1.[빠른부가세]입력만 적용…	

① ㈜큐브는 사업장별로 신고한다.

정답 및 해설 p.326

이론문제

01 차세대 ERP의 비즈니스 애널리틱스(Business Analytics)에 관한 설명으로 가장 적절하지 않은 것은?

① 비즈니스 애널리틱스는 구조화된 데이터(structured data)만을 활용한다.
② ERP시스템 내의 방대한 데이터 분석을 위한 비즈니스 애널리틱스가 ERP의 핵심요소가 되었다.
③ 비즈니스 애널리틱스는 질의 및 보고와 같은 기본적 분석기술과 예측모델링과 같은 수학적으로 정교한 수준의 분석을 지원한다.
④ 비즈니스 애널리틱스는 리포트, 쿼리, 대시보드, 스코어카드뿐만 아니라 예측모델링과 같은 진보된 형태의 분석기능도 제공한다.

02 BPR(Business Process Re-Engineering)이 필요한 이유로 가장 적절하지 않은 것은?

① 복잡한 조직 및 경영 기능의 효율화
② 지속적인 경영환경 변화에 대한 대응
③ 정보 IT기술을 통한 새로운 기회 창출
④ 정보보호를 위한 닫혀 있는 업무환경 확보

03 ERP 도입전략으로 ERP 자체개발방법에 비해 ERP패키지를 선택하는 방법의 장점으로 가장 적절하지 않은 것은?

① 검증된 방법론 적용으로 구현기간의 최소화가 가능하다.
② 검증된 기술과 기능으로 위험 부담을 최소화할 수 있다.
③ 시스템의 수정과 유지보수가 지속적으로 이루어질 수 있다.
④ 향상된 기능과 최신의 정보기술이 적용된 버전(version)으로 업그레이드(upgrade)가 가능하다.

04 ERP 시스템 구축절차 중 시험가동 및 유지보수는 주로 어느 단계에서 진행되는가?

① 설계단계   ② 구축단계

③ 구현단계   ④ 분석단계

05 [보기]에서 설명하는 계정과목으로 가장 적절한 것은?

┌─[보기]─────────────────────────────────────┐
• 거래처로부터 상품을 주문받고 상품대금의 일부를 계약금으로 미리받은 경우 그 금액이다.
└──┘

① 기부금   ② 선급금

③ 선수금   ④ 유동성장기부채

06 [보기]에 제시된 자료로 총비용을 계산하면 얼마인가? 단, 회계기간 중 자본거래는 없다.

┌─[보기]─────────────────────────────────────┐
• 자 산 : 기초 5,000,000원, 기말 15,000,000원
• 부 채 : 기초 4,000,000원, 기말 6,200,000원
• 총수익 : 8,100,000원
└──┘

① 300,000원   ② 1,000,000원

③ 7,800,000원   ④ 8,800,000원

07 일반적인 재무제표의 계정과목 분류로 옳지 않은 것은?

① 제 품 : 무형자산

② 건설중인자산 : 유형자산

③ 퇴직급여충당부채 : 비유동부채

④ 단기매매증권평가손익 : 영업외손익

08 ㈜생산성에서 사용하는 기계기구의 감가상각비를 판매비와관리비로 회계처리할 경우 발생되는 상황으로 옳은 것은?

① 영업이익이 증가한다.
② 매출원가가 증가한다.
③ 매출총이익이 증가한다.
④ 판매비와관리비가 감소한다.

09 결산절차를 바르게 나열한 것은?

> ㄱ. 시산표의 작성
> ㄴ. 정산표의 작성
> ㄷ. 총계정원장의 마감
> ㄹ. 분개장과 기타 보조부의 마감
> ㅁ. 결산정리사항의 수정
> ㅂ. 손익계산서와 대차대조표의 작성

① ㄱ → ㄴ → ㄷ → ㄹ → ㅁ → ㅂ
② ㄱ → ㅁ → ㄴ → ㄷ → ㄹ → ㅂ
③ ㄴ → ㄱ → ㅁ → ㄷ → ㄹ → ㅂ
④ ㄴ → ㄷ → ㅂ → ㄱ → ㅁ → ㄹ

10 판매비와관리비로만 구성된 것은 무엇인가?

① 유형자산처분손실, 재해손실, 여비교통비, 대손상각비
② 단기매매증권처분손실, 급여, 복리후생비, 이자비용
③ 이자, 기부금, 단기매매증권처분손실, 기타의대손상각비
④ 급여, 수도광열비, 차량유지비, 세금과공과, 광고선전비

11 [보기]의 회계처리로 옳은 것은?

---[보기]---
- 컴퓨터 판매업을 하는 A기업에서 판매용 컴퓨터(3대, @1,000,000원) 3,000,000원과 영업부 직원사무용 컴퓨터(1대, @1,500,000원) 1,500,000에 구입하고 현금으로 지급했다.
---

① (차) 상 품   4,500,000원   (대) 현 금   4,500,000원

② (차) 상 품   3,000,000원   (대) 현 금   4,500,000원
　　　 비 품   1,500,000원

③ (차) 상 품   3,000,000원   (대) 현 금   5,000,000원
　　　 비 품   1,500,000원

④ (차) 비 품   3,000,000원   (대) 현 금   4,500,000원
　　　 상 품   1,500,000원

12 [보기]는 ㈜생산성의 결산일 현재 자산내역이다. 기말 재무상태표에 표시되는 현금및현금성자산 금액으로 옳은 것은?

---[보기]---
- 당좌예금　　　　： 150,000원　　　・ 수입인지 ：　10,000원
- 타인발행수표　　： 100,000원　　　・ 차용증서 ： 20,000원
- 타인발행 약속어음 ：　50,000원
---

① 160,000원　　　　　　　　② 210,000원
③ 250,000원　　　　　　　　④ 270,000원

13 대손충당금을 설정할 수 없는 계정은 무엇인가?

① 받을어음　　　　　　　② 단기대여금
③ 외상매출금　　　　　　④ 장기차입금

14 일반기업회계기준에 의한 유가증권 관련 계정 중 당기손익에 영향을 미치지 않는 계정과목은?

① 단기매매증권평가손실　　　② 단기매매증권처분이익
③ 매도가능증권평가손실　　　④ 매도가능증권처분이익

15 당기 초에 취득한 취득원가 1,000,000원, 잔존가액은 취득원가의 10%, 내용연수 10년인 비품을 정액법으로 감가상각한다면 취득 5년 후 결산 재무상태표에 기입되는 비품의 장부가액은 얼마인가?

① 450,000원   ② 500,000원

③ 550,000원   ④ 900,000원

16 [보기]에서 제시된 비유동자산인 기계장치의 취득원가는 얼마인가?

┌─ [보기] ─────────────────────────────────
- 기계장치 구입대금   : 300,000원
- 택배회사에 지급한 운반비   : 20,000원
- 매장에 설치한 기계장치 설치비 : 20,000원
- 구입 이후 수선비   : 15,000원
└──

① 320,000원   ② 340,000원

③ 350,000원   ④ 360,000원

17 [보기]의 상품 매매와 관련된 자료를 통하여 계산한 매입채무 잔액은 얼마인가? 단, 기초 매입채무 잔액은 없었다.

┌─ [보기] ─────────────────────────────────
- 현금매입액   :   80,000원
- 외상매입액   : 300,000원
- 외상대금 현금상환액   : 150,000원
- 외상대금 조기상환에 따른 할인액 :   5,000원
└──

① 145,000원   ② 155,000원

③ 235,000원   ④ 385,000원

18 [보기]는 ㈜생산성의 이익잉여금 처분과 관련된 자료다. 이를 실행하여 회계처리할 때 처분이익잉여금의 감소액은 얼마인가?

┌─[보기]───
│ 1. 자본금   : 1,000,000원
│ 2. 이익준비금 : 상법상 최소 한도액만 적립함
│ 3. 주주배당금 : 10%(현금배당 7%, 주식배당 3%)
└──

① 100,000원
② 103,000원
③ 107,000원
④ 110,000원

19 기부금을 영업외비용이 아닌 판매비와관리비로 회계처리한 경우 나타나는 현상으로 가장 옳지 않은 것은?

① 매출원가는 불변이다.
② 영업이익은 불변이다.
③ 매출총이익은 불변이다.
④ 법인세차감전순이익은 불변이다.

20 주식회사인 ㈜생산성은 이익잉여금 중 80,000,000원의 현금배당을 실시하려고 한다. 해당 경우에 적립해야 하는 적립금의 명칭은 무엇인가?

① 임의적립금
② 감채적립금
③ 확장적립금
④ 이익준비금

01 다음 [회계관리] 메뉴 중 김종민 사원이 사용할 수 없는 메뉴는?

① 전표입력 ② 전표출력
③ 거래처원장 ④ 전표승인해제

02 당사의 [사원등록]에 대한 설명으로 옳지 않은 것은?

① 박혜수 사원은 [2001.영업부] 소속이다.
② 입사일과 달리 퇴사일 입력은 시스템관리자만 입력할 수 있다.
③ [사용자권한설정] 메뉴에서 메뉴 사용권한을 부여받을 수 있는 사원은 총 3명이다.
④ 김종민 사원은 회계전표 입력 시 대차차익이 발생하지 않으면 전표상태가 '승인'으로 반영된다.

03 당사에 등록된 계정과목 중 [11100.대손충당금]은 어떤 계정의 차감계정인가?

① 10200.당좌예금 ② 10400.기타제예금
③ 10800.외상매출금 ④ 11000.받을어음

04 ㈜유명 본점의 2022년 하반기 매출액은 상반기에 비해 얼마나 증가했는가?

① 355,500,000원 ② 897,500,000원
③ 1,142,500,000원 ④ 2,040,000,000원

05 ㈜유명 본점의 2022년 1월 한 달 동안 발생한 현금 출금액은 얼마인가?

① 2,495,000원
② 4,610,000원
③ 5,000,000원
④ 7,105,000원

06 2021년에서 2022년으로 이월된 ㈜유명 본점의 외상매출금 금액이 가장 큰 거래처는?

① ㈜중원
② ㈜주안실업
③ ㈜한동테크
④ ㈜형광공업

07 ㈜유명 본점 2022년 6월 30일 결산 시 받을어음에 대해 1%의 대손충당금을 설정하려고 한다. 다음 중 회계처리가 옳은 것은?

① (차) 대손상각비   4,423,000원   (대) 대손충당금   4,423,000원
② (차) 대손상각비   6,743,000원   (대) 대손충당금   6,743,000원
③ (차) 대손충당금   4,423,000원   (대) 대손충당금환입   4,423,000원
④ (차) 대손충당금   6,743,000원   (대) 대손충당금환입   6,743,000원

08 ㈜유명 본점의 2022년 3월 31일 기준 현금및현금성자산 잔액은 얼마인가?

① 2,272,957,000원
② 2,380,172,100원
③ 2,414,672,100원
④ 3,133,137,000원

09 ㈜유명 본점의 2022년 1분기 손익계산서에 대한 설명 중 옳지 않은 것은?

① 상품매출액은 394,500,000원이다.
② 당기상품매입액은 194,000,000원이다.
③ 이자비용이 영업외비용으로 200,000원 발생했다.
④ 판매관리비 중 직원급여는 135,000,000원 발생했다.

10 다음 [보기]의 신규취득한 고정자산을 등록하고 해당 자산의 2022년 감가상각비를 조회하면 얼마인가?

[보기]
- 회계단위 : ㈜유명 본점
- 자산유형 : 비 품
- 자산코드 : 21200008
- 자산명 : 에어컨
- 취 득 일 : 2022년 10월 1일
- 취득금액 : 4,000,000원
- 상각방법 : 정액법
- 내용연수 : 5년
- 경비구분 : 800번

① 200,000원
② 250,000원
③ 450,000원
④ 600,000원

11 ㈜유명 본점은 2022년 1년간의 지출증빙서류검토표를 작성하려고 한다. 각 증빙별 합계금액으로 옳지 않은 것은?

① 계산서 : 456,000원
② 세금계산서 : 434,100,000원
③ 신용카드(개인) : 1,670,000원
④ 신용카드(법인) : 2,630,000원

12 ㈜유명 본점은 업무용승용차를 사원별로 관리하고 있다. 다음 중 [ERP13A06.박혜수] 사원이 관리하고 있는 업무용승용차의 차량번호는?

① 12가 0102
② 14가 0717
③ 15가 2664
④ 17가 8087

13 2022년 6월 10일부터 2022년 6월 30일까지 ㈜유명 본점에서 판매관리비로 지출된 금액 중 현금으로 지출한 금액이 가장 큰 계정과목은 무엇인가?

① 81100.복리후생비
② 81200.여비교통비
③ 81400.통신비
④ 82200.차량유지비

14 ㈜유명 본점은 2022년 9월 27일 원재료를 매입 후 지급어음(자가20200201)으로 결제했다. 해당 어음의 만기일은 언제인가?

① 2022년 12월 2일
② 2022년 12월 27일
③ 2022년 12월 30일
④ 2023년 1월 2일

15 ㈜유명 본점의 2022년 2기 부가가치세 확정신고 시 매출에 대한 예정신고누락분이 발생한 거래처는?

① ㈜성호기업
② ㈜신흥전자
③ ㈜주안실업
④ ㈜현진자동차

16 ㈜유명 본점의 2022년 1기 부가가치세 예정신고기간에 발생한 신용카드매출액 중 세금계산서가 발급된 금액은 얼마인가?

① 2,500,000원
② 5,000,000원
③ 5,500,000원
④ 8,000,000원

17 ㈜유명 본점의 2022년 1기 부가가치세 확정신고 시 신고할 고정자산매입세액은 얼마인가?

① 1,200,000원
② 2,000,000원
③ 2,300,000원
④ 3,000,000원

18 ㈜유명 본점의 2022년 1기 부가가치세 확정신고 시 [매입처별세금계산서합계표]에 반영될 세무구분은 몇 개인가?

① 1개
② 2개
③ 3개
④ 4개

19 ㈜유명 본점의 부가세 신고 시 해당하는 주업종코드는 무엇인가?

① 142101.광업
② 322001.제조업
③ 513320.도매 및 소매업
④ 722000.정보통신업

20 ㈜유명 본점은 부동산임대업도 하고 있어 부가가치세 신고 시 간주임대료를 포함하여 신고하려고 한다. 2022년 1기 부가가치세 확정신고 시 다음 [부동산임대내역]의 자료를 입력한 후 보증금이자(간주임대료)를 계산하면 얼마인가? 단, 보증금이자(간주임대료) 계산 시 이자율은 1.2%로 계산하며 소수점 이하는 절사한다.

```
┌─[부동산임대내역]─────────────────────────────────────────────┐
│ • 동        : 3017064000.대전광역시 서구 둔산2동   • 층 / 호수  : 지상 2층 / 201호  │
│ • 상호(성명) : 우리소프트㈜                    • 면적 / 용도 : 140㎡ / 사무실    │
│ • 임대기간   : 2022/05/01~2023/04/30          • 보증금     : 100,000,000원    │
│ • 월세      : 2,000,000원                    • 관리비     : 100,000원        │
└─────────────────────────────────────────────────────────────┘
```

① 179,506원
② 200,547원
③ 224,383원
④ 720,000원

이론문제

01	02	03	04	05	06	07	08	09	10
①	④	③	③	③	①	①	③	②	④

11	12	13	14	15	16	17	18	19	20
②	③	④	③	③	②	①	③	②	④

01 ① 비즈니스 애널리틱스는 구조화된 데이터(Structured Data)와 비구조화된 데이터(Unstructured Data)를 동시에 이용한다.

구 분	내 용
구조화된 데이터 (Structured Data)	• 파일이나 레코드 내에 저장된 데이터 • 스프레드시트, 관계형 데이터(RDBMS) 포함
비구조화된 데이터 (Unstructured Data)	• 전자메일(e-mail), 문서, 소셜미디어 포스트, 오디오 파일, 비디오 영상, 센서데이터 등

02 ④ BPR은 ▲ 내·외부적 경영환경의 변화에 대응하기 위해서 ▲ 점차 글로벌화되고 복잡해지는 조직의 증대에 다른 경영의 효율성 저하에 대처하기 위해서 ▲ 그리고 정보기술을 통해 새로운 기회를 모색하기 위해 필요하다.

03 ③ ERP 자체개발의 경우 아웃소싱에 의한 패키지 여부와 상관없이 수정과 유지보수가 지속적으로 이루어질 수 있다

ERP패키지 선택 시 장점
• 기업이 가지고 있지 못한 지식 획득 가능 • ERP 개발·구축·운영·유지보수에 필요한 인적자원 절약 • ERP 자체개발 시 발생할 수 있는 기술력 부족의 위험요소 제거 • 검증된 방법론 적용으로 구현기간 최소화 • 검증된 기술과 기능으로 위험부담 최소화 • 향상된 기능과 최신의 저웁기술이 적용된 버전으로 업그레이드 가능

04 ③ 시험가동 및 유지보수는 구현단계에서 진행된다.

ERP 구축단계	내 용
1단계 분석	현황 분석, TFT 구성, 문제파악, 목표·범위 설정, 경영전략·비전 도출 등
2단계 설계	미래업무 도출, GAP 분석, 패키지 설치·파라미터 설정, 추가 개발·수정·보완 등
3단계 구축	모듈 조합화, 테스트, 추가 개발·수정·보완 확정, 출력물 제시 등
4단계 구현	시스템 운영, 시험가동, 시스템 평가, 유지·보수, 향후일정 수립 등

05 ③ 선수금에 대한 설명이다.
- 선수금은 수주공사 또는 수주품의 거래 및 기타의 일반적 상거래에서 발생한 판매대금, 즉 거래처로부터 주문받은 상품 또는 제품을 인도하거나 공사를 완성하기 이전에 그 대가의 일부 또는 전부를 수취한 금액(선수액)을 말한다.

06
- 기초자본 = 기초자산 5,000,000원 − 기초부채 4,000,000원 = 1,000,000원
- 기말자본 = 기말자산 15,000,000원 − 기말부채 6,200,000원 = 8,800,000원
- 당기순이익 = 기말자본 8,800,000원 − 기초자본 1,000,000원 = 7,800,000원
- ① 총비용 = 총수익 8,100,000원 − 당기순이익 7,800,000원 = 300,000원

07 ① 제품은 재고자산으로 분류한다.

08 ③ 기계기구의 감가상각비를 판매비와관리비로 회계처리할 경우 매출원가는 감소하고, 매출총이익이 증가한다.

09 ② 결산절차는 시산표의 작성, 결산정리사항의 수정, 정산표의 작성, 총계정원장의 마감, 분개장과 기타 보조부의 마감, 보고서의 작성 순으로 진행된다.

10 ④ 급여, 복리후생비, 대손상각비, 세금과공과, 광고선전비, 접대비, 여비교통비는 판매비와관리비에 속한다.
① 유형자산처분손실은 매출원가 또는 판매비와관리비, 재해손실은 영업외비용이다.
② 단기매매증권처분손실, 이자비용은 영업외비용이다.
③ 이자, 기부금, 단기매매증권처분손실, 기타의대손상각비는 영업외비용이다.

11 ② 판매용은 상품으로, 직원 업무용은 비품으로 회계처리한다.

•(차) 상 품	3,000,000	(대) 현 금	4,500,000
비 품	1,500,000		

12 ③ 현금및현금성자산 = 당좌예금 150,000원 + 타인발행수표 100,000원
= 250,000원

13 ④ 장기차입금은 채무이므로 회수불능과 같은 일은 발생하지 않기에 대손설정을 하지 않는다.

14 ③ 매도가능증권평가손실은 일반기업회계기준에서 자본항목인 기타포괄수정누계액으로 분류되기 때문에 당기손익에 영향을 미치지 않는다.

15 ③ 비품의 장부가액 = 취득원가 − 감가상각비 = 1,000,000원 − 450,000원 = 550,000원

- 매년 감가상각비 = $\dfrac{\text{취득원가} - \text{잔존가액}}{\text{내용연수}}$ = $\dfrac{1,000,000원 - 100,000원}{5년}$ = 450,000원

16 ② 기계장치 취득원가 = 기계장치 구입대금 + 택배회사에 지급한 운반비 + 설치비
= 300,000원 + 20,000원 + 20,000원
= 340,000원
- 구입 이후 수선비는 취득원가에 포함되지 않는다.

17 ① 매입채무 잔액 = 외상매입액 − 외상대금 현금상환액 − 외상대금 조기상환에 따른 할인액
= 300,000원 − 150,000원 − 5,000원
= 145,000원

18 ③ 이익준비금 = 현금배당금 70,000원 × 10% = 7,000원

- (차) 이익잉여금   107,000   (대) 이익준비금   7,000
                                  미지급배당금   70,000
                                  미교부배당금   30,000

19 ② 기부금은 영업외비용에 해당하므로 판매비와관리비로 처리하면 영업이익(= 매출총이익 − 판매비와관리비)이 과소계상되지만, 매출총이익(= 매출 − 매출원가)이나 법인세차감전순이익(= 영업이익 − 영업외손익), 매출원가에 미치는 영향은 없다.

20 ④ 이익준비금은 상법의 규정에 따라 주식회사는 매 결산 시 이익배당액(주식배당 제외)의 1/10 이상의 금액을 자본금의 1/2에 달할 때까지 적립한다.

01	02	03	04	05	06	07	08	09	10
④	④	④	③	①	③	①	②	④	①
11	12	13	14	15	16	17	18	19	20
②	③	①	③	④	①	④	②	②	②

01 [시스템관리] – [회사등록정보] – [사용자권한설정]

→ [모듈구분 : A.회계관리]

④ 전표승인해제는 사용할 수 없다.

02 [시스템관리] – [회사등록정보] – [사원등록]

④ 김종민 사원이 입력한 회계전표는 전표상태가 '미결'로 반영된다.

03 [시스템관리] – [기초정보관리] – [계정과목등록]
→ [자산] – [유동자산] – [당좌자산] – 해당 계정 확인

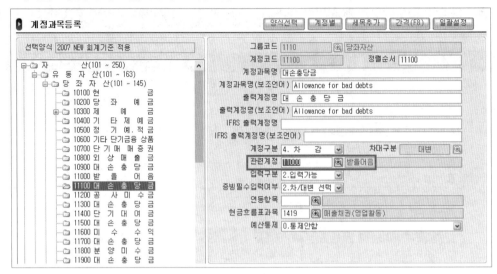

④ [11000.받을어음]의 차감계정이다.

04 [회계관리] – [결산/재무제표관리] – [기간별손익계산서] – [반기별] 탭
→ [기간 : 상반기 ~ 하반기] – [출력구분 : 0.계정별]

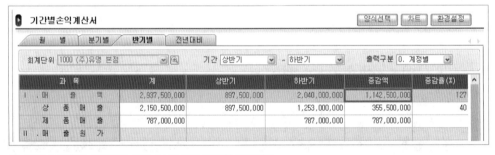

③ 하반기 매출이 상반기에 비해 1,142,500,000원 증가했다.

05 [회계관리] – [전표/장부관리] – [현금출납장] – [전체] 탭
→ [기표기간 : 2022/01/01 ~ 2022/01/31]

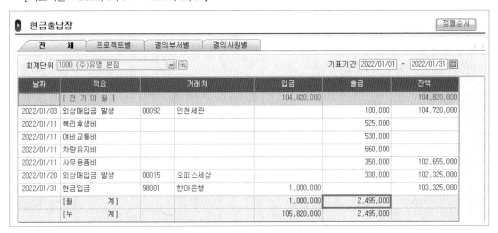

① 1월 한 달 동안 현금으로 출금된 금액(월계)는 2,495,000원이다.

06 [회계관리] – [전표/장부관리] – [거래처원장] – [잔액] 탭
→ [계정과목 : 1.계정별/10800.외상매출금] – [기표기간 : 2022/01/01 ~ 2022/01/31]

③ 2021년에서 2022년으로 이월된 외상매출금 중 가장 큰 금액은 ㈜한동테크의 120,114,000원이다.

07 [회계관리] – [결산/재무제표관리] – [재무상태표] – [관리용] 탭
→ [기간 : 2022/06/30]

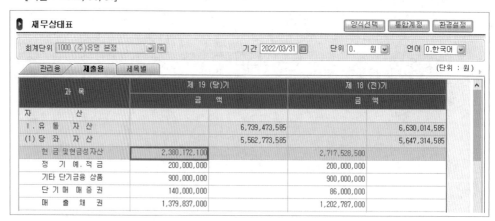

• 대손충당금 설정액 = 받을어음 674,300,000원 × 1% = 6,743,000원
① 대손충당금 계상액 = 설정액 6,743,000원 − 대손충당금 잔액 2,320,000원 = 4,423,000원

→ (차) 대손상각비   4,423,000   (대) 대손충당금   4,423,000

08 [회계관리] – [결산/재무제표관리] – [재무상태표] – [제출용] 탭
→ [기간 : 2022/03/31]

② 2022년(당기) 3월 31일 기준 현금및현금성자산 잔액은 2,380,172,100원이다.

09 [회계관리] – [결산/재무제표관리] – [손익계산서] – [관리용] 탭
→ [기간 : 2022/03/31]

손익계산서			주식입력	양식선택	통합계정	환경설정

회계단위 1000 (주)유명 분점   기간 2022/03/31   단위 0. 원   언어 0.한국어

| 관리용 | 제출용 | 세목별 | | | (단위 : 원) |

과 목	제 19 (당)기 금 액		제 18 (전)기 금 액	
Ⅰ. 매 출 액		394,500,000		2,609,000,000
상 품 매 출	394,500,000		2,023,000,000	
제 품 매 출			586,000,000	
Ⅱ. 매 출 원 가				180,440,000
상 품 매 출 원 가				180,440,000
기초 상품 재고액	980,300,000		245,640,000	
당기 상품 매 입 액	194,000,000		915,100,000	
기말 상품 재고액	1,174,300,000		980,300,000	
Ⅲ. 매 출 총 이 익		394,500,000		2,428,560,000
Ⅳ. 판 매 관 리 비		193,460,000		841,457,100
직 원 급 여	90,000,000		211,000,000	
상 여 금	57,000,000		423,500,000	
잡 급	5,250,000		7,750,000	
복 리 후 생 비	8,375,000		51,361,100	
여 비 교 통 비	3,370,000		11,110,000	
접 대 비	4,230,000		38,230,000	
통 신 비	1,000,000		3,795,000	
수 도 광 열 비	1,118,000		1,778,000	
세 금 과 공 과 금			456,000	
지 급 임 차 료	3,000,000		10,150,000	
보 험 료	13,480,000		42,180,000	
차 량 유 지 비	3,140,000		21,700,000	
운 반 비	330,000		330,000	
사 무 용 품 비	3,150,000		18,100,000	
지 급 수 수 료	17,000		17,000	
Ⅴ. 영 업 이 익		201,040,000		1,587,102,900
Ⅵ. 영 업 외 수 익		100,000		100,000
이 자 수 익	100,000		100,000	
Ⅶ. 영 업 외 비 용		200,000		300,000
이 자 비 용	200,000		300,000	

④ 2022년 1분기 발생한 판매관리비 중 직원급여는 90,000,000원이다.

10 [회계관리] − [고정자산관리] − [고정자산등록]
→ [자산유형 : 21200.비품]

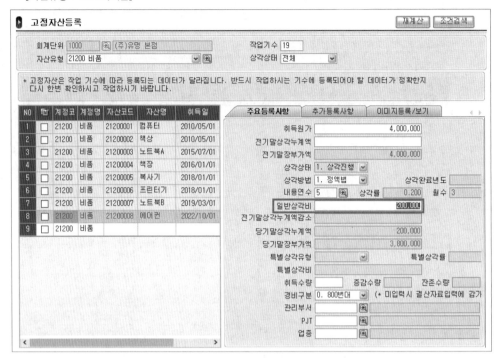

- 좌측 빈칸에 해당 자산코드(21200008), 자산명(에어컨), 취득일(2022/10/01/) 입력
- 우측 [주요등록사항] 탭에 취득원가(4,000,000원), 상각방법(1.정액법), 내용연수(5), 경비구분(0.800번대) 입력
① 감가상각비는 200,000원이다.

11 [회계관리] – [전표/장부관리] – [지출증빙서류검토표(관리용)] – [집계] 탭
→ [기표기간 : 2022/01/01 ～ 2022/12/31]

코드	표준과목명	계정금액	신용카드 법인	신용카드 개인	현금영수증	세금계산서	계산서	증빙 계	수취제외대상
122	기계장치	20,000,000				20,000,000		20,000,000	
134	차량운반구	101,000,000				101,000,000		101,000,000	
149	기타유형자산	6,000,000	1,000,000			2,000,000		3,000,000	3,000,000
	[대차대조표 소계]	127,000,000	1,000,000			123,000,000		124,000,000	3,000,000
045	상품	972,300,000				912,300,000		912,300,000	60,000,000
078	보험료	50,680,000							50,680,000
079	복리후생비	52,955,100	230,000					230,000	52,725,100
080	여비교통비	12,910,000	100,000					100,000	12,810,000
084	기타임차료(리스료…	11,350,000				11,350,000		11,350,000	
085	접대비	28,130,000				2,200,000		2,200,000	25,930,000
090	세금과공과	456,000					456,000	456,000	
093	차량유지비(유류비…	15,700,000		1,670,000				1,670,000	14,030,000
105	국내지급수수료	17,000							17,000
108	소모품비	19,300,000	1,300,000			600,000		1,900,000	17,400,000
109	통신비	2,795,000							2,795,000
110	운반비	330,000							330,000
114	수도광열비(전기료…	1,998,000							1,998,000
	[손익계산서 소계]	1,168,921,100	1,630,000	1,670,000		926,450,000	456,000	930,206,000	238,715,100
051	원재료	4,400,000							4,400,000
	[500번대 원가 소…	4,400,000							4,400,000
	합계	1,300,321,100	2,630,000	1,670,000	0	1,049,450,000	456,000	1,054,206,000	246,115,100

② 2022년 1년간 세금계산서 발행 합계금액은 1,049,450,000원이다.

12 [회계관리] – [업무용승용차관리] – [업무용승용차 차량등록]
→ [회계단위 : 1000.㈜유명 본점]

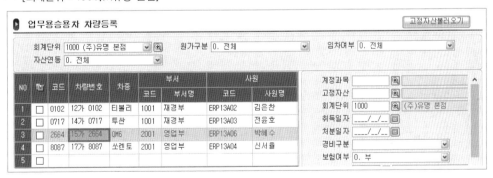

③ 박해수 사원이 관리하는 업무용승용차의 차량은 [2664.15가 2664]이다.

13 [회계관리] – [전표/장부관리] – [일월계표] – [일계표] 탭
→ [기간 : 2022/06/10 ~ 2022/06/30]

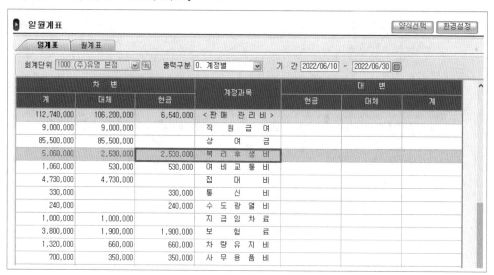

① 해당 기간 판매관리비 중 현금으로 지출한 금액이 가장 큰 계정과목은 [81100.복리후생비]로 총 2,530,000원 지출되었다.

14 [회계관리] – [자금관리] – [지급어음명세서] – [어음조회] 탭
→ [조회구분 : 1.발행일/2022/09/27 ~ 2022/09/27]

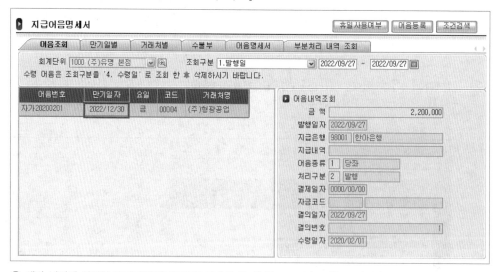

③ 해당 날짜에 발행한 지급어음(자가20200201)의 만기일은 2022년 12월 30일이다.

15 [회계관리] – [전표/장부관리] – [매입매출장] – [신고서기준] 탭
→ [조회기간 : 신고기준일/2022/10/01 ~ 2022/12/31] – [출력구분 : 1.매출] – 조회 후 상단 [예정신고누락분 조회] 클릭

④ ㈜현진자동차에 대한 과세매출 1건이 누락되었다.

16 [회계관리] – [부가가치세관리] – [신용카드발행집계표/수취명세서] – [신용카드발행집계표] 탭
→ [기간 : 2022/01 ~ 2022/03]

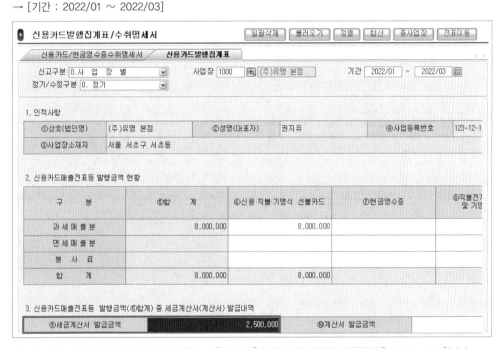

① 1기 부가가치세 예정신고기간에 발생한 신용카드매출액 중 세금계산서 발행금액은 2,500,000원이다.

17 [회계관리] – [전표/장부관리] – [매입매출장] – [일자별] 탭
→ [조회기간 : 신고기준일/2022/04/01 ~ 2022/06/30] – [출력구분 : 2.매입]

	세무구분	코드	거래처명	사업자번호	공급가액	세액	계	고정자산매입	고정자산세액
4	[27]카드매입	00030	우리소프…	565-55-66552	2,400,000	240,000	2,640,000		
가세	[27]카드매입	00050	유신상사(…	231-51-11665	50,000	5,000	55,000		
가세	[21]과세매입	00090	민호빌딩(	111-11-11119	1,000,000	100,000	1,100,000		
가세	[21]과세매입	00020	정우실업(…	115-81-12340	80,000,000	8,000,000	88,000,000		
가세	[24]매입불공제	00011	(주)현진…	565-55-66552	30,000,000	3,000,000	33,000,000	30,000,000	3,000,000
가세	[21]과세매입	00050	유신상사(	231-51-11665	3,000,000	300,000	3,300,000		
	[소　　계]				116,450,000	11,645,000	128,095,000	30,000,000	3,000,000
	[누　　계]				362,950,000	35,795,000	398,745,000	53,000,000	5,300,000
가세	[27]카드매입	00050	유신상사(…	231-51-11665	50,000	5,000	55,000		
가세	[21]과세매입	00090	민호빌딩(	111-11-11119	1,000,000	100,000	1,100,000		
가세	[21]과세매입	00020	정우실업(	115-81-12340	8,000,000	800,000	8,800,000		
가세	[21]과세매입	00050	유신상사(	231-51-11665	3,000,000	300,000	3,300,000		
가세	[24]매입불공제	00020	정우실업(	115-81-12340	3,000,000	300,000	3,300,000		
	[소　　계]				15,050,000	1,505,000	16,555,000		
	[누　　계]				378,000,000	37,300,000	415,300,000	53,000,000	5,300,000
가세	[24]매입불공제	00020	정우실업(	115-81-12340	1,000,000	100,000	1,100,000		
가세	[21]과세매입	00090	민호빌딩(…	111-11-11119	1,000,000	100,000	1,100,000		
가세	[21]과세매입	00020	정우실업(	115-81-12340	2,000,000	200,000	2,200,000		
가세	[24]매입불공제	00020	정우실업(	115-81-12340	1,000,000	100,000	1,100,000		
가세	[21]과세매입	00009	(주)신흥…	777-77-77770	4,000,000	400,000	4,400,000		
	[소　　계]				9,000,000	900,000	9,900,000		
	[누　　계]				387,000,000	38,200,000	425,200,000	53,000,000	5,300,000
	[분 기 계]				140,500,000	14,050,000	154,550,000	30,000,000	3,000,000
	합계				140,500,000	14,050,000	154,550,000	30,000,000	3,000,000

④ 1기 부가가치세 확정신고 시 신고할 고정자산매입세액은 3,000,000원이다.

18 [회계관리] – [전표/장부관리] – [매입매출장] – [세무구분별] 탭
→ [조회기간 : 신고기준일/2022/04/01 ~ 2022/06/30] – [출력구분 : 2.매입]

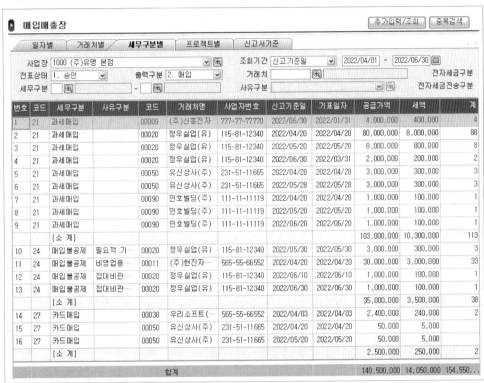

② '27.카드매입'은 [신용카드발행집계표]에 반영되므로 [매입처별 세금계산서합계표]에 반영될 매입의 세무구분
은 '21.과세매입', '24.매입불공제' 2건이다.

19 [시스템관리] – [회사등록정보] – [사업장등록]
→ [1000.㈜유명 본점] 선택 – [신고관련사항] 탭

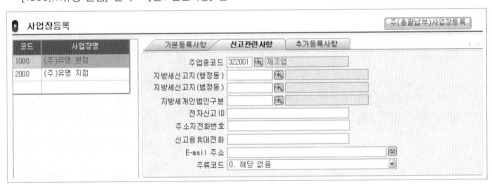

② ㈜유명 본점의 부가세 신고 시 해당하는 주업종코드는 [322001.제조업]이다.

20 [회계관리] - [부가가치세관리] - [부동산임대공급가액명세서]
→ [기간 : 2022/04 ~ 2022/06] - 조회 후 팝업창 [아니오] 클릭

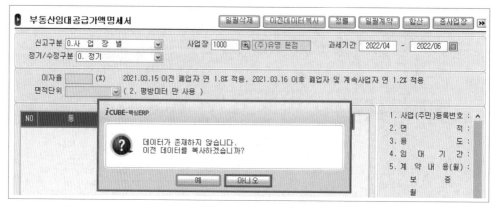

→ 부동산임대내역 입력

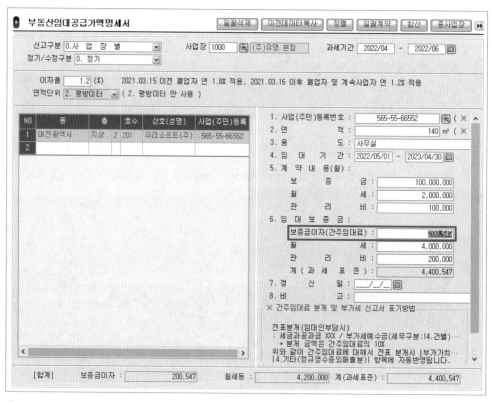

② 1기 부가가치세 확정신고 시 보증금이자(간주임대료)는 200,547원이다.

[기출이답이다] ERP 정보관리사 회계 2급
기출문제해설집 14회

개정1판1쇄 발행	2024년 01월 05일 (인쇄 2023년 09월 07일)
초 판 발 행	2022년 10월 05일 (인쇄 2022년 08월 18일)
발 행 인	박영일
책 임 편 집	이해욱
편 저	세무회계연구소
편 집 진 행	김은영 · 이세경 · 백한강
표지디자인	박수영
편집디자인	김경원 · 장성복
발 행 처	(주)시대고시기획
출 판 등 록	제10-1521호
주 소	서울시 마포구 큰우물로 75 [도화동 538 성지 B/D] 9F
전 화	1600-3600
팩 스	02-701-8823
홈 페 이 지	www.sdedu.co.kr

I S B N	979-11-383-5820-0 (13320)
정 가	17,000원